古代ギリシアのいとなみ

都市国家の経済と暮らし

L．ミジョット著
佐藤 昇訳

L'économie des cités grecques

L'ÉCONOMIE DES CITÉS GRECQUES

De l'archaïsme au Haut-Empire romain

by

Leopold Migeotte

- published by Ellipses -

日本語版への序

二〇〇二年に本書のフランス語初版が出版されたとき、この小さな書物が世界旅行をするなんて想像だにしていませんでした。ところが、イタリア語訳（ローマ、二〇〇三年）、現代ギリシア語訳（アテネ、二〇〇七年）、英訳（バークリー、二〇〇九年）に続き、今こうして佐藤昇教授のおかげで日本語にも翻訳されました。日本語訳の出版を発案し、大変注意深く翻訳してくださった佐藤教授には、心より感謝の気持ちを表したいと思います。

以下の点については、ここでくり返しておくべきでしょう。私はフランスの出版社の求めに応じ、そして提示された制限の中で、大学生向け、そして一般の知的読者向けの手引書となるよう本書を構想しました。また扱う論点を押さえ、明快簡潔に提示するように努めました。ヘレニズム諸王国や帝国に関する研究は除外して、都市の世界に集中することにしました。古代ギリシア人の生活は一千年紀にわたってこの枠組みの中で営まれてきたのですから。細かな学術的議論にはおよそ立ち入ることなく、脚注（あるいは巻末注）も付けず、その代わりに史料の翻訳を章末に提示するようにしました。しかし、多くの文献を利用し、できる限り完璧になるように、少ない紙幅に可能な限りの情報を書き入れ、論争点についてはある程度の総括を示そうと努めました。

古代経済を説明あるいは定義する際にしばしば用いられる、いくつかのモデルにも目を向け、それらに対する私見も提示しています。しかし全体として、他の分野、他の時代から借用されていることも少なくない、一般モデルに基づいた理論的なアプローチは避けるようにしました。たしかにそうしたモデルが優れた問いを立てさせてくれたり、あるいは古代社会のさまざまな側面を明らかにしてくれることもありますが、古代ギリシア世界を全体として理解する際に、あまりに単純化してしまい、多様性や変化といった側面を拭い去ってしまう傾向もあります。そこで本書では、ギリシア世界の経済活動や経済的姿勢を見てゆくにあたり、それらが持つ独自の特徴も示しながら、それらがそもそも置かれていた本来の枠組みの中に位置づけてみるように努めました。

西洋文明の起源に対し、遠く離れた地に暮らす方々までもが関心を抱いているということに、私はことのほか感銘を受けています。読者の皆さんが利益だけでなく、楽しみも得られますように。

レオポル・ミジョット Léopold Migeotte

ケベック、二〇二三年五月

刀水歴史全書104

古代ギリシアのいとなみ　都市国家の経済と暮らし

目　次

古代ギリシアのいとなみ　都市国家の経済と暮らし

導入

本書の目的と性格

古代経済に関する研究は、この数十年の間に大きく書き換えられ、豊かな成果を生み出してきた。考古遺物にも目を配った詳細な研究が倍増し、貴重な知見がもたらされた。ただし、これらは観察と記述のみに留まる経験主義的な性格も備えている。反対に古代経済を、いわば「上から」見た研究も行われている。これは古代経済の根本的な特徴を改めて包括的かつ理論的に解き明かそうとするものである。人類学や経済学のモデルがもたらす刺戟を積極的に受け止め、新たな、ときに刺戟的な手法によって、経済領域に関わるいくつもの新しい側面を照らし出してきた。しかしながら、その代償としてある種の単純化に陥ることにもなっている。すなわち、しばしばある特定の時代、あるいはごく一部の事例にしか該当しない理論的枠組みに、「過去」全体を封じ込めてしまっているのである。幸いなことに、新たな観点を馴染みのある文献テクストや新旧の考古遺物に適用する研究もさかんに行われている。これらの研究で採用されている新たな手法については、あとで史料について説明する際に述べることとする。何よりもこうした研究のおかげで研究者たちは、古代経済に関して長らく受け入れられてきた考えや主流の主張に対して、改めて批判的な眼差しを向けるようになっている。

本研究の大部分は、古くから行われているいくつかの根本的論争から強い影響を受けている。まずはここでそれらの議論を手短に整理しておくべきだろう。最初期の論争は一九世紀にさかのぼる。このときには「近代派《モダニスト》」と「未開派《プリミティヴィスト》」がぶつかり合った。近代派は、古代の手工業や交易の活力に強い印象を受けて、古代の経済を近代の用語で叙述し、さらにこの系統を代表するミハイル・ロストフツェフが述べているように、古代経済と今日の経済の間には程度の差こそあれ、質的な違いはないと主張している。対照的に未開派は、しばしば人類学者によるいわゆる未開社会研究を参照しながら、古代の世界は静態的で、慣行が延々と墨守され続け、対外交易などさしたる意味をもたず、地域内で自給自足経済が営まれていたと考える。モーゼス・I・フィンリーがこの系統の最も典型的な代表と考えられている。ただし、彼が採用した立場はときにひどく誇張・歪曲されることがある。実際のところ彼自身は、例えば、無文字文明から借用したモデルがギリシア社会にどれほど適用可能かという問いには、慎重な姿勢を示している。もう一つの論争は、「形式主義者《フォーマリスト》」と「実体主義者《サブスタンティヴィスト》」の対決で、これは第一の論争と類縁関係にあり、そして混同されることも少なくない。前者〔形式主義者〕は、経済学が経済的合理性に関する普遍的原理原則を明らかにしてきたという確信の下、それらの原則を古代経済研究にも適用しようとするものであった。彼らは古代経済を自律的なものとみなし、無論、今日の経済ほどに発達してはいないものの、十分に比較可能なものと考えていた。これに対して後者、実体主義者たちは次のように主張している。「形式主義」の方法論は市場経済の研究に依拠したものであり、古代経済と市場経済が根本的に異なるものである以上、そうしたものが古代経済の分析に適しているはずがない、と。古代ギリシア経済は当該世界の制度的枠組みの中でのみ研究されるべきであるという考えは、一九五〇年代にカール・ポラニーがとりわけ強力に提唱したものであった。古代の経済は社会全体のうちに、すなわち当該社会が持つネットワークや足枷の中に「埋め込まれて」いたのだから、というのである。この示唆に富んだ発想からモーゼス・I・フィンリーは大いに知的刺戟を受けた。彼はここから、例えば、経済行動に対して社会的地位が果たした役割について見事な結論を導き出している。実際のところ、この考えは適宜修正を施せば、現代も含め、時代や地域を問わず、あらゆる経済行動に適用可能なものであった。というのも、ある種の経済理論に従えば、経済という領域は数学の公式で表現できる抽象的なものということになるのだが、そうした理論に反して、生産や交換、消費活動といったものは、実際のところ常に政治的、社会的、文化的な文脈から影響を受けているのである。いずれにせよ、こうしたフィンリー流の考え方は「ネオ・プリミティヴィズム（新未開派）」あるいは「新正統派」と評価され、この数十年の間、古代経済研究を席巻していた。しかし近年、これに疑問を呈する研究も数多く現れており、フィンリーらの考えをさらにまた乗り越えようとしている。古代経済をめぐる議論はこうして完全に新しい段階に移行しており、これは大変結構なことである。ただし、その結果、未解決の問題も山積しており、それらについては仮の結論に留まらざるを得ない状況にある。

本書は編集上の規定により、この分野に新たに触れる学生が取り組みやすい、簡潔な手引きでなければならない。読者には古代史についての基礎的な知識しか想定しておらず、入門書となることが意図されている。すなわち、学術的な議論の詳細は避け、全体に関わる問題について、最新の研究を簡潔に提示することとする。たしかに本書は多くの文献に依拠しているが、それらに体系的に言及するとなると、本書がずっしり重くならざるを得ない。したがって、典拠は古代のテクストについてのみ示すこととする（作品が翻訳で容易に読めるような古代の作家、それから巻末参考文献の冒頭に掲げた翻訳史料集について典拠を示す。各章末に掲載した史料は全て著者の訳である〔本訳書では原著者の意向に添いつつ、訳者が原文から訳した)〕。同様に巻末文献表は網羅的なものではなく、有用性を優先した。本書を補う文献としては、およそ近年の研究から、とりわけフランス語で書かれたものを手に取るよう提案している〔本訳書では原著者の意向に添いつつ、訳者が最新の日本語および英語(一部フランス語)文献を挙げる〕。

本書は経済の単純な定義に始まり、古代ギリシア都市におけるモノやサービスの生産、交換、消費に関わる活動を記述してゆく。より正確にいえば、こうした活動のそれぞれがいかに相互に作用し合っていたのか、そして政治、社会、文化的な文脈の中にいかに組み込まれていたのかを示してゆく。また本書は視点を一貫したものとするために、もっぱら「ギリシア都市」に関する問いに集中することとする。たしかに本書は、やがて都市と重なり合って存在することになる、広大な国家との関係も考慮に入れている。しかし後者、とりわけヘレニズム時代の諸王国のために一、二章を割くまでの余裕はない。他方、分析対象をよく知られた特定の一都市あるいは都市群に限定することも、もちろんできただろう。しかしながら、ギリシア世界全体を扱うことには意味があるように思われる(空間と時間を考えれば、この選択により二重の困難に直面することになるのだが)。

一方で、たしかにギリシア都市の世界は、いくつかの拡大局面を経験し、最終的に広大な地域を覆うに至った。それはエーゲ海世界を遥かに超えて地中海および黒海沿岸の各地へ、その後には小アジア内陸へと広がり、最終的には(密集の度合いが低いとはいえ)中東の中心部、インド亜大陸の境界領域にまで広がった。すなわちギリシア都市の世界はきわめて多様であった。都市は規模の小さいものも多く、数でいえば、文字史料に基づく限り、古典期には一〇〇〇以上、のちには一五〇〇もあったと推定されている。しかしながら、驚くべきことに、ギリシア人はどこに定住しようと、ほとんど例外なく自分たちが慣れ親しんでいたモデル、自分たちで文明人のモデルと見なしていたものを各地で再生産していた。それこそが、都市的な環境、そして特有の諸制度を備えた「ポリス（都市または都市国家）」であった。とりわけ経済の分野でいえば、技術や素材の状況に関していくつもの類似点があり、また幾多の慣習や経済的な姿勢についても多くの類似点がみられる。したがって、単一の類型に無理やり押し込めてしまうことなしに、この世界で一般に共有されていた特徴を明らかにすることが可能なのである。

他方、これらの都市は一千年以上にわたってギリシア人の生活にとって中核的な枠組みであり続けたという考えが、昨今ではますます受け入れられてきている。一般にポリスは前八世紀に確立され、諸々の特徴も完成していたと考えられている。たしかに、その過程は長く複雑なもので、地域によってはほかに比べて長い時間を要したところもあった。しかし事実として重要なのは、前古典期（およそ前八〇〇～前五〇〇年）以降、都市はどこであれギリシア人にとって「母国」であり、日常生活の中心とみなされていたということであり、そしてまた、このモデルが古典期（およそ前五〇〇～前三二五年）にも再生産され続け、その後、ヘレニズム時代（およそ前三二五～前三〇年）だけでなく、ローマ帝政前期（およそ前三〇年から後二世紀の終わりまで）、そしてその後に至るまで拡散を続けたということである。たしかに数世紀のあいだに都市は重大な変化を被った。まず諸都市は段階的に、中央の権威によって統治される大規模な政治的ユニット（すなわち、まずはヘレニズムの王国、やがてはローマ帝国）の中に吸収されていった。これは最終的にギリシア諸都市に政治的統一性をもたらすこととなった。それにまた前二世紀以降、都市内部の政治はますます「貴顕層」（卓越した市民たち）による寡頭政が主流となっていった。その方向で制度改革をしたものもあった。このことから、ギリシア都市が徐々に重要性を失ってしまったという推論が導かれることもしばしばある。ひとまずここでは、この問題が孕む経済的変化については立ち入らず（それは第一章で論ずることとしよう）、ミハイル・ロストフツェフ、ルイ・ロベール、フィリップ・ゴティエにならって、次の点だけは指摘しておこう。すなわち、ギリシア諸都市は上記のような変化によって消滅したわけでもなければ、実体を失ったわけでもなかった。したがって、本書の分析はきわめて長い時代を扱うことになる。紙幅の都合上、一定の継続性を維持していたギリシア経済の歴史を、変化や多様性も漏らさずに提示することなどとてもできない。しかし、実際に起きた種々の変化以上に印象的なのは、やはり経済に関する条件や慣習、経済に対する姿勢が長期にわたって継続していたということである。

方法論に関していえば、この入門書は論争を乗り越えようとするものであり、また何より古代の史料と最新の研究成果を利用し、その主要な論点に分析を加えようという試みでもある。その途上、本書は特定の文脈においていくつかの説明モデルに依拠するが、何らかのモデルや理論を出発点としているわけではない。というのも、一般論に留まる抽象的な議論では、原理的に、過去の変化や多様性を本当に映し出すことはできないのである。他方、いかなる歴史研究も、必然的に今日の概念や語彙を使わざるを得ない。そのため、今日の我々自身の行動様式、思考様式との比較考察も行われるが、しかしそれが何かしら参照点となるわけでもなく、ギリシア人に良・不良の評価を下すわけでもない。また、ギリシア都市と西洋中世後期の町は今日でもしばしば比較されるが、かつては両者の類似点を確定していくという研究も魅力的だった。しかし分析の結果、そうした比較考察はあまり実りのあるものではないことが分かってきている。類似点もわずかにあるが、それ以上にあまりに多くの相違点が残されてしまうのである。ギリシアの都市は、生活の中心として実に独特なものであった。したがって、その経済活動や経済的な姿勢は、ほかならぬギリシア都市という枠組みの中に位置づけ、可能な限りギリシア人が自ら生み出した分析に照らして解釈する必要がある。もちろんその際には、ギリシア人自身の視点やそれらが形成された文脈を考慮に入れる必要もある。

以下では、共時的視点、通時的視点、双方を組み合わせて分析を行う。第一章では、都市経済が発展し、あるいは継続してゆく中で、その枠組みを提供した構造的要素を提示してゆく。続く三つの章は伝統的な方式にしたがって、農業、手工業、そして交易にそれぞれ一章を当て、各々の主要な特徴と大きな傾向を明らかにしたい。たしかにこれは人為的な区分に過ぎない。これら三領域は相互に密接に結びついており、ともに発展していた。しかしながら、それでもなお議論を明確にするにはこの区分がもっとも都合が良いのである。

史　料

いかなる古代史研究も史料の喪失、何より書かれた記録の喪失という問題に突き当たる。

口承から文字へ

前古典期のあけぼの、ギリシア人たちは文字について何も知らなかった。たしかに前一五～前一二世紀の間、ミュケナイ王宮の支配者たちは、ある種の音節文字システムを用いて〔貢納品などの〕リストを作成させていた〔いわゆる線文字Bと呼ばれる文字。言語としてはギリシア語であったが、のちに発明されるアルファベット（音素文字）とは異なる体系の文字だった〕。しかしその技術はのちに失われてしまう。ようやく前八世紀に入ってギリシア人はフェニキア人から刺戟を受け、自分たちの言語にアルファベットを導入した。この転用は、近東と接触のあった商人たちの間で生じたのかもしれない。というのも、この新しい道具は通商路沿いに拡大していたのである。しかしながら、この時代から現代まで残存している最初期のテキスト〔金石文史料〕は、経済とは何ら関係のないものである。実際、経済分野でも、その他の分野と同じように、口承の慣習が何世紀にもわたって浸透していた。日々の農業生産、手工業生産、市場での小規模な取引は文字を使わずとも十分にうまく機能していた。比較的長距離の交易に関わる分野であっても、合意や契約は口頭で交わされていた。証人立会のもとで行われ、場合によっては誓いを立てることで保証を与えることもあった。当時、法的な正当性はこのような手段で獲得されていたのである。

他方、文献史料にも経済活動の痕跡はほとんど残されていない。前古典期に関して使えるのは、ボイオティア地方の田園生活を描く前七〇〇年ごろの韻文作品、ヘシオドスの『仕事と日』ぐらいで、あとはさまざまな韻文作品の中に遠回しの表現がちらほら見える程度である。古典期以降については、幸運にも、クセノフォンの『家政論《オイコノミコス》』と『財源論《ポロイ》』という二つの対話編が残されている。後者は前四世紀半ばにアテナイの財政再建のために書かれた小品である。しかしギリシアの知識人たちは、経済に関するいくつもの側面を取り上げ、分析を加える一方で、経済に関する理論を生み出すこともなければ、経済の歴史について考察することもなかった。したがってこの時代に関しては、その後の時代〔ヘレニズム時代、ローマ時代〕と同じように、歴史叙述、地理学、哲学、修辞学、劇、医学、植物学など、あらゆるジャンルの作品を考察対象とする必要がある。例えばヘロドトスの『歴史』やポリュビオスの『歴史』、アリストファネスやメナンドロスの喜劇、プラトンの『法律』、アリストテレスの『政治学』、アテナイの弁論家の演説、ヒッポクラテス派の作家たちの小品、テオフラストス、プルタルコスなどが挙げられる。ただし、これらの文献史料は特に注意をして批判的に読む必要がある。というのも、それらの文献史料に映し出されているのは、生の現実ではなく、各々の著作家が思い描いたイメージであることも少なくないのである。加えて、古典期の文献史料はおよそアテナイ由来のものばかりで、その他の都市、とりわけ小規模な都市については、ほとんど何も教えてくれないのである。

図1　シルフィオン交易を監督するアルケシラス王
前565～前550年ごろ，ラコニア式酒盃，フランス国立図書館所蔵

そうはいうものの、文字は経済活動に従事する人々のあいだで、私的な場合であれ、公的な場合であれ、とりわけ細やかな、あるいは複雑な業務をするために比較的早くに受け入れられていたに違いない。実際、あらゆる種類の文書（契約書、賃貸証明、商取引や信用貸しに関する書状、奴隷解放記録、法、規則、会計報告、目録など）に一定の形式が与えられるようになり、これによってアーカイブ（文書庫、または保存された文書群）が創り出されたばかりか、紛争時にそれらを証拠として提出することも可能となった。

目録作りを表現している場面が、前六世紀半ばのラコニア風の器に描かれている。そこには北アフリカにあるキュレネという都市国家の王アルケシラスと、計量に従事している配下のスタッフ八人の姿が見える。後者は「シルフィオン」の塊茎の重量を計測し、記録し、貯蔵（あるいは船に積載）している（シルフィオンというのはこの地域に自生する植物で、薬としても調味料としても用いられた。キュレネが豊かだったのは、シルフィオンのおかげでもある）。コルキュラでは前五〇〇年ごろ、債務残高確認が鉛板に刻まれて記録されている。また前六世紀末（あるいは前五世紀の可能性もある）には同じく鉛の板に刻まれた商業関連の書状も制作されており、今日まで残されている。やがて、アテナイの政治家ペリクレスのように、自らのオイコス（家）（35および107～108頁参照）のために厳密な会計記録をつけるような者であれば、誰もが文字に頼るようになっていたに違いない。同じことは明らかに都市や聖域の管理運営、それから銀行にもあてはまる。後者はトラペジティカ・グランマタ（銀行帳簿）を生み出した。これは前四世紀にアテナイで記された諸史料に言及されている。同じ時期、哲学者のアリストテレス（『政治学』八巻一三三八a一五～一七）は、文書《タ・グランマタ》が学問や政治だけでなく、事業経営《クレマティスモス》や家政運営《オイコノミア》にも有用であると、的確な指摘をしている。そのアテナイでは、前四世紀後半になると、まさしく商業の文脈において契約文書《シュングラファイ》が登場した。当初はおそらく多額の金銭を扱う、リスクの高い取引に用いられたのだろう。すなわち、長距離交易を行うにあたって、商品輸送や船舶利用の契約を交わす場合、それからとりわけ海上交易を行うにあたって、交易商や船主が金銭貸借記録を残す場合などが考えられる。しかしながら、立会人に依存する昔ながらの慣習が、文字の導入とともに消え去ることはなかった。立会人の法廷証言は、契約文書とともに証拠として認められ続けた。事実、契約文書の写しがしばしば立会人のうちの一人に預けられていたのである。

こうして文書というものが作成されていったのだが、もはやオリジナルはほとんど失われてしまった。朽ちやすい物質に書かれていたためである。すなわち、文書は蠟や木板、パピルス〔という植物繊維でできた〕巻物、獣皮に記されていたのだが、これらはいずれも現在まで残ることはなかった——少なくともギリシア都市の世界においては。しかし幸運にも、ギリシア人は前古典期から、そして古典期以降にはよりいっそう、そのような文書の写しを石や青銅といった朽ちにくい素材に刻むようになった。これらはより広く公開するために、より長く保存するために作成された。そうすることに利益があったのは、私的な領域よりも公的な領域であった。また時代による偏差もあり、こうした史料がより実態に近い状況を映し出しているのは、ヘレニズム時代のことである。最も有益な記録文書は、聖域や都市の目録と会計一覧、都市間の合意や協定、そして経済や財政問題に関連する法的・司法的措置の記録である。こうした痕跡は前古典期以降、とりわけ前五世紀以降の時代から現代にまで伝わっている。このように文書記録の痕跡は、広く散在してはいるものの、今日まで膨大な量が伝わっており、その数は、考古学的な発掘や偶然の発見により今なお増え続けている。こうした文書には文献史料に比べると、二つの長所がある。まず我々はこれらを通じてその時代の現実に直接触れることができる。それにもう一つ、アテナイ中心的な見方から手を切ることも可能となる。というのも、とりわけ前四世紀以降、金石文はアテナイ以外の多くの都市や地域から出土しており、中には遠く離れているものもいくつかある。ただし、それらは当時の全体像を完全に反映しているというわけではない。なぜなら、どの文書を刻むかという選択は、多くの場合、金石文に備わった名誉や美観といった性格にも影響されていたのである。公私を問わず決まり切った日々の記録に、そのような特別な扱いが与えられることはなかった。

考古学と古銭学

考古学は物質文化全体を扱い、方法論を多様化させることで新たな力を大いに得た。たしかに考古学的発掘は今も続けられ、記念碑的な遺物、墓地、道具類、武具、土器（とりわけ絵画的な図像）、個々の硬貨や蓄蔵貨幣といったものは、今なお古代ギリシアの経済と日常生活に光を投げかけている。しかし、現在では装飾が施されたものや、文字が刻まれたものばかりでなく、出土品全体が考慮されるようになっている。表面踏査（地表面で確認できる遺物、遺構の痕跡などを広範囲にわたって観測、分析し、それらの分布などを分析する研究手法）もますます行われるようになり、航空写真・衛星写真が用いられ、環境学、地理学、地質学と結びつき、空間編成モデルも利用されるようになった。それらによって周辺領域の集落や領域の編成、集落の配置や密度、冶金や土器製作のための窯などといった生産ユニットの位置、コミュニケーションの経路、それから港、公共広場といった都市基盤《インフラ》の配置や規模などについて研究が行われている。とりわけ田園部、周辺領域に関する研究は革命的な進歩を遂げている。水中考古学も行われており、沈没船や積荷に関する研究が行われている。加えて、これらには精密科学の技術が借用されている。電気・磁気による遺跡探査、炭素十四や熱ルミネセンスによる遺物の年代推定、花粉、種子、その他、植生や地質を示唆する痕跡に対する物理化学的分析などである。これらの技術はいずれも農業生活や環境、そして食糧供給の様子などを明らかにしてくれる。金属や土器、大理石に関する研究は、構成物質の組成や採掘・産出地を明らかにしている（あるいはその可能性がある）。古病理学（骨格や骨の研究）は、健康状況や故人の年齢、さらに女性の場合には出産した子供の人数さえも教えてくれる。しかしながら、金石文の場合と同様、そうした情報に一切の偏向がないわけではない。実際、朽ちることのない物質、そうした素材で作られたものだけが、現在まで伝わっているのである。金属の道具は残り、木製のものは残らない。アンフォラ〔ワインやオリーヴ油などの運搬・貯蔵に用いられた、取っ手が二つある壺形土器〕は残り、中身は残らない。工房の遺構は残っていても、設備は残らないといった次第である。

古銭学には特別の注意を向ける価値がある。素材が豊富にあり、研究方法が洗練されているからである。中性子放射化分析や種々の硬貨群に適用された計量学、硬貨や製造能力の分析により、とりわけ金属の質や産出地、発行の量的規模や時間的変化、製造された硬貨の拡散具合や流通期間などが明らかにされ、正確性も高まってきた。これらの現象はいずれも国家ならびに私的個人の経済行動に明らかに結びついている。

このように新たな情報には事欠かない。土器群や貨幣群は、刻印付きアンフォラと同じように統計分析あるいはコンピュータ解析の対象にもなる。

図2　オリーヴの摘果場面
前520年ごろ，アッティカ式アンフォラ，大英博物館所蔵

しかし、これでもなお全体を見るには数があまりに少なく、あまりに欠落が多く、あまりに広く分散している。定量分析は経済研究では歓迎されるものの、全般に、古代経済に関しては不可能であるか、もしくは頼りないものに留まる（もっともヘレニズム時代の場合、そうした欠点もほかの時代に比べれば、相対的に深刻度が低い）。つまるところ、多種多様な史料を組み合わせることで、ようやく満足のゆく一般論に到達することができ、またそれらに陰影を施すこともでき、さらにそうすることで初めてアテナイの事例に過剰な意味を与えずに済むことにもつながるのである。

第一章　ギリシア諸都市と経済

本章ではギリシア諸都市の経済が発展した、物質的、精神的、制度的文脈の大枠を示す。すなわち本章は続く三つの章の基礎となるものであり、ここで紹介される多くの問題は、のちの章でさらに追求し、詳細に検討することになる。

一　恒常的条件と制約要素

地理的環境

小アジア中央部および中東に建設された都市を除けば、自然条件はギリシア中でいくらかの違いはあるものの、基本的には同じであった。それは今日の観光客が想像できないほど、容赦のない厳しいものであった。歴史家ヘロドトスが前五世紀に記しているように（『歴史』七巻一〇二章）、「ギリシアには生来、常に貧困がつきまとっている。しかし、知恵と強固な法慣習により、勇気が備わっているのである」〔訳者による原典からの拙訳。以下、特別に断りのない限り同様〕。

二五〇〇年前に比べると、現在の地中海は海面もいくぶんか上昇しており、海岸線も細々と変化はしているが、周辺地域の地形全体は当時からさして変わっていない。地学的にいえば土地がまだ若く、したがって不安定であり、いくつもの火山がなお活動している。地震も比較的頻繁にある。ギリシア世界のうち少なくとも地中海周辺地域は、八割以上が山に覆われており、エーゲ海の小規模な島々になると山岳部が九割を超える。こうした山々によりギリシア世界はいくつもの地域に分断され、そのことで数多くの都市国家が成立することにもなった。経済的視点から見れば、山がちである分だけ農耕牧畜に適した平地や高原は少なく、広さも限定的で、また移動と輸送には手間も時間もかかる。農耕、牧畜、狩猟、林業など、さまざまな生業を営む可能性はあるものの、土地は全般に岩がちで、生産性が高いとはとてもいえない。いくつかの研究によれば、かつてはマツやナラ、ブナ、クリの森が今日よりも鬱蒼と広がっていた。しかしおそらく早くも前古典期には、それらの森は失われ、農地や荒蕪地、低木地帯となっていた。古典期には雑木林や灌木がなお薪や炭の原料を十分に提供していたが、もはや建築や造船に十分な木材が供給されることはなくなっていた。

農業が与えた影響については議論がある。農業により土壌が徐々に疲弊し、侵食されていったという考えもある。実際、段々畑のように、土地を集約的に利用して世話をするのが、土壌の維持にはおそらく一番の方策であった。またギリシアの土地からは上等な粘土、大量の石材、とりわけ大理石を手に入れることもできた。鉱物資源は地域ごとに異なっていた。鉄鉱床はあちこちにあり、わずかながら銅鉱床もあった。後者は彼方から輸入された錫と合わされ、青銅に加工されていた。そして金鉱、銀鉱がいくつもあり、貴重品や硬貨の製造に用いられていた。

海は、少なくとも地中海地域と黒海沿岸部においては、常にそばにあった。事実、ギリシア人は沿岸部かその近隣に定住することを好み、一般に内陸の都市でさえ比較的近くに利用可能な港があった。とりわけエーゲ海には、入り組んだ海岸線と島々のおかげで安全な入江や目印が豊富にあり、そのおかげでギリシア人は海をコミュニケーションの「王道」とすることができた。さらに海岸の塩田では製塩が行われ、漁が可能であれば豊富な海産物資源をどこでも利用することができた。

ギリシアの詩人や知識人たちはしばしば、バランスのとれた気候を大いに誇りとしてきた。実際、ギリシア人の大半が暮らしていたのは地中海性気候であり、小アジアや中東の大陸的な地域のことは考慮から外すことも許されるだろう。ギリシアの気候は今日でもかつてと同様、大きく分けて二つの対照的な季節を特徴としている。四月には春が、夏の暑さと乾燥を告げ始める。九月の終わりには、しばしば土砂降りとなる雨の季節、そして寒さが戻ってくる。寒さは月日を経るほどに増すものの、しかし雪が降り、氷が張って本当に辛くなるのは山岳部だけである。夏ならばどこでも行われている屋外での活動は、冬にはすっかり見られなくなる。しかし農耕牧畜には雨季が重要である。植物を育てるのにも、井戸、貯水槽、貯水池を水で満たすのにも、欠かすことができない。雨は冬から春にかけて西風によってもたらされるが、降り方は地域ごとに大きく異なり、ごく近い地域同士でも違いが生じることがある。ギリシア本土の北と北西、黒海沿岸、そして小アジアのいくつかの地域は水に恵まれているが、それに対してアッティカ地方〔アテナイの周辺領域〕、キュクラデス諸島、南ペロポネソス、そしてクレタ島はかなり乾燥していた。山岳部を除くと、水の流れは冬の雨によって満たされ、夏季になると干上がる。したがって川や湖、泉の新鮮な水は乏しく、大変貴重だった。

技術水準

古代の道具生産はきわめて保守的であった。未開派《プリミティヴィスト》によれば、革新性の欠如は〔ギリシア人に本来的に備わった〕ある種の精神的な傾向に由来しており、それによって技術的な発展が阻害されたのだという。すなわち、ギリシア人には自然の秩序を尊重する一方、手工業を軽蔑する傾向が見られる。また彼らにとって科学と技術は乖離している。さらに彼らには投機精神や進歩の観念も欠如している、というのである。こうした議論には、続く三つの章で明らかにされるように、ある程度の真実も含まれている。たしかにギリシア人は自分たちの必要性に合わせて、青銅器時代にエジプトや近東から多くの技術を借用し、それらを数世紀にわたって維持し続けていた。したがって前古典期にはすでに古くから使われている道具や調度品も多く、中には新石器時代からずっと使用され続けているものもあった。例えば、鎌、すき、くわ、二股くわ、粉挽き、プレス器、ろくろ、窯、糸巻き棒、錘、種々の手工具類などがこれに当たる。青銅の冶金は前三千年紀に、鉄の冶金は前二千年紀の終わりにさかのぼる。主要な動力源となったのはいつでも人力と畜力であった。しかしながら、この問題は見かけほどに単純ではない。

実際、近年の研究が、とりわけ考古学的知見に基づいて示すところによれば、多くの道具が世代を経るごとに修正され、改善されていたというのである。しかもほとんどの場合、使用者自身が試行錯誤を通じてそのようにしてきたという。例えば、紀元前一〇〇〇年以降、製鉄技術は拡散し続けたが、その中でもとりわけ切る、叩くといった作業に効果的な道具が生み出された。前八世紀、長距離間の関係が再開すると、青銅器製造がふたたび姿を現し、とりわけ歩兵の武具を製作する材料に用いられた。前六世紀までにはガラスの技術が知られるようになり、前六世紀から前四世紀にかけて、土器職人たちは焼成温度を調節することで土器の表面に見事な加工処理を施していた。海上を航行するための航海技術は、横帆や櫂、そして船尾に配された二本の操舵櫂（船尾梶ではなく）を含め、当時の必要性を十分に満たすものであった。陸上の移動についていえば、牛馬具はかつて

図3　ディオルコス，コリントス湾側の遺構

主張されていたよりもずっと効果的なものとなっていた。実際のところ、ウマは物資運搬よりも乗用馬として用いられる傾向にあった。軽い荷物はたいていロバやラバが運び、重いものはウシが引いた。早くも前古典期には、牛馬具のおかげで建築用の木材や石材のような相当量の積荷を運搬することも可能となっていた。とりわけ壮観だったのは、船と積荷を陸上で牽引し、地峡を迂回することなく移動させる機構であった。中でもコリントスのディオルコスはよく知られている。同時に運輸、鉱業、林業、建設業では、起重機《クレーン》や滑車、巻き上げ機、吊り上げ機が重い物資を持ち上げるのに用いられた。そうした装置の組み立てには正確な計測器具が必要であった。農業分野では、耕作に用いる道具の発展があまり見られなかった一方、加工技術は際立って進歩を遂げていた。穀物を粉にする際には手で扱う挽き臼や粉挽き器の類が長期にわたって使われていたが、ホッパーと前後運動を伴う粉挽き（オリュントス式粉挽き）に取って代わられ、前五世紀以降、こちらが拡散していった。その後、いくらか独自の試みも行われたが、前一世紀にはおよそ人力もしくは畜力による回転式粉挽き器へと移行していった。これはまた鉱物をすり潰す際にも用いられた。水平の水車は前三世紀に確認されるようになり、垂直の水車によって動かされる製粉所は、紀元後二世紀に登場した。同様に、前四世紀にはオリーヴを潰す

ためのさまざまな粉砕器がいくつも確認されている。オリーヴの搾油に関しては、前古典期の梃式圧搾器からヘレニズム時代のねじ式圧搾器まで、徐々に洗練された器具が導入されていった。穀物の貯蔵には常に大型の甕型土器《ピトス》が用いられたが、さまざまな穀物倉庫も建設された。さらに鉱物の採掘と精製、水道、灌漑、そして排水に用いられた技術も付け加えておこう（井戸、溝〈開渠〉、地下水路。例えば、サモス島にある有名なエウパリノスのトンネルのようなものは早くも前六世紀に作られている）。それから水時計やアルキメデスのスクリュー（ヘレニズム以降に拡散した）などもある。人工的な孵卵装置についてもアリストテレスが記録しており、エジプト人の発明で、当時、珍しいものではなかったという。

　以上全てが、複雑で独創的な専門技能・知識の存在を証明していることに異論はない。しかしながら、その歩みは用心深いものであり、古代世界ではこの領域に何ら革命がもたらされることはなかったという事実は残る。それでもやはり、この保守的な傾向は、現代世界の技術的成熟度と同じ尺度で評価されるべきではない。ギリシア世界は自然がもたらす抑制要因、当時利用可能だった資源の状況によって規定されていた。彼らなりの必要性があり、彼らなりの機能の仕方、論理があった。過去、たいていの社会がそうであったように、ギリシア世界でも農夫や職人は一般に、すでに何世代にもわたって有用性が証明されている道具や技術から浮気することはなかった。同じ仕事のくり返しが原則で、革新の拡散は緩やかであった。例えば、回転式粉挽き器は早くも前六世紀末にはスペインで製作されているが、四、五世紀をかけてようやく、形態を変えながら、地中海地方一帯に拡散した。したがって技術水準はおそらく地域ごとに大きく異なっていた。

人口動態と健康状態

ヨーロッパ側〔主にエーゲ海の西岸側〕のギリシアは、たしかに紀元前八世紀に大規模な人口増加を経験した。とはいえ正確な数字を示すことはできず、人口の増加はそれ以前から始まっていたのかもしれない。いずれにせよこれは重大な現象であり、集落の拡大や密度増加、都市の出現、土地の利用・経営、必要物資の供給、労働組織化といった諸側面に影響を与えた。さらに人口増大は植民の大きな波を生み出し、前八世紀半ばから前六世紀の半ばに至るまで、六世代にわたって続いた。前五世紀、ヨーロッパ側のギリシアでは人口が頂点に達し、住民三〇〇〇万人にも及んだようである。たしかに推定値ではあるが、比較的最近までこれを超えることはなかった。人口密度は地域ごとに大きく異なり、議論の的となっている。アイギナ島は一キロメートル四方に二〇〇人ほどの住人がいた一方、アテナイは一〇〇人、ボイオティアやメガラは一〇〇人未満、その他、ラコニアやメッセニア、エウボイア、中部および西ギリシアに位置する多くの山がちな地域では、人口密度がはるかに低かった。北部ギリシア、マケドニア地方の人口は次の世紀に頂点を迎えた。その他の地中海および東方の諸都市については手がかりがごく限られているものの、それらを含めるとギリシア世界には全体として、前四世紀の後半に八〇〇万〜一〇〇〇万の住民が暮らしていたようである。

比較的落ち着いていた古典期が終わると、大規模な移民活動が始まった。前三三四年から前三二三年にかけてマケドニア王アレクサンドロスが行った東方征服活動の結果、そしてとりわけセレウコス朝が可能性を開いたおかげで、エジプトや東方への道が開かれたのである。この動きは前三世紀を通じて継続し、その結果、とりわけ小アジアを中心に新都市がいくつも創設された。この移民運動の規模を評価することは不可能であるが、ギリシア本土側ではいくつもの地域が明らかに人口減少に見舞われた。前二世紀後半になると、これらの地域およびエーゲ海の島々はさまざまな政治事件の騒乱に巻き込まれた（本章次節参照）。種々の文献史料がこの時期の人口減少を嘆いているが（ポリュビオス『歴史』三六巻一七章およびディオン・クリュソストモス七番弁論三四節）、考古学的踏査によってそうした現象があったことも確認されている（後述104〜105頁参照）。

これとは対照的に小アジアは人口減少に苦しむことはなかったようで、それどころか、いくつもの先住民共同体がヘレニズム期を通じてギリシア人から影響を受け、ギリシアの文化モデルに順応し、徐々にギリシア語とギリシアの慣習を採用していった。それらの集落はやがてギリシアの制度も取り入れ、王たちの支援と庇護も受けながら、都市と見なされるまでになった。こうしたヘレニズム化の動きはローマ帝政前期にも継続し、最終的に帝国東端の境界線が引かれたユーフラテス川にまで到達した。そして後二世紀、さらに後三世紀初め、セウェルス朝の皇帝たちの治世下でさえ都市数とギリシア語話者人口は最高潮に達していた。ルイ・ロベールの言葉を借りれば、ローマの庇護下でヘレニズム化が完成したということになる。

人口は数世紀にわたって、ヨーロッパ側のギリシアでは少なくとも前三世紀まで、かなりの程度安定して増加傾向にあったらしい。たしかに乳幼児死亡率も高く、何らかの産児制限策も実施されていたが、この傾向を覆すほどのものではなかった。実際、複数の金石文研究が示すところでは、出生率は一家族が平均四人の子供をもうける水準にまで達した可能性が考えられる。いくつかの古病理学分析は、多産な女性で平均五、六人の子供を出産し、そのうち一家族あたり二、三人ほどが〔幼少期を〕生き延びたという試算まで提示している。寿命もやはり前五世紀に最長となったようだが、しかしどれほどであったのか推定するのはきわめて難しい。女性は栄養状態が良くない上に出産時に死亡することがあったため、寿命も四〇歳に満たなかったようであるが、男性はこれよりわずかに高かったらしく、さらにもう少し老齢まで生き延びる者もいくらかいた。人口のバランスは常に危ういものであった。一方で、農業を行うには一定の労働力を必要としたが、人口が増え過ぎれば十分な食糧を供給できず、輸入に頼らざるを得なくなった。他方、人口があまり顕著に減少するようなら、それは衰退を意味した。

古病理学の分析が明らかにしたところでは、前八世紀、以前に比べより多くの穀物が摂取されるようになったため、健康状態は改善され、寿命も伸びた。それゆえ、状況は比較的良好だったように思われる。全般的に健康に好ましい環境であった。食料は豊富ではなかったが、バランスよく、十分に供給されていた。衛生状況もまずまずだった。医学はとりわけ古典期以降、ヒッポクラテス派をはじめとする医学諸派の影響もあって、目覚ましい進歩を遂げた。たしかにギリシア世界は黒死病やハンセン病、天然痘といった深刻な伝染病の影響を被ることはなかった。しかし同時に、医学の力は限定的で、熱や腸、肺の病は変わることなくありふれていた。いくつかの調査によれば、貧困層、とりわけ女性や子供の間で栄養失調の痕跡が確認されている。

暴力と治安の悪さ

数世紀にわたり、いくつかの混乱要素が経済活動に大小さまざまな損害を与えていた。最も深刻な被害をもたらしたのは戦争である。人命損失、器物等の損壊、治安悪化、生産と流通の混乱。その弊害はよく知られている。影響の度合いはそれぞれ事例によって異なるが、人命の損失は一般に器物等の損壊よりも回復に時間がかかった。古典期には都市同盟間の戦争が前代未聞の規模で起こり、少なくとも一部地域、例えばペロポネソス半島やスパルタのような都市では、人的にも物質的にも甚大な被害がもたらされた。こうした戦争はその後数世紀にわたり社会的不均衡の原因の一つとなった（後述56〜57頁参照）。近隣都市間の紛争や（前四世紀、それからその後のヘレニズム時代に生じた）王権間の大規模衝突は、少なくとも地域レベルでは致命的な大惨事につながる可能性もあった。

とりわけ作物や収穫物に大規模な被害があったとき、そして何より街が破壊され、住民が放逐され、あるいは奴隷として売却されたときには、破滅的な事態にまで至ったことだろう。ヘレニズム時代も後半に入るとローマとヘレニズム諸王らの戦争があり、続いて前一世紀にはミトリダテス戦争、そしてローマの将軍が互いに争う内戦が起こった。これらは破局的であった。大量虐殺、破壊、強制移住、都市や聖域からの掠奪。こうした現象は、軍団による物資徴発、押し寄せるローマ商人による厳しい取り立て、強欲なローマの徴税請負人《プブリカニ》といった要素によってさらに深刻さの度合いを増していった。いくつもの都市が破壊され、一部地域では人口減少にさえつながった（後述104～105頁参照）。やがて帝国の到来とともに、パクス・ロマナ（「ローマの平和」）が次第に広がり、小規模な地域紛争も姿を消していった。初代皇帝アウグストゥスと何人もの後継者たちが状況改善、繁栄回復のために多大な労力と資金を投じた。しかしながら、ギリシア本土とエーゲ海の島々は、小アジアとは異なり、完全に回復することは二度となかった。

　海には長く海賊行為がはびこっていた。例外は都市や王が抑圧もしくは制御していた場合である。海賊行為は、戦争と同じように、ある種の正当性さえ獲得していた。プラトン（『法律』七巻八二三B～E）とアリストテレス（『政治学』一巻一二五六a三五～四〇およびb二三～二六）は、戦争と海賊行為を狩猟と同列に扱っている。実際、海賊行為はある種、商業的な役割を果たしていた。というのも海賊の略奪品はのちに港にもたらされ、収益を生むことになったし、またしばしば奪われた人たちがそれらを買い戻していたのである。掠奪されたのが自由人である場合には、なおさらのことであった。アイトリア地方やクレタ島といった地域にはこのような略奪精神が横溢しており、とりわけヘレニズム時代、この地域では包み隠すことなく海賊行為が生業とされ、また安全保障や防衛に関して他都市と交渉することもあった。もしも戦争状態にある国家が紛争に海賊行為を組み入れれば、それは通商破壊作戦となった。アテナイやロドスのような強力な都市は、海賊行為を有害にして不法なものとみなし、しばしばこれらと武力をもって対決した。最終的にはようやくローマの軍事力が、前六七年、ポンペイウスの指揮の下に地中海全域で海賊行為を減少させることに成功した。難破船掠奪者たちもまたある種の海賊行為を行っていたが、そうした行為は、難破して（航海には常に付きまとうリスクであった）打ち上げられた船の積荷等を掠奪する権利・慣習とともに、非ギリシア人の間でのみ継続していたようである。

山賊行為についてはあまり知られていないが、海賊行為と比べればたしかに蔓延していたというほどではなかった。とはいえ、抑制と制御のために努力を重ねていたにもかかわらず、これも多くの地域で常に悩みの種となっていた。山賊行為はとりわけ社会不安の時期に蔓延し、常に陸上交易や農作業、手工業の作業に深刻な損害を加えた。

他方、古代ギリシアでは多様な合法的拿捕権《シュラン》が知られていた。これは、何かしらの損害を受けた報復として、加害者の所有物（あるいはその一部）を奪い取る権利である。しかし早くも前古典期以降、都市内の個人間紛争は〔こうした実力行使ではなく〕司法手続に則して扱われることとなった。交流・接触の多い近隣都市間では、相互に協定を締結し、遵守すべき司法上の手続きを明確化していった（後述192頁）。とはいえ、そうした合意が交わされていない遠距離の都市に対しては、拿捕権がなおも行使され続けていた。おそらく苦情〔すなわち拿捕を行う原因〕が私的個人に関することであれば、被害者は原則的には加害者本人に実力行使をしなければばならなかったが、しかし実際のところ、ほかにうまい手段がなければ、仕方なしに親や親類、あるいは同胞市民など、連帯保証人とみなせる相手から物品の押収を行うこともしばしばだったのだろう（ただし、これについては意見が分かれている）。拿捕行為には抵抗が付きもので、暴力的な行為ではあったが、決して身勝手な行動ではなく、ある種の正義の表明であり、一定の規則に従うものであって、立会人のいる前で実行された。しかしながら時代を経るごとに、人やモノ、考えがますます流通するようになると、拿捕権は徐々にほかの手続きに取って代わられるようになった（後述191～192頁）。ただし、こうしたことがすっかり消え去ってしまったわけではなかった。拿捕が引き続き確認されるのは、苦情が公的な性格を持っている場合、とりわけ（ヘレニズム時代のいくつかの金石文が証明しているように）、都市がなかなか債務を履行しない時のことであった。そのような場合、実際には、どの市民も、さらにその都市のメトイコス（在留外国人）でさえも連帯保証人扱いとされた。前三世紀の終わりに、ちょうどそのような不幸がデルフォイに暮らすメトイコスに降りかかった。都市が債務不履行状態にあり、おそらく債権者も借金回収のために、通常の公式の手続きを使い果たしてしまったのであろう。おそらくこのメトイコスは債権者が所属する都市を訪問しているあいだに（あるいは近隣を旅している間に）「都市の名において」所有物を拿捕されたのであろう。彼はデルフォイに戻ると補償を要求し、免税特権という形でそれを受け取った（L. Migeotte, *L'emprunt public*, no. 30〔= Dittenberger 437〕）。

このような拿捕行為（あるいは拿捕の恐怖）が、どれほど流通に混乱をもたらす要因となっていたのか、容易に理解できよう（例えば、商人たちは特定の地域を避けざるを得なくなる）。他の時代、他の地域と同じように、治安の悪さや危険はきっと日常生活の一部をなしていたことだろう。しかし、ギリシアの古代が野蛮だったとか、ギリシアの都市とは本来的に外国人に何の権利も認めないような閉鎖的環境であったと想定してはならない。のちに見るように（190頁以下）、交易を保護し、交易商に安心を提供するため、いくつものさまざまな方法が採られていた。さらに、たしかにローマ時代の始まりまでギリシア世界には依然として戦争が蔓延していたが、それでも平和が常態であったことには変わりなく、多くの都市、とりわけ小規模な都市は長いあいだ穏やかな状態を享受していた。最後に、経済的観点からいえば、戦争は負の効果しか生み出さなかったわけではない、という点にも注意しておくべきであろう。アリストテレスは戦争がある種、自然な財産獲得方法であると考えていた（『政治学』一巻一二五六b二三～二六）。そもそも戦争は勝者にとっては利益の源であった。戦利品を手に入れ、品物や人間を奪い取り、新領土を獲得し、さらに敗者に賠償金を課すことをもできた。より大きな観点からいえば、戦争には武具、兵士の装備品や食糧供給に必要な物資、建設資材などの生産や流通を刺戟する効果もあった。さらにまた戦争はしばしば新規硬貨製造の機会ともなった。問題は複雑だった。しかし、だからといって戦争が、バランスシート全体を見た場合に、ゼロサム的な現象〔勝者が得る利益と敗者が失う不利益を勘案してみた場合、全体の利得の総和がプラスマイナスゼロになる現象〕であったということにはならない。最終的には不都合な面が全体として利益を上回っていた。

二　経済とオイコノミア

経済と労働・仕事

ギリシア人は明らかに日常生活の中で当時の経済的な現実に親しみ、精通していた。彼らは自分たちの幸福と都市の繁栄が、生産と流通に依存していることを承知していた。彼らはまた多様性に富んだ活動のそれぞれに名前をつけることも、それらを記述することもできた。しかし、それら全体を指し示す包括的な術語、我々が用いている「経済（エコノミー）」に相当するような術語は持ち合わせていなかった。たしかに現代のエコノミー（経済）の語源となっている「オイコノミア」という言葉は、古典期以来ギリシア人も頻繁に用いていた。しかしながらこの言葉は、第一に私的な意味合いで「オイコス」の運営を指す言葉であった。「オイコス」とは農業生産の基本的な単位であり、広義の家族〔イエ〕、そして奴隷や物質的な所有物〔土地や家屋、家財など〕から構成されている。こののち前四世紀最終四半世紀になると、この言葉は公的な領域にまで広がるが、その場合、都市や国家の「経済」というよりもむしろ「財政運営」という意味で用いられていた（例えば、伝アリストテレス『経済学』二巻冒頭、Austin and Vidal-Naquet, no. 1B）。したがってオイコノモス（「オイコスを司る者」の意）という用語は、オイコスの主人だけでなく、都市や王国の国庫や財政を司る公職者にも用いられるようになった。他方で、詩人ヘシオドスはすでに作品『仕事と日』（二八六〜三一九行、Austin and Vidal-Naquet, no. 10）で、労働を賛美している。ギリシア人は実際に、努力・骨折りや専門的な技術や知識（ノウハウ）、経験、立派な労働を評価していたのである。彼らにはまた努力・骨折りに相当する言葉（ポノス）と同じく、生産活動や生産物を指す言葉（エルゴンとその動詞形であるエルガゼスタイ）もあった。しかしながら、現代の「労働 travail」という言葉（個人がそれぞれ参加する、ある種の社会的な活動を抽象的に表したもの）に相当するような一般的術語も持ち合わせていなかった。

こうした術語がないということは、そうした概念を持ち合わせていなかったということになる。これは驚くべきことのように思われるかもしれない。今日、私たちは直感的に、諸々の経済活動をより大きな歯車の一部とみなしており、労働に尊厳を認め、労働することを権利だと主張している。

しかし実際、私たちのような考えの方が独特なのである。というのも、こうした見方は比較的最近のものに過ぎない。経済に関する体系的な思考は近代になって初めて登場し、そこからようやく経済学が生まれてきたのである。それ以前、とりわけギリシア人には、そのようなものはなかった。個々の経済活動を結び合わせる有機的なつながりが十分に理解されることはなく、そのためそれらの活動は別々に認識されていた。経済はたしかに現実の出来事ではあったが、全体として名付けられることはなく、一つの総体として認識されることもなく、まして体系的に理論化されることなどなかったのである。

「労働」に関していえば、この言葉〔古代ギリシア語で「労働」に相当する言葉〕はもっぱら手仕事だけを指した。物質的な品物を製造して販売していた人々ももちろん社会に貢献していたのだが、彼らは労働者階級の一部をなしており、必要に迫られてそうしていたのである。社会の上層の人々にしてみれば、あるべき姿はそこにはなく、むしろ政治活動や軍事活動、祈り、あるいは学問といったところにあった。ギリシア人にとって労働する者は「ペネテス」であった〔字義通りには「貧しい人々」を指す〕。彼らは現代の言葉でいうところの「貧困層」というよりも、むしろ「一般庶民」あるいはやや時代遅れの表現を用いれば「凡俗の徒」と見なされていた。哲学者が理想に掲げたのは「スコレ〔フランス語のエコール、英語のスクール、すなわち「学校」の語源〕」、すなわち余暇であった。これは無為ということではなく、むしろ生産労働を免れ、より高度な性格の仕事、例えば政治〔タ・

ポリティカ、すなわち都市に関する諸々の案件）、学業、教育といったことに専念できるようになることを意味していた。そのような生活には、富裕であること、あるいは少なくとも十分に快適な暮らしを営んでいることが欠かせない条件であった。したがって貧しさは悪いことであり、富は良いものであった。しかしこの理想は、実際のところ矛盾を孕むものでもあった。

スパルタのような都市では、この矛盾は徹底的なまでの役割分担によって解消された（クセノフォン『ラケダイモン人の国制』七節、Austin and Vidal-Naquet, no. 56）。市民たちは政治や軍事に専念できるように経済活動から解放され、その役割は市民以外のペリオイコイ（「周辺に暮らす人々」と称される劣格市民）とヘイロタイ（スパルタに隷属する共同体の構成員）に課されることとなった（後述50〜51頁）。それ以外の地域、とりわけ民主的な都市国家では、大多数の市民がホモ・エコノミクス（経済活動をする存在としての人間）のなすべきこと（すなわち、生計を立てること）とホモ・ポリティクス（政治活動＝ポリスに関する活動をする存在としての人間）のなすべきこと（すなわち、軍事や公的事業に参加できる状態にしておくこと）の折り合いをつけなければならなかった。トゥキュディデスによれば（『歴史』二巻四〇章二節）、ペリクレスはペロポネソス戦争開始時に行った演説の中で、典型的なアテナイ人としてそのような理想を提示している。「〔アテナイでは〕同じ人間のうちに、イエのこと《オイケイア》とポリスのこと《ポリティカ》、両方に対する配慮が同時に備わっているのです。また、仕事《エルガ》に気を取られている人々でも、ポリスのことについて十分な判断を下すのです。といいますのも、唯一私たちだけが、こうしたことに一切関与しない人間を、慎ましやかな人間ではなく、無益な人間と考えるのです」。しかし実際のところ、このような理想はアテナイのような複雑な社会よりも、どちらかといえば小規模で運営機構も単純な都市の方が実現しやすいものであった。アテナイでは毎年、何百という市民が評議員となり、あるいは行政上の任務を遂行して、政治に参加する必要があった。

この問題については、古典期の数多くの知識人たちが考えを巡らせていた。彼らはヘシオドスの『仕事と日』以来の長きにわたる伝統に忠実で、農業こそ何よりも尊い生産活動とみなしていた。農業は時間にゆとりのある人間にふさわしい生き方を可能とし、自然の摂理と神々の秩序に応じて美徳《アレテ》を育ててくれる、というのである（クセノフォン『家政論』五章、伝アリストテレス『経済学』一巻一三四三a二五～b六）。しかし実際のところ、日々の労働を他人に任せることができたのは、豊かな、あるいは余裕のある土地所有者であった。そのため、労働生活によって余暇が奪われてしまう小農などは、市民の称号に相応しくないと見なされることもしばしばあった（例えば、アリストテレス『政治学』六巻一三一八b六～一二、七巻一三二八b四一～一三二九a二、一三三一a三一～三五）。手工業に関していえば、これらの著作家たちは、いかに技術が優れ、いかに作品が美麗であろうとも、劣ったもの、市民にふさわしくないものと見なしていた。例えば、クセノフォン（『家政論』四章）やアリストテレス（『政治学』一巻一二五八b三五～三九、一二六〇a三九～b二、三巻一二七七b一～七、一二七七b三三～一二七八a一一、七巻一三二八b三三～一三二九a三四）などにとって、バナウソイ（この語は元来、仕事で火を扱う職人を意味していた）が従事する仕事は、座ったままの姿勢で労苦を強いられる不健康なものであり、心身ともに弊害をもたらすものであって、顧客に対する依存関係あるいは隷属関係すら生み出し、やはり結果として自由と余暇を失うことになるものであった。実際、手作業そのものが蔑視されたわけではなかったが、理想的にいえば、そうした仕事は自分自身のために行うべきであり、他人のためにするものではなかった（アリストテレス『政治学』八巻一三三七b七〜一三）。最後に、商業、とりわけ小規模なカペロイ（アゴラの商店主）の商売は、多くの知識人に不信感を抱かせていた。彼らは商店主たちの利益意識、貪欲さ、不誠実さを非難し、こうした職業は（理想的には）外国人に任せ、できるだけ遠ざけて、市民が悪影響を受けないようにすべきだと考えていた（例えば、プラトン『法律』八巻八四七b〜d、九巻九一八a〜九一九d、一二巻九五二d〜e、アリストテレス『政治学』七巻一三二七a一一〜一八、一三三一a三〇〜b四）。アリストテレスは『政治学』（一巻一二五七a四一〜一二五八a一八）の有名な一節で、商業（厳密には彼自身が「クレマティスティケ（財貨獲得目的の）」と呼んでいるタイプの商業）が現実《タ・ギノメナ》に広がっていると感じて、これを批判している。曰く、この種の商売は自然に反している。なぜなら自然な交換では、物を獲得することが交換の原理・目的となるのだが、商業で獲得されるのは金銭であり、さらに商業は、金銭を際限なく蓄積し、人為的方法で利益を得ることのみが目標とされているのだから、と（上に示した古代のテキストのうち、いくつかは Austin and Vidal-Naquet, nos. 2, 4, 5, 127, 128 として扱われている）。

このアリストテレスの見方は、明らかに道徳的な観点に立っている。『ニコマコス倫理学』の冒頭（一巻一章、一〇九四a～b）も同様で、アリストテレスは生きることの究極の目的を吟味するに当たり、（一）有益ではあるものの、限定的な目的のために行われる活動や知識と、（二）最上位《キュリオタテ》の学問を区別している。後者はすなわち、個々の多種多様な目的を全てカバーするもので、公共の善を目指すものである。この至上の学問とは政治学のことであり、健康を目的とする医学や、富を目的とするオイコノミアはこれに従属するものとして位置付けられる。『政治学』においては、ポリス生活の究極の目的が「よく生きること《エウ・ゼン》」あるいは「完璧なる自己充足的生」（三巻一二八〇b二九～一二八一a二）、「可能な限り最善の生」、かいつまんでいえば「幸福《エウダイモニア》」であり、美徳《アレテ》を完全に発動させ、使いこなすことにあるとされている（七巻一三二八a三五～b二）。アリストテレスの目から見て、究極の目的には倫理的な性格が備わっていたのである。

こうした考えは、都市国家アテナイの歴史的・社会的文脈の中で生み出されていた。当時、アテナイでは手工業や大規模事業（172～173頁参照）が拡大・発展していたために、保守的価値観を持つグループはこれに対して相当の反感を覚えていたのである。とはいえ、哲学者自身は、人々の態度がどこでも同じというわけではなく、現実には必ずしも原理原則通りにゆかないこともよくあるということを認めていた（アリストテレス『政治学』三巻一二七八a一五～二六、四巻一三二一a二六～三一）。実際、ヘロドトス（『歴史』二巻一六七章、Austin and Vidal-Naquet, no. 3）は、一方で、全てのギリシア人が同じように、軍事的な仕事より手工業の役割を軽んじているとしながらも、他方、早くも同じ箇所でスパルタ人とコリントス人を区別している。前者はあからさまに手工業を軽蔑しているが、後者にはそうしたところがほとんどない、と伝えているのである。大多数の都市には、ほかならぬアテナイも含めて、土地所有者ではない、手工業や商業に従事する市民がたくさんいた。どこであれ、財産関連の法制度によって、工房の所有者はおよそ市民に限定され、また名士ですらしばしば大規模事業に手を出していた。実際のところ、のちに見るように、手工業や商業関連といってもその活動は実に多様で、嘲りたくなるようなものもあれば、とりたてて気にならないもの、そして敬意を抱かざるを得ないようなものもあった。それでもなお、社会の階層という観点から見ると（48頁参照）、一般に市民と外国人には異なる経済的役割が割り当てられ、農業は前者のもの、手工業や商業は後者のものとされることが多かった。加えて、ローマ帝国時代に至っても、なお土地所有は名士層の富の基盤であり続けた。

経済問題に対する知識人の関心

アテナイの知識人たちは、何らかの活動を評価したり、批判したりするにあたり、個人の観点もしくは集団的な観点から、経済的な問題に触れてきた。前五世紀後半のアテナイでは、とりわけソクラテスやソフィストたちが行っていた教育活動のおかげもあり、いくつもの領域で知的活動が急激に活発化した。経済に関する議論《ロゴイ・オイコノミコイ》は、おそらくこうした文脈で姿を現したのだろう。クセノフォンの『家政論《オイコノミコス》』は、前四世紀初めのもので、ソクラテスを登場させている。これはこの種の作品としては現存するうちで最初期のものである。この作品はもちろんオイコスの運営を主題にしたもので、本節前項で言及した倫理的な考えばかりでなく、技術的助言や理論的考察もなされている。一五～一九章は技術関連の章で、農学に関する短い論考になっている。こうした技術論の伝統は、ヘシオドスの『仕事と日』にさかのぼると同時に、クセノフォン以後にも発展を続けることになる（残念ながら、その後の諸作品は全て失われ、これらはラテン語農学書の引用・言及を通じて間接的に伝わるのみである）。クセノフォンの『家政論』に見られる理論的考察は興味深く、驚くべきものですらある。というのも、ほかの哲学者たちのリゴリズム（善悪を厳格に峻別する道徳的態度）とは一線を画し、当時の現実をより適格に反映しているのである。この論考でクセノフォンはそもそもの初めから「オイコノミア」を、財産増大を目指すある種の知の体系《エピステメ》、利益の学問として提示している。後にクセノフォンは『財源論《ポロイ》』を執筆し、同盟市戦争（前三五七～前三五五年）に敗れ、「帝国」を喪失したアテナイがどのようにして財政を再建すべきか、種々の方策を提案している。その中で彼は、在留外国人と銀鉱が都市と市民の繁栄にいかに貢献していたのか、当時のアテナイ人が関心を示していたことを明らかにしている。

プラトンとアリストテレスは、物質的な財産の使用や獲得、交換について一度ならず考察を加えており、また臨海都市の長所と短所についても分析を行っている。そうした彼らの作品には、著者自身の思考の変化も反映されている。一方で、彼らはできる限り自給自足生活を営むことを理想とし、肯定し続けているが（アリストテレス『政治学』七巻一三二六b二六～三〇を参照）、他方で二人とも、社会が自然に発展するにつれて必然的に交換、商業（近距離、遠距離共に）、そして貨幣の使用が不可避のものとなってきたことを認めている（プラトン『国家』二巻三七〇e～三七一d、『法律』一一巻九一八a～c、アリストテレス『政治学』七巻一三二七a二三～四〇）。『政治学』の冒頭（一巻一二五六a一～一二五八b八）でアリストテレスは、財産獲得術を自然の摂理に即した生産物の獲得・入手とは別のものと捉えている。そこでは後者こそがオイコノミアの一部をなすものであり、手に入れるものはよく生きる《エゥ・ゼン》ために必要な生産物に限られていた。しかしながら、その直後の箇所では（一巻一二五八b九～一二五九a三六。おそらくこの一節は、後からの考えを挿入したのだろう）、アリストテレスは理論から実践に移ると宣言し、先ほどの区分に立ち戻ることなく、字義通りの意味で「財産獲得術」の有用性について語っている。とうとうアリストテレスは、『弁論術』（一巻四章一三五九bおよび一三六〇b）において、都市への食糧《トロフェ》供給を、財源《ポロイ》、戦争と平和、領域防衛、立法とならぶ、政治家が配慮すべき五つの重大事項に分類するだけでなく、輸出《エクサゴゲ》と輸入《エイサゴゲ》の必要性、そして交易相手と締結する条約《シュンテカイ》と司法協定《シュンボライ》の有用性についても強調している（彼の表現には曖昧なところがあり、論争になってはいるが、主張は明白である）。これよりも少し前、クセノフォンは『ソクラテスの想い出』の中で（三巻六章一三節）すでに同様の考えを表明していた。このように交易の必要性は、いわば、自給自足という観念の中に組み入れられていた。あるいは少なくとも、これを必然的に補完するものと考えられていたのである。

これらの知識人集団は、公的な財政にも明らかに関心を示している。トゥキュディデスは、ペロポネソス戦争について記述するにあたり、アテナイの財政的な余力、留保金が同国の力を下支えするものとして重要であると、くり返し強調している（例えば、『歴史』二巻一三章、Austin and Vidal-Naquet, no. 87）。クセノフォンは『ソクラテスの想い出』（三巻六章）で、アリストテレスは『弁論術』（一巻四章、一三五九b）において、さらに後にはアリストテレス門下の一人が『アレクサンドロス宛弁論術』（一四二三a）の中で、政治家にとって何よりも重要な資質は、都市の資源と支出を正確に理解していること、そして両者の釣り合いに関心を払っていることであると口を揃えて主張している。また深刻な社会経済的不平等は、当時からおよそいつでも市民の分断を引き起こす原因となっていたが、哲学者たちはそうした事態にも懸念を示していた（54頁以下参照）。とりわけ、アリストテレスとその門下の一人は『政治学』（六巻一三二〇a二九～b一一）と『アレクサンドロス宛弁論術』（一四二五b）において、都市内で公正な富の再分配が行われなければならないと、政治家たちに勧告している。

私的なオイコノミア（家政）から集団の経済への飛躍は、さして難しいことではなかった。ほとんどの哲学者にとって（ただしアリストテレス『政治学』の冒頭［一巻一二五二a七～一六］は除く）、私的な家の経営・運営と都市国家の公的な経営・運営の間には、とりたてて質的な差異はなく、程度の違いしかなかったのである。哲学者たちは好んで両者が平行関係にあるように提示し、オイコノミコスとポリティコスに共通する要素を強調してきた。しかしアリストテレスにとっても、ほかの哲学者にとっても、経済は二次的な領域を形成しているに過ぎず、それも第一義的には私的なものであり、政治学ほどに評価が与えられ、注意が向けられることはなかった。したがって当然ながら、経済を理論化する必要性があるなどと考えることはなかったのである。それに、いずれにせよ、それに必要なデータも彼らには利用できなかった。彼らの経済的な思考は、実に当時の文脈、当時の価値観に組み込まれていたのである。

三　都市（ポリス）における経済的な空間

どの都市《ポリス》も定義からいって独立国であり、そこには独自の国境、法、権利、税、貨幣といった諸制度が全て一揃い備わっていた。欠かすことのできない要素は、前古典期に立法をいく度も重ねる中で確立されていった。そうして都市は、構成する全ての個人および集団それぞれについて、役割や社会的地位を明確に定めた。都市は人々の権利や義務について主要な枠組みを作り出したばかりでなく、あらゆる活動に対して基本的な枠組みを提供することになったのである。都市は公の名の下に自ら経済に介入もした。以下ではこのモデルに認められる共通要素を、主要な変種《ヴァリアント》も含めて示してゆく。他方、諸都市はそもそも初めから近隣の人々や非ギリシア人と関わらざるを得なかった。のちになると諸都市は強力な大国家との関わりも余儀なくされ、やがて徐々にそれらに組み込まれていった。たしかに諸都市はこうした過程で負の影響を受けもしたが、しかし無意味なものに成り下がることはなかった。ここでむしろ課題とすべきは、そうして作り出される新たなバランスを理解することにある。

市街地と田園部

通常、どの都市国家も二つの相補的な空間から構成されていた。一つは居住の中核となる場所（アステュ）。歴史家たちは便宜的にこれを都市（中心市）と呼んでいるが、多くの場合、小さな町や村程度の大きさしかない。もう一つは、中心市に必要物資を（少なくともある程度）供給する周辺領域（コラ）である。基本的にどの都市も自給自足できることを願っていた。私的なレベルにおいても、田園部すなわち周辺領域にある所有地は、それぞれ自給自足的であることが理想とされた。以下、その理想がどの程度実現されていたのかを見てゆく。

人々の住まいは一般にいくつかが集まり、町や村を形成していたが、必ずしもそれが絶対的な定式というわけでもなかった。表面踏査により各地の田園部に孤立農場が存在していたことが確認され、さらにそればかりか数世紀のうちに種々の変化が生じていた様子（おそらく人口変動や戦争、秩序不安といった事件の影響）も明らかになってきた。このうち最もよく知られているのは、ヘレニズム時代後期およびローマ帝政前期にかけて、ギリシア本土における数多くの地方集落が消失し、多くの中心市街地もまた衰退していったということである（上述29～30頁および後述104～105頁）。

古典的なモデルでは、中心市域とその周辺領域は同じ経済的役割を果たし、相互に密接に依存していた。中心市域は周辺領域を支配していたわけでもなく、寄生していたわけでもなかった。したがって、中心市域をこのような意味で「消費都市」と規定するのは誤りということになる。実際、しばしばこのように記述されることもあるが、それはマックス・ウェーバーが提案し、M・I・フィンリーが継承したモデル（理念形）が本来の構想から離れ、拡張されて用いられたためである（後述79～81頁参照）。しかしながら、この相互依存原則にも例外は存在する。とりわけ中心市域に居住する市民のために、隷属民が土地を耕作するようなところ（本章次節参照）、あるいはアレクサンドリア、アンティオケイア、ペルガモンといった人口密度の高い、王都でもあるような大都市の場合は、いくらか修正を施す必要もあるにせよ、例外的に「消費都市」に分類することができる。同じモデルに従えば、前古典期以降、中心市域とその周辺領域の政治的、法的平等性は徐々に確立していった。この観点からすれば、周辺領域居住者は中心市域の住民と同等であり、小規模小作人も大土地所有者と同等であった。しかしそのような原則は民主政の下で、しかも市民に関する限りにおいて妥当だったに過ぎない。中心市域住民のすべてが市民だったというわけではなく、それどころか都市の住民構成はどこであれ厳密に階層的に構造化されていた。

社会階層

都市国家の中核をなしていたのは、「市民」であった。政治的観点からすると、当時は現代のように、「国家」が市民（国民）とは別の抽象的なものとして存在し、市民（国民）がそれを拠り所とする、といった関係にはなかった。むしろ市民たちが評議会や民会に集まり、公的な問題について熟慮し、決定を下すたびに、彼らが直接、自らの力で都市（都市国家）というものを具現化していたのである。さらにまた市民たちは公職者となり、行政上の責務を果たすことで、都市国家が確実に機能するよう自らの力を振るった。市民とは、いくらかの例外はあるにせよ、土地や不動産の保有権をはじめ、都市国家内の諸権利を完全に認められた存在であった。したがって彼らは原則からいえば土地所有者であり、農民であった。また市民たちは、自分たちこそが都市の財産を、集団として等しく所有しているのであり、自分たちにはこれを分割・分有する権利があると考えていた。逆に、彼らは都市の債務に対しても全員で共同責任を負っていた。市民という肩書が父から息子へと受け継がれる際には、しばしば母親についても同じ市民集団出身であることが求められ、したがってそこではある種の族内婚が好まれていた。後期ヘレニズム時代になると、市民権および不動産所有権は、以前に比べて自由に外国人に授与されるようになり、とりわけローマ人に対する授与はさかんに行われた。異なる都市に属する市民の間で家族の結びつきが形成されるようになったのである。しかしながら、全体として、旧来のモデルが時代とともに変化することは、ほとんどなかった。

市民以外の住民は、数の上からいえば市民をはるかに凌ぐ場合もあったが、市民よりも劣った部類に位置付けられ、権利も限定されていた。彼らが置かれた状況や社会的な地位については、地域ごとの偏差がきわめて大きく、たいていの場合、詳細はもはや不明である。都市によっては、スパルタやクレタ島の諸都市のように（これらの都市では前古典期の構造が少なくともヘレニズム時代まで変わらずに維持されていた）、市民であった者が種々の理由から公民権の一部を喪失し、劣格の集団に落とされることもあった（トゥキュディデス『歴史』五巻三四章、Austin and Vidal-Naquet, no. 60）。あるいはアテナイのように、市民権を有する父親と外国人の母親の間に生まれた息子が、在留外国人身分に分類されることもあれば、ロドスやコスのように、市民とされつつも一部の権利が制限される場合などもあった。

全般に自由人身分の女性は、たとえ市民女性であっても、未成年同然の扱いを受け、男性（父親、夫、息子、その他の男性親族）の後見の下で、あるいは男性に扶養されて生活していた。たしかに彼女たちの身分や行動の自由は、都市ごとに異なっていた。女性の中には相当額の財産を獲得し、自由に保持することを認められることもあった。またヘレニズム時代になると、ときに公的な職務を担い、それぞれの都市に惜しみない贈与を行うような富裕女性も数多く確認されるようになる。とはいえ、これを女性解放の兆候とみなすのは誤りである。というのも、公的な決定を下す権利は依然、男性の手に握られたままで、特段の変化はなかった。女性たちは日陰から表舞台に姿を見せるようになったものの、それは本来ならば一族の男たちが代々都市に奉仕し、財政貢献をしてきたところ、一時的に人材が払底したため、家の伝統を維持すべく、代理役として登場したに過ぎなかった。

在留外国人は、多くの都市ではメトイコイ（「共に暮らす者たち」の意〔単数形はメトイコス〕）として知られ、都市によってはパロイコイ（「傍で暮らす者たち」の意）と呼ばれることもあった。彼らは小作人となるか、雇用されるしか土地を耕作する術はなかった。彼らの中にはギリシア人もいれば、それ以外の人々もいた。一時的に滞在するだけの外国人（クセノイ〔単数形はクセノス〕）と同様に、その大半は交易にオープンな市街地で暮らし、手工業や商業に従事した。中には、よく知られたスパルタの事例のように、ペリオイコイ（「周辺に暮らす者たち」）と呼ばれる人々の共同体を国内に抱えることもしばしばあった。こうした人々は正規市民団とは区別される一方、都市国家に対して種々の義務を負っていた。また彼らは土地の所有を認められ、自分たちで政治運営も行っていた。同じことがプリエネのペディエイス（「平原の民」）や小アジア南部リュキアのペリオイコイにもあてはまる。後者はヘレニズム時代を通じて徐々にギリシア化し、市民団に統合されていった。

階梯の最下段にいたのは、奴隷であった。彼らは自由を奪われ、主人の財産とみなされて、家内労働、農業、手工業、商業、大規模事業や公共サービスなど、あらゆる領域において労働力の相当部分を占めていた。彼らの生活環境は実に多様であった。人間の男女が市場で売買される動産奴隷制度は、数世紀にわたり多かれ少なかれあらゆる場所で、労働力需要を満たすために発達した。これはほかの隷属形態が優勢な場所にも浸透していった。

ほかの隷属形態というのは、個人ではなく、共同体全体が都市によって集団として隷属状態に貶められている場合である。そうした集団、人々がどのような地位にあったのか、もはやその詳細を知ることはできないものの、地域ごとの差異はきわめて大きかった。古代の著作家の中には、これらの集団が「自由身分と奴隷身分の間」に位置付けられると伝えている者も少なくない。実際、こうした隷属共同体の成員たちは、支配を受け入れた後も、地元にある自分たちの土地で暮らし続け、主人のために同じ土地で耕作し続けた。また彼らは、居住権や動産所有権といったいくつかの権利も引き続き保持していた。彼らのほとんどは集団としての名前（エスニック集団名であることもあった）も維持した。ヨーロッパ側のギリシア（ギリシア本土）や島嶼部では、とりわけドリス系の地域や中央ギリシアに確認できる。例えばスパルタのヘイロタイ、アルゴスのギュムネテス、メガラのコニポデス、テッサリアのペネスタイ、クレタ島のムノイタイやクラロタイなどがあった。この隷属共同体制度の起源はかなり昔、戦争と征服がくり広げられていた時代にさかのぼる。ときにこの制度が問題視されることもあった。というのも、これらの共同体が結局のところギリシア人共同体だったからである。実際、制度が時代によって変化する場合もあり、テッサリアのペネスタイなどは前五世紀の終わりに市民身分に変更されている。前古典期およびヘレニズム時代には、植民都市建設という歴史的文脈の中で、新設の都市が〔先住の〕非ギリシア系住民に対して同じような隷属状態を強制することがあった。例えば、シュラクサイのキュリュリオイ（彼らはのちに前五世紀の僭主たちにより市民権を付与された）、ポントスのヘラクレイアのマリアンデュノイ、ビュザンティウムのビテュニア人、キュジコスのトラキオコメタイ、ミレトスのゲルギタイ、トラレスのレレゲスとミニュア人などが含まれる。東方世界では、同じような状況がより古い時代から伝統として受け継がれている場合もあった。

法的な権利の不平等は、現代の人間からすれば怪しからぬことと思われるかもしれない。しかし古代世界にとっては当然のことで、問題視されることもほとんどなかった。クセノフォンは著書『家政論』（七～一〇章）の中で、神々が男と女を二つの異なる相補的な生き物として創造したと述べている。男性は自然本来的に屋外で仕事をするために、女性は屋内の作業のために作られた。家のことに関する裁量権は家長にあり、女性の役目は家の仕事を全て切り盛りし、監督することにあった。こうした役割分担のなかで、一般に女性は、とりわけ家族の母親として配慮され、尊重されていた。奴隷制度やその他の隷属形態については、少なくともギリシア系住民に関する限りは、疑問に感じる哲学者も少なくなかった。しかしながら、一般的にはむしろ自然や本性を根拠として不平等を正当化する態度が広まっていた。これによりギリシア人は蛮族の民とは区別され、両者の差異は存在論的な事実とされた。「思慮によって事態を予見できる者は、本性上、支配者であり、本性上、主人であるが、こうしたことを肉体によってするのは、被支配者であり、本性上、奴隷である（アリストテレス『政治学』一巻一二五二ａ三一〜三四）」。実際のところ、奴隷や隷属民にはほとんど選択の余地はなく、運命を受け入れざるを得なかった。反抗的態度を示して主人の家から逃げ出した者などもいたが、組織的な叛乱についてはほとんど知られていない。

奴隷制度および隷属制度は、現実問題として必要なものでもあった。というのも、市民というものは理想的には生産活動から解放され、より高度な作業、とりわけ政治に従事しなければならないと考えられていたのである（上述36〜37頁参照）。それゆえにこそ、モーゼス・Ｉ・フィンリーも記しているように、奴隷制と市民権を肯定する姿勢は手を携えて発展したのであった。それではこのことに鑑みて、この社会は「奴隷制社会」と評価すべきなのだろうか。そのように記している作家もいる。しかしそれは、この用語をもって何をいおうとしているのかによるだろう。この世界が奴隷の労働にかなり頼っていたということを表現するのには十分使えるが、もしもこの世界が完全にあるいは基本的にこの種の労働力を基盤としていたといいたいとすれば、それは表現として強すぎる。たとえ本当に奴隷や隷属民には、いつでも利用可能な労働力を提供すること以外、何の社会的機能も備わっていなかったとしても、これらが人口全体に占める比率は、都市によって大きく異なっていたし、また隷属民についていえば、至るところに存在していたというわけではなかった。さらに何より重要なこととして、奴隷および隷属民で全ての労働力が賄えていたわけでは決してなかった。たいていの自由人身分の男女は、必然的に労働せざるを得ず、のちに見るように奴隷と一緒になって働くことも頻繁にあったのである。

これまで描いてきた社会階層は法律、司法上の区分、すなわち（フィンリー好みの術語を使えば）「地位 status」を反映したものである。しかし、現実がもっと複雑だったのは明らかである。法的な地位を横断するような区分がさまざまに存在しており、とりわけ富の偏在によってそのような事態が生じていた。

格　差

実際、社会経済的な格差というものは常に存在するもので、あらゆる都市に広がっていた。まず在留外国人についていえば、分からないことが多いながら、少なくとも彼らの置かれた状況がきわめて多様であったことは明らかである。富裕層に属する者も少なくなかっただろうが、とはいえ、その大半は都市労働者、大衆に属していた。また奴隷や隷属共同体の場合には、低劣な生活条件を強いられることもあった。例えば、鉱山はもちろんのこと、植民都市の周辺領域にも、豊かな都市部とは対照的に貧困が蔓延していたところもあった。実際のところ、それぞれの状況は法的身分だけでなく、個人あるいは集団それぞれの個別具体的な事情に応じて異なっていた。同じ奴隷でも、この上なく骨の折れる作業を強制され、ひどい扱いを受ける場合もあれば、信用に基づく仕事、例えば富裕市民が所有する農場の管理などに従事する場合もあり（クセノフォン『家政論』一二章）、また公的な領域でいえば、都市の公文書管理を任される場合もあった（伝アリストテレス『アテナイ人の国制』四七章五節）。隷属共同体の中には満足のゆく生活を維持していたものもあった。しかしこうした人々はみな劣格で周縁的な存在とみなされていた。彼らの状況に人々が憐れみを覚えるようなことはなく、改善に向けた機運が高まることもなかった。

市民の状況はこれとはだいぶ異なっていた。彼らは集団として意見を表明することが可能であり、自分たちの権利を主張することができ、民主政の下では政治的平等が達成された。とはいえ、市民間の格差は何より土地所有と結びついて存在していた。前古典期の社会的格差はきわめて深刻だった。最良の土地は当時、富裕貴族によって独占され、しかも同じ層が政治的権力も掌握していた。大衆は人口が急成長する中、わずかに残った土地を分け合わざるを得なかった。史料にはしばしば土地不足《ステノコリア》であったことが記されている。多くの貧しい市民たちが土地を離れ、はるか彼方に土地を求めた。あるいは債務を負い、さらに債務奴隷に身を落とすこともあった。叛乱や内戦を通じて、債務帳消しや土地の再分配を求める彼らの声が明示されることもあった。やがて徐々に改革が行われ、貴族たちの権力に制限が加えられていった。どのような過程を経たかは明らかではないが、富裕者の土地が没収され、貧しい市民に分配されていったことに疑いはない。まさにこうした歴史的文脈において諸々の権利や制度、法、規則が定められ、徐々に文字で記されるようになり、それらがその後、数世紀にわたって各都市の生活の基礎となった。

比較的安定した時代を経たのち、古典期には戦乱により同じ問題がそこかしこで再発した。そうした状況は前五世紀の後半、そして前四世紀を通じて史料中に確認できる。アテナイは、前四〇四年、ペロポネソス戦争に敗北したが、都市外の田園部はスパルタ軍の侵攻により荒らされていた。もはやアテナイは往時の富と権力を完全に回復させることはなかったが、しかしそれでも他都市に比べれば戦後復興を見事に成し遂げ、ふたたび当代随一の繁栄を謳歌した。他方、スパルタが経験した危機はいっそう深刻なものだった。アリストテレスによれば（『政治学』二巻一二七〇a一六〜二九）、「土地《コラ》はごく一握りの人々の手に移ってしまった」という。それまでは財産の五分の二までならば、相続関連法の規定により女性に遺贈することもできたが、この規制が緩和されたことによって上記の事態に至ったと伝えられている。こうして多くの市民が市民権の一部を喪失した（プルタルコス『アギス伝』五章、Austin and Vidal-Naquet, no. 106）。ほかにも、危機を示唆する種々の記録が、とりわけペロポネソス半島において数多く確認できる。混乱、叛乱、虐殺、亡命、債務帳消しと土地の再分配を求める声もたびたび聞かれるようになり、前古典期さながらの状況が窺われる。種々の政治的協定を締結する際には、財産没収や土地の再分配、債務帳消し、大規模な奴隷解放といった、体制を揺るがすような措置を禁じる規定が含まれた。例えば、前三三七年、マケドニア王フィリッポス二世がコリントス同盟諸都市と締結した協定の事例などはよく知られている。また、この時期は入植すべき場所にも事欠いていたため、ペルシア帝国の征服と同国への植民を勧める知識人もいた。貧困に苦しみ、家を追われた者の中には一攫千金を夢見て傭兵になる者も少なくなかった。政治的な亡命者も大変な数に上った。実際、前三二四年、マケドニア王アレクサンドロスがギリシア都市の全亡命者を復帰させようと、競技祭が開かれるオリュンピアで布令を発したとき、シチリアの歴史家ディオドロスによれば（『歴史叢書』一八巻八章）、二万人以上の亡命者がその場にいたという。

同様の危機的状況を知らせる史料が、そして全く同じ要求が、ヘレニズム時代、とりわけギリシア本土や島嶼部にも確認できる。それらは緊張関係、叛乱、虐殺、追放、僭主政治という形で現れた。また、克服し難い問題を解決すべく、他都市から招いた調停委員に訴えることもあった。前三世紀、スパルタの二人の王アギスとクレオメネスは、自国に対して革命的な措置を施そうとさえした。ヘレニズム時代後期の対立抗争は（上述29～30頁）、さらに状況を悪化させただけであった。同時に莫大な財産を基盤とする貴顕層が力を振るう「富裕者支配」が定着し、貧困化した大衆をある種の経済的パトロネジ関係（保護・庇護関係）に陥らせた。富裕者による施しは、危機の時代にあって一時的救済になったのは事実であるが、長期的にいえば、何ら危機の解消に資するものではなかった。こうした「エヴェルジェティズム（恵与慣行）」はヘレニズム時代の王たち、そして後にはローマ皇帝たちによって担われ、ローマ帝国の時代に至るまでにますます発展し、後二世紀に最高潮に達した。しかしながら、皇帝やローマ化したエリートたちがいかに寛大に振る舞おうと、問題が解決することは決してなかった。格差、不完全雇用、貧困、負債といった状況が消えることはなく、富裕者はつねに騒乱の恐れに取り憑かれていた。

こうした対立抗争は、マルクス主義的な階級闘争として分析されることもあったが、実際のところ、その種の説明はギリシア世界には馴染まない。近代資本主義とは経済の仕組みが全く異なるからである。しかしながら、ここでこの巨大な問題を議論することはできない。

私的空間、公的空間、聖なる空間

ギリシア人は一般に、個人に属するもの（イディオス）と全員が与るもの、皆に共通のもの（コイノス）を区別していた。ただし、経済や財政に関わる多くの文献では、「デモス」すなわち政治体としての「市民団」に属するものを指すのに、むしろ「デモシオス」という言葉が用いられていた。

例えば、都市国家が保有する財産は「デモシア・クレマタ」と呼ばれた〔語尾は修飾する名詞に合わせて変化する〕。こうした区分は、我々が用いる「公」と「私」の区分にうまく対応している。たしかに、先に強調しておいたように（48頁）、古代ギリシアの市民集団がいわゆる「国家」と分かち難い関係にあるということを考えてみれば、こうした理解も妥当であるように思われる。しかしながらギリシア人にはさらに神々に属するもの、あるいは神々に捧げられたものという区分もあった。これらは「ヒエロス」と呼ばれている。「ヒエラ・クレマタ」という表現は「聖財」と訳すことができる。都市全体について当てはめるなら、イディオス、コイノス、ヒエロスという三つの形容詞が、三種類の財産、空間を表現していた。この区分は時代を超えて用いられ、また程度の差はあれ、どの都市にも見られるものであった。例えば、アリストテレスは『政治学』（二巻一二六七b二二～三七）において、ミレトスのヒッポダモス〔都市計画家として知られる〕による都市国家の区割りについて記述する際、この三つを明確に区別している。経済活動の基本はこのうち私的空間にあったが、「公」と「私」、そして「聖」が相互に関わり合うこともいくらでもあった。

一般に最も広範な領域を占める私的空間では、当然、そこで暮らし、これを利用・経営する私的個人の自由裁量に、その扱いが委ねられていた。先に見たように、一部の例外を除けば、私的空間で土地所有者となることができたのは、都市国家の市民だけであった。聖なる空間には土地や建物からなる不動産、それから動産があった。前者には、神殿、聖域のほか、付属の耕作地や牧場、農作業小屋や住居なども含まれている。後者はさまざまな形態の高価な品々からなり、やがて貨幣も含まれるようになった。これらは都市共同体や私的個人が奉納したもので、多くは収穫時の初穂や戦利品の一部であった。いずれの資産も特定の神格に属するものとされた。もちろん実際に管理にあたったのは、主として、その聖域を利用する共同体（都市、あるいは区のような都市の下位組織）あるいは一つもしくは複数の家族であったが、場合によってはデルフォイのように複数の都市が集団で管理する場合もあった。聖域や神殿領の境界は通常、都市の公有地と同じように、境界標石《ホロイ》によって明確に示されていた。最後に、公的な空間に関していえば、これはとりわけ都市に属するものであった。公有地に加え、公費で整備あるいは建造された建物や設備などもその一部をなしており、例えば、港湾、埠頭、倉庫、船渠、船、武器庫、市場、道路、柱廊、泉場、貯水槽、劇場、体育訓練場、防衛施設、鉱山、石切場といったものがあった。これらの設備はすべて明らかに公益のために使用され、その多くは都市の経済活動を支えるインフラストラクチャーと呼べるような役割を担っていた。これらの多くは、神殿領や神殿付属の農作業小屋、家屋などと同じように、貸与もしくは用益権を認められた私的個人によって経営された。そうしたものには例えば、土地、農作業小屋、家屋、柱廊（より正確にいえば、そこにある工房や商店）、鉱区、あるいは石切場などがあった。これらの施設は聖域にとっても都市にとっても、現物および現金収入《プロソドイ》をもたらす代表的な財源《ポロイ》であった。

聖域内の高価な品々や神殿の収入は、部分的には聖財として蓄えられていたものの、通常は祭祀の運営にあてられていた（後述64頁）。しかし、例えばアテナイやデロスの神殿のように特に豊かな神殿であれば、都市の公的な手続きを介して、都市住民や都市自身に（ときには他都市にも）現金の貸付を行うこともあった（後述158頁）。他方、都市の場合と同様に、聖域でも相当の大規模労働力が使役され、施設（建物、道路、柱廊）の維持、祭祀の運営（日々の手作業）、そして管理運営上の定型業務（文書の管理、税の徴収など）にあたっていた。労働力の大半は公共奴隷あるいは神殿保有奴隷で占められていた。さらに都市は公共建築事業など、公益に資する事業も頻繁に行っていた（後述134頁以降）。このように都市も聖域も、それ自体が直接的に利益を生み出すものではないにせよ、上述のように多くの活動に携わり、保有する動産・不動産資産から融資を行うことで、数多の経済活動の起点となっていた。

税と公的支出

しかしながら、都市に収入をもたらす主要財源となっていたのは、税であった。これは何より経済活動に対して課されていた。税の起源をはるか昔までさかのぼれば、ミュケナイ時代からその後の時代にかけて、共同体の首長が個人の財産や生産物から取り立てていた現物貢納にたどり着く。やがて税は徐々に公的領域《コイノン》の一要素となり、前古典期に公的な諸制度が形式を整え、製造された貨幣、硬貨の使用が広まるにつれて、およそ確固とした形式を持つようになっていった。それ以来、数世紀にわたって税に基本的な枠組みを提供したのは、都市であった。史料によれば、古典期にはきわめて多様な税が課されており、都市に暮らす種々の集団に各々異なる税が課されていた。今日もなお広く受け入れられている見方によれば、常態的に直接税を支払わされることは、市民には屈辱的なことであったという。たしかに、市民に対する財産税《エイスフォラ》はいくつもの都市で課されていたが、これは臨時の措置であり、必ずしも恒常的なものではなかった。これに加えて最富裕市民は、行政上の任務を担う際、それから「公共奉仕」が課された際に、惜しみなく財政貢献するよう勧奨されており（軍船の準備や指揮、合唱隊や祝祭の組織・運営などといった公的な奉仕は「公共奉仕《レイトゥルギア》」と呼ばれていた）、任務上利用を認められた聖財や公的資金に加え、自腹でも追加支出を行っていた（例えば、クセノフォン『家政論』二章五～八節、Austin and Vidal-Naquet, no. 97）。しかしながら、実際のところ、彼らは一般に理解されている以上に資産（土地、家屋、奴隷、家畜、輓獣、養蜂場）や生産物（穀物、ワイン、オリーヴ油、乳、果実、野菜、木材、飼料など）に課税されていた。たしかに都市によっては鉱山経営（例えばタソス）や輸出入への課税（例えばアテナイ）からかなりの収入を得て、この種の直接税を廃止あるいは可能な限り縮小することもできた。しかしながら、例えばミレトスやテオス、テルメッソスなど、ヘレニズム時代に交易がさかんだった都市でも、市民は同じように直接税を納めていた。他方、隷属民の共同体（上述51頁）も当然ながら同じ義務を負っており、しばしば現物で貢納していた。

とはいえ、それでもなお間接税の方がたしかにより広範に浸透していた。程度の差こそあれ、間接税は至るところで確認されている。間接税徴収の組織や仕組みは数世紀を経てもさして変わるところはなかった。この制度はとりわけ商取引に影響を及ぼしたが、その影響は住民全体に及んだ。税が小売価格に反映したためである。まず輸入・輸出する商品には全て関税がかけられていた。税率は多くの場合二パーセント（ペンテコステ、すなわち五十分の一税）であった。交易所《エンポリオン》の監督役《エピメレタイ》が商人から申告書《アポグラファイ》を受け取り、五十分の一税徴収役（ペンテコストロゴイ。たいていは私人で、徴税権を請け負った）が商品の価値に応じて徴収にあたった。税収はもちろん交易量に応じて都市ごとに異なり、年ごとの変動もあった。史料には関連する数値がいくつか残されている。アテナイでは前四〇〇年ごろ、ペロポネソス戦争敗戦後でペイライエウス港が活気を失いつつあったときに、五十分の一税の徴収が三六タラントンで請負われていた（アンドキデス一番弁論「秘儀について」一三三〜一三四節、Austin and Vidal-Naquet, no. 91）。徴税請負人の手取り分を考慮に入れれば、これは対外交易がその年、一五〇〇タラントン、すなわち九〇〇万ドラクメ以上であったと推定される（タラントンというのは銀の量、より正確には重さを表す単位であり、アッティカでは六〇〇〇ドラクメに相当した）。対照的に、アテナイよりも遥かに小さな都市デロスの五十分の一税は、前二七九年に一万四二〇〇ドラクメ、翌年に一万七九〇〇ドラクメしかもたらさなかった。このほかにも投錨や曳航に伴う港湾施設使用料、あるいは単純に港湾通行税（ディアゴギア、あるいはパラゴギア）などが徴収されていた。これらについてはビュザンティオン（少なくともいくつかの時期について）およびコリントス（ディオルコスを通じて、一方の港から他方の港へ陸上運搬をしていた）の事例が知られている。港湾関連の税収はいくつもの文献に言及されており、多くの都市で重要な役割を担っていた。ポリュビオス（『歴史』三〇巻三一章一二節）によれば、前一六六年にデロスが自由港となるまで、（同島の港湾を支配していた）ロドスは一〇〇万ドラクメの税収を手にしていたという。

　小売の方も各種課税の対象となっていた。小売商《カペロイ》は卸売商（交易商《エンポロイ》）から品物を買い入れ、それを中央広場《アゴラ》で販売していたが、このときにエポニア、すなわち取引（販売、賃貸、請負など）税、さらに店舗用地使用料、国有器具（国有の秤など）使用料などが徴収された。この種の税はいくつもあったが、その重要性はいうまでもなく都市ごとに異なっていた。以上に付け加えるべきものとして、市門を行き来する際の通行税（ディアピュリア。人頭税の一種）があった。これは市民に課される場合もあれば、在留外国人に課されるものあるいは手工業者に課されるものもあった。しかしその詳細はほとんど分からない。例外はアテナイの在留外国人税《メトイキオン》で、男性ならば月に一ドラクメ、女性は二分の一ドラクメが徴収された。

　都市や聖域の支出はいずれも多岐に渡り、相当額に及んだ。国有奴隷や神殿保有奴隷への手当、公的役務を果たした市民への手当、軍務手当、競技会優勝者に対する褒賞などに公費・聖財が用いられたほか、そこから犠牲獣や宗教儀礼に用いる道具類、船舶建造・公共建築用の資材などが購入され、さらに市民に売却・分配する穀物やオリーヴ等の調達も行われた。都市は雇用主および事業主となることで、富と貨幣の流通に大きな役割を果たした。どの項目にどれだけの費用をあてるかは、当然その時々の必要性と状況に応じて変化した。すなわち、ヘレニズム時代になると穀物やオリーヴ油の公的購入額が増大する一方（後述207頁以降参照）、軍事費はむしろ（都市自体よりも）王家を通じて支出されるようになった。やがてローマの平和（パクス・ロマナ）の到来とともに、こうした支出も明らかに縮減していった。後述するように（75〜79頁）、外国勢力による支配はとりわけこの領域に影響を及ぼしていた。

このように都市が果たしていた経済的、財政的な役割は多岐にわたっていた。「未開派」の研究者たちはしばしば、都市財政は全般に一貫性に欠け、配慮に乏しく、そのため都市は恒常的に困窮状況にあったと主張してきた。たしかにギリシア人の財務管理・運営は現代とは大きく異なり、場当たり的な対応も頻繁に見られる。例えば、伝アリストテレス『経済学』第二巻には多種多様な財政支出が驚くほど収録されているが、その大半は献納、詐取、強請といった形をとっている（Austin and Vidal-Naquet, no. 91にいくつかの事例を提示している）。同様に金石文にも公金横領や職務不履行に関する記録がいくつも残されている。ヘレニズム時代の終わりには多くの都市が、戦争や賠償金支払いのために財政破綻を経験していた。ときに公職者の汚職は、ローマの属州総督が介入せざるを得ない事態に至ることもあった。やがて皇帝たちは都市にクラトレスやコレクトレス（いずれもしばしば監督役などと訳される）と呼ばれる役職者たちを派遣し、あるいは都市を直接保護下において、浪費や財政上の不備を修正する手段に出ざるを得なかった。

しかしながら、史料の記述は日々の常態よりも例外的状況や困窮状況に大きく偏っている。実際、市民たちが都市財政の秩序と均衡状態を取り戻すべく努力していたこと、さらに都市が繁栄していたこともまた、しばしば史料には示されている。例えば、前四世紀にアテナイ人は財務管理を徐々に近代的なものに作り替え、集権的性格を高めた。前三五〇年ごろ、同盟市戦争の後、国庫収入は一三〇タラントンにまで落ち込んでいたが、一〇年後には四〇〇タラントンにまで回復していた（デモステネス一〇番弁論「第四フィリッポス」三七～三八節）。これは間違いなく政治家エウブロスが主導した財務管理のおかげである。政治指導者リュクルゴスは、前三三八年から前三二六年まで都市財政を委ねられ、国庫収入を一二〇〇タラントン、あるいはことによると一五七五タラントンにまで増大させた（伝プルタルコス『十大弁論家伝』八四一Fおよび八五二B）。ヘレニズム時代の金石文にも同様の試みが記録されている。例えば、徴税請負人の横暴を終わらせようと対抗措置を整備したり（コロフォン、前三世紀前半）、公文書の不正改竄《ざん》の発覚を受けて文書行政の改善を図ったりしている（パロス、前三世紀後半）。さらに、すでに見たように、かなりの都市や聖域で予備費（留保金）や剰余金の貯蓄が可能であった。緊急事態ともなれば、いかなる都市でも臨時課税、借入れ、拠出要請といった多様な手段を講じることが可能であり、また、とりわけ時代が下れば、有力市民や王、ある

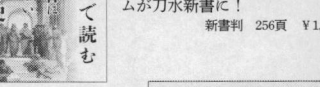

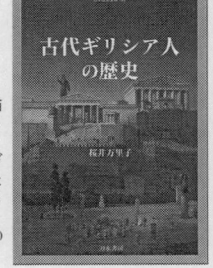

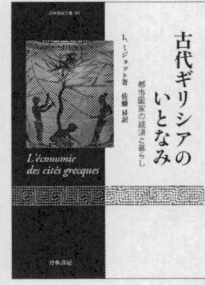

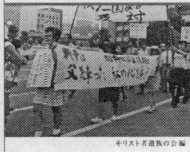

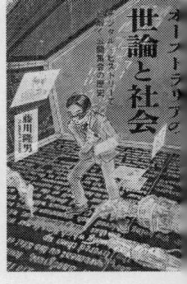

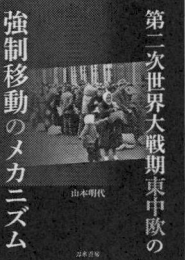

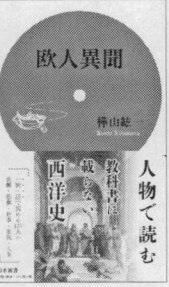

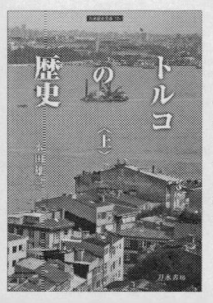

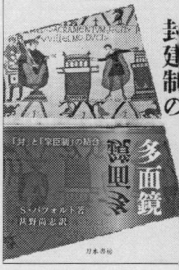

いは皇帝から恵与を求めることもできた。そうした方策は、多くの場合、個人の忠義心や気前の良さに訴えるものであったが、これによりシステムはある種の柔軟性を備えることとなった。このほか、配分手続き（ディアタクシスまたはメリスモス）に言及する史料も数多くある。すなわち、毎年、今後の支出見通しを立て、財政運営状況に注意の目を光らせていたということになる。通常時であれば、諸都市は収支の均衡に注意していたというだけではなく、現代の我々と同様、全般的に均衡を保つことができていたのである。

しかしながら、それにしてもたしかに徴税システムは柔軟性を欠いていた。もちろん市民たちは税負担を分散する方策を承知しており、不動産税、公共奉仕、エイスフォラ（戦時財産税）などは個人の資産に応じて課すことにしていた。同様に、税務行政に関わる実務上の方策を調整したり、改正したりすることもできた。ところが、徴税制度そのものを修正したり、税制を選択的に調整したりするような発想は、一切生じることがなかった。例えば、特定生産物の保護あるいは輸出入促進のために特定の税を減免したり、撤廃したりすることはなかったのである。このことを最もよく表すのが五十分の一税《ペンテコステ》である。これは都市にもたらされるあらゆる商品、そして都市から出てゆくあらゆる商品にいつでも等しく課されていたが、このことは必要不可欠な食糧を輸入する際に、ある種の障害ともなった。唯一、全く新規に加わった要素は、ヘレニズム時代、帝政期にますます重要度を増していった恵与慣行《エヴェルジェティズム》だったが、これも非常時の頼みの綱に過ぎなかった。他方、古代ギリシアの市民たちは常に変わることなく、たいてい一年契約で、ほとんどの税の徴収を請負人《テロナイ》に託していた。徴税を請け負うような者はすでに別の手段で富を築いていることも多かったが、彼らは当然ながら徴税もまた個人的な蓄財の機会と捉えていた。請負人たちは現地に派遣した奴隷を介して、横暴な徴税すら辞することがなかった。税に対するこのような保守的姿勢を遺憾に思ったりするのは、時代錯誤というべきだろう。あるいはまた、ギリシア人には税制度を社会のために利用し、私財をより公平に再分配するといった発想もなかったと言って目くじらを立てるのもまた同断であろう。実際、当時の税制度はこの時代の考え方、そして税を純粋に財政的観点から捉える見方に合致していたのである。すなわち、当時、税とはただ都市国家のニーズを満たすだけのものに過ぎなかったのである。

貨幣——製造と立法

もう一つ、都市当局が特権的に介入した領域は、硬貨製造と硬貨に関連する法制度の整備であった。硬貨が商取引においていかに拡散していったのかについてはのちに見ることとして（150〜151頁）、まずはその起源を考えてみたい。出現時期は研究者間で意見の一致を見ていないが、現在のところ、きわめて遅く、前七世紀末あるいはむしろ前六世紀の初めに位置付けるべきという見解がおおむね受け入れられている。ヘロドトスによれば（『歴史』一巻九四章）、硬貨を製造・使用するという発想はギリシア人ではなく、リュディア人にさかのぼるものであった（リュディア人とは小アジア西部に暮らす人々で、首都はサルディス。最後のリュディア王は高名なクロイソスである）。まもなくエフェソス、ミレトス、そしてテオスといったイオニア地方（小アジア西部）のギリシア人諸都市が、リュディア王をまねて硬貨製造を始めた。実際、最初期の硬貨が出土しているのはこの地域で、それらはエレクトロン、すなわち金銀の合金（人工的なものか自然のものかはさておき）で作られている。その後、純金または純銀製の硬貨が最初に現れたのは前六世紀の中ごろのことで、伝統的にはクロイソス王が発行したものとされており、クロイソス硬貨（仏語 créséides、英語 Croeseids）と呼ばれている（ただし、そのいくつかはおそらくペルシアのキュロス大王、あるいはその後継者ダレイオスによって発行されたものであろう）。前六世紀も半ばを過ぎたころには多くのギリシア都市がこれに追随した。まずアイギナ、アテナイ、コリントスといった海洋・商業都市が、やがて南イタリアおよびシチリアの諸都市も続いた。前五二〇～前四八〇年の間に硬貨の使用は広範かつ急速に普及し、北アフリカのキュレネや南仏マッサリアといった遠く離れたギリシア諸都市でも、また小アジアやトラキア地方の非ギリシア系住民にまでも広まっていった。中にはスパルタのように硬貨をなかなか受け入れようとしないところもあったが、ギリシア世界では概して硬貨が徐々に一般に使用されるようになっていった。ギリシア世界内部の発展と地中海域への拡大という重要な段階を経たのち、ギリシア都市の多くはこうした段階にまで成熟していた。すなわち、ギリシア諸都市はこの時期までに、硬貨の拡散に必要な政治・司法・経済・財政上の枠組みを整えるに至っていたのである。例えばヘロドトスは、ペルシア王国の支配下にある共同体とは対照的に、ギリシア諸都市では中央広場《アゴラ》で商取引が行われており、これがギリシア都市の特徴の一つであるとしている（『歴史』一巻一五三章）。

硬貨はいかなる点で革新的だったのだろうか。これは大論争の核心的な問いである。伝統的には二通りの解釈が提示されている。一つは商業的な、もう一つは政治的な説明である。実際、硬貨を使用する領域として自然に思い浮かぶのは商業である。たしかにヘロドトスはそのように議論を展開し（『歴史』一巻九四章）、さらにリュディア人が（硬貨を発明しただけでなく）最初の小売商人《カペロイ》であったとも付け加えている（これは誤りであるが、ひとまずここでは気にせずにおこう）。次の世紀、アリストテレスも『政治学』（一巻一二五七a三一～b五）において同様の見方を示している。実際、硬貨は多大な柔軟性と利便性をもたらした。硬貨は規格が統一されており、また重量と銀（または金）の含有量に応じた価値が公式の刻印で保証されていて、使用する際に価値をめぐり論争になる余地があまりなく、計算も手軽で、持ち運びにも貯蔵にも便利だった。しかしながら、硬貨が当初から商取引での使用を使命としていたのかどうかは、明らかではない。例えば、アリストテレスは『ニコマコス倫理学』（五巻一一三一b三一～一一三三b一八、Austin and Vidal-Naquet, no. 44）において、硬貨の導入を社会正義の問題に結びつけている。すなわち、社会生活には必然的に物やサービスの交換が伴い、そこで価値を計算する必要があったために硬貨が導入されたと説明している。たしかに最初期に製造された硬貨は、スタテル（一スタテルは二ドラクメ）硬貨やテトラドラクメ（四ドラクメ）硬貨など、額面の大きなものであった。このため数多くの研究が、これらを用いた支払いには政治的意義──すなわち、傭兵への支払い、労働者への手当、公共建築の資材購入代金、市民に対する余剰金の分配、あるいは税金や罰金、賃貸料、債務、その他種々の公的課金の徴収──があったということを強調してきた。より広くいえば、民主政の発展、そして市民の秩序や正義・司法の発展が、この新しい道具の拡散に間違いなく有利に働き、他方、この道具そのものがいくつかの制度制定を促すものともなった、というのである。しかしその一方で、近年の研究により、小アジアでは早くも前六世紀の後半には少額銀貨が、想像をはるかに超えるほどの規模で製造されていたことが明らかとなり、衝撃を与えている。さらに次の世紀にはヨーロッパ側のギリシア世界でも少額銀貨が登場しており、さらに同世紀の終わりには、銀よりも価値の劣る青銅の硬貨まで出現している。すなわち、硬貨はかなり早い段階から地域の少額取引に用いられていたのである。

しかし商業的な説明にも限界がある。そもそも交換・取引ははるか昔から行われており、硬貨が発展し、価値評価に用いられるのを待つまでもなかった。高度に発達していたメソポタミア世界では、すでに二〇〇〇年近く前からおよそ標準化した重量を持つ銀の鋳塊や延べ棒、断片などが価値基準として用いられていた。これらには発行主体の刻印も当局による保証も明記されず、きわめて正確な計量や検査を要したが、メソポタミアの人々はこの無記名の貨幣に何の問題も感じていなかった。さらにギリシア人とてそうした近東の人々と交渉を持っており、硬貨登場以前は何世紀もの間、種々のモノを（さらにヘシオドスやホメロスによれば女性も）、牛の頭数ばかりではなく、さまざまな貴重品、すなわち大釜、鼎、両刃斧、金や銀、エレクトロンの鋳塊などで評価していた。価値を表現する際に用いるものの中には鉄の串もあり、これはギリシア語でオベロスと呼ばれた。やがてこの名詞から、貨幣単位であるオボロスが生じた。六分の一オボロスが一ドラクメに相当する（「ドラクメ」という単位は「一握り」または「一束」を意味する言葉であった）。さらにいえば、硬貨誕生以前、一世紀もの間、ギリシア人は重量を測った銀を価値基準として用いていた。こうした価値評価手段は全て、すでに広い意味で「貨幣（英語でいうところのマネー）」であった。すなわち、たしかに硬貨によって何かしら新しい利便性が生み出されたとはいえ、その誕生には、期待するほど革新的なインパクトはなかったといえる。

ジョルジュ・ル・リデは近年、かつて自らが提示した理論をさらに説得的なものに発展させた。すなわち硬貨の製造、発行が国家に利益をもたらすという主張である。そもそも都市は硬貨を流通させるにあたり、それらがいくらになるのか、額面上の価値を（恣意的に）定めた。その価格は、硬貨の重量に応じた内在的価値よりも高いものだっただろう。例えばアテナイでは、前五世紀にその差額が五パーセントを超えていた。そのようにしてあげられた利益は、製造コストを考慮したものので、後代のいわゆる「シニョリッジ（貨幣製造税・通貨発行益）」に相当する金額を含んでいた。また実際に、ときに都市当局が標準的な重量にわずかに足りない硬貨を発行する事例も見られた。そうした硬貨は、信用貨幣としての価値が完全ではなく、発行した都市の外では使えなかった。さらにまた当局が領域内で当該都市国家の通貨を使用するよう義務付けることもしばしばあった。当然、外国からの訪問者は貨幣を交換することが求められ、都市はその両替取引にも税を課した。このような利益に対する期待が（これは後代の文献に明確に映し出されている）きっと決定的な役割を果たしたのだろう。それゆえにこそ、ごく初期から諸都市は貨幣の製造を都市国家の特権とした。したがって硬貨に都市の紋章を刻印することは、都市国家としての行為であり、常に公職者の責務とされた。これは都市のアイデンティティとプライドを強く主張するものでもあった。すなわち貨幣製造による収益には、こうした政治的側面も含まれていたのである。この点もジョルジュ・ル・リデが主張していた点である。政治的な側面は、多少の変化はあれ、都市がより大きな領域国家に組み込まれ、そこで貨幣が製造されるようになった時代にさえ、一定の役割を果たし続けた（75頁以下およびl55～156頁）。諸都市はたいてい自らの支出を考慮して硬貨を製造していたが、祝祭や何か重要なことを記念するためだけに発行することもあった。

以上の文脈を考えれば、造幣は公的な工房で行われていたと考えるのが筋である。しかしながらこの点はあまりよく分かっていない。アテナイの造幣所はいくつかの史料に言及されているが、これは常にアリュギュロコペイオンと単数形で記述されている。これはたしかに国有のものであった。

このことはデロス同盟参加諸都市に対してアテナイの通貨を使用するよう定めた前五世紀の決議碑文にも（後述153～154頁）、政治家アンドキデスの作品断片（第五断片、アリストファネス『蜂』一〇〇七行に対する古註）にも示されており、国有奴隷《デモシオス》がそこで働いていたとも記されている。造幣所は中央広場に位置し、都市国家の公式の分銅（重量基準）もそこに備えられていた。上述の通貨決議は、同盟諸都市それぞれに個別の造幣所があることを（またしても単数形で）示唆している。造幣所を指すギリシア語は銀（ギリシア語でアルギュリオン）を想起させるが、同じ施設が金貨や青銅貨の製造にも用いられた。何といってもアルギュリオンというギリシア語が、フランス語のアルジャンと同様に、銀だけでなく貨幣全般を指す言葉としても用いられていた以上、それは当然のことである。ペロポネソス半島のアルゴス、マケドニア王国のペラでは、そのような工房跡がいずれも中央広場の一角に確認されている。マケドニア王やヘレニズム時代の諸王、そしてローマ皇帝たちはいずれも自らの造幣所を持っていたが、王国や帝国の通貨は各地の都市でも製造されていた。また移動造幣所が移動中の軍や皇帝に随行するということもあったらしい。実際、この造幣施設にはごく軽い道具しか必要なかった。硬貨の発行は断続的に行われたため、小規模な都市では硬貨の製造作業を、自国の刻印とともに大都市に委ねることもままあった。また、アルギュロコペイアあるいはクリュソコイエイアとして知られる私的な工房もあり、そこでは高級食器や宝飾品など種々の用途に用いられる金銀の加工が行われていた。したがって、はたして都市当局は必要に応じ、こうした工房に委託して、自らの指示・監督の下、硬貨の製造をさせていなかったのだろうか、ということも検討に値する。

以上、諸都市は貨幣に法的な枠組みを与え、製造と使用を統制していた。必ずしも全ての都市が自国貨幣を製造していたわけではないが、どの都市でもこの分野の法制度を整備することができ、そして実際にしばしば法を制定していた。例えば、正当な貨幣はドキモン（公認のもの）として、自国領域内での流通を認め、不当なものはアドキモン（非公認のもの）として却下することもあった。前三七五／四年、アテナイは通貨発行量の減少（これは前四〇四年の敗戦に起因する）と偽造通貨の大量流入を受けて、自国の刻印が施された銀貨の真贋を確定するべく、法律を制定している〔Rhodes and Osborne, no. 25〕。また諸都市は通貨両替方式についても統制を加え、例えばレートを固定し、両替所を指定することもあった（例えばオルビア。Austin and Vidal-Naquet, no. 103〔= Dittenberger, no. 218〕）。また、例えばビュザンティオンやカルケドンなど、両替業務独占にまで至る都市もあった。そうすることでまた新たな財源を生み出していたのである。

経済的な空間の拡大

数世紀を経過するうちに〔主にヘレニズム時代以降〕、ギリシア諸都市の多くは常態的に外部勢力に支配・君臨され、あるいは同盟、連邦といった組織に再編されるようになった。そうした場合、諸都市は大なり小なり自らの権限を抑制し、共通の支出に貢献をすることを受け入れた。そうした状況は何より政治史に関係するものであり、これまで頻繁に議論されてきた問題、すなわち同盟諸都市あるいは従属都市の自由と自治をめぐる問題が俎上にのぼってくる。本書ではこの問題全体を取り上げることはしない。しかしそうした状況は財政面にもはっきりと現れている。例えば、古典期のことになるが、アテナイの同盟諸都市は、同国に対して集団防衛のために貢租金を納めなければならなかった。また前一八八～前一六七年、ロドスはローマによって認められていた対岸のカリア地方およびリュキア地方から相当の収入を得ていた。さらにヘレニズム時代、諸王国の領域内に吸収された諸都市は、伝統ある都市か新参の都市か、あるいは自由都市なのか従属都市なのかによって、さまざまに異なる扱いを受けた。多くの場合、従属都市は王国の求めに応じ、貢租金《フォロス》という形で包括的に金銭を納付するか、あるいは諸税の一部を上納するか、あるいはその両方を支払わなければならなかった。同じようにローマ帝国統治下では、自由都市として部分的あるいは全面的に課税を免除される都市もあったが、さもなければトリブトゥム・ソリ（不動産税）とトリブトゥム・カピティス（人頭税）の対象とされた。各地の属州や行政管区の中で特に指定された場所ではさらに間接税、とりわけポルトリアすなわち港湾税も課されていた。こうしたものはヘレニズム時代に諸王により徴収され、ローマの支配が及ぶとともに定着したというケースが多かった。

この結果、資金と富が中央権力へと流れた。どれだけの規模であったのか、評価するのは困難である。前五世紀のアテナイならば、少なくともある程度の評価は可能であるが、このような特別な場合を除き、利用可能なデータは存在しない。しかしその影響がさまざまであったことに間違いはない。古典期およびヘレニズム時代には、貢租金の負担に不満を述べる都市もあった。カリア地方やリュキア地方では、ロドスに対する叛乱も発生した。ヘレニズム時代後期には、多くの都市が徴税請負人たちの厳しい取り立てに苦しんだ（上述30頁）。しかし敬意をもって公正に扱われたケースもあっただろうし、またローマ帝国が成立すると、彼らの狼藉は終わりを迎えた。他方、多くの都市は、財政負担の対価としてそれぞれの君主、盟主の軍事力によって保護を受けていた。また必要に迫られた際、とりわけ地震のあとや飢饉など予期せぬ災害に見舞われたときには、王や皇帝から救援を期待することができた。さらに平時であっても従属都市はヘレニズムの君主たちから恒常的に貢納の見返りを受けていた。加えて、徴収された税や貢租金のうち一定額は、多くの場合、課税された場所かその周辺領域で支出され、主に軍団の維持、体育競技場《ギュムナシオン》で用いるオリーヴ油の供給、都市の開発などに用いられた。これらは全て都市の支出を軽減することにつながり、さらにいえば、徴収された税や貢納金が流通に戻されることによって、都市の生産や商取引を刺戟することにもなった。こうした効果はとりわけローマ帝国の支配下で顕著であった。ローマの平和《パクス・ロマナ》のおかげで帝国の税システムは積極的な役割を果たし、生産の増加につながった。しかし、目下の関心から最も重要な点は、あらゆる状況において、従属都市でさえ一定の自治機能を維持することが可能であり、自ら責任を持って地域内で支出するなど、自主性を発揮する余地が残されていたということである。この時代でもなお各都市は、境界線を持つ、自主的な財政活動を行う存在であり、一般的には伝統的な徴税請負制度によって自らあらゆる地方税を徴収していた。そして彼らは税収を、それぞれの君主・盟主に支払うべき分と、自分たちが維持し自由に処分できる分に振り分けた。ローマ帝国の時代、たしかにローマが地域の財政に介入し、統制を加えてはいたが、そうした時期でも都市が財政面で自主性を発揮するような状況は依然として続いていた。

そうした広域組織の再編や外部勢力による支配は、必然的に生産や交易に対してさらに大きな影響を及ぼした。古典期のアテナイは、たしかに政治的な思惑でしかエーゲ海世界の支配を目論むことはなかった。しかし、その政治的な支配に由来して強大な経済的、財政的な力が生み出され、アテナイの港は東地中海随一の活況を呈した（後述164頁）。新たな交易ネットワークが確立され、エーゲ海諸都市はそれらに順応せざるを得なかった。もっとも、諸都市が地元で経済活動を行うにあたって、こうした状況から受けた影響はおそらく限定的だっただろう。同様の状況は、ヘレニズム時代前期にエーゲ海世界の経済を席巻したロドスでも見られた。構造的な変化と新しい均衡が生み出されたのは、いくつかの要素が組み合わされた結果であった。大きな要素となったのは、まずヘレニズム諸王国とその首都、それからやがてローマ（そしてこの都市はまもなく唯一の首都となった）が及ぼす圧倒的な影響力であった。生産、商業、消費の規模、交易ネットワークの再配置、王と皇帝による恵与、ローマの植民都市建設、そしていくつかの都市の繁栄あるいは衰退も大きな要素となった。こうした諸要素が及ぼす影響はたしかに地域ごとに異なっていたが、影響が何より感じられたのは農業および交易部門で（後述104〜106、165〜166頁）、とりわけ厳しい状況を経験したのはギリシア本土・エーゲ海周辺であった。ここではローマ帝国が成立するまで真の不況を経験していた。しかし、生産活動および商取引はいつでも、活発なギリシア都市の間に形成された広範なネットワークに大きく依存していた。その役割、重要性を諸王、そしてローマ皇帝が疑問視するようなことは決してなかった。

市民の経済介入

以上、一千年紀以上の期間にわたって、世界が次々と拡大してゆく中でギリシア諸都市が果たしていた役割について瞥見してきた。諸都市は経済活動の枠組みとして維持されていただけでなく、自主性を発揮する余地もかなりの程度保ち続けていた。公有地や聖域の管理・運営、生産・交易に対する課税はもちろん、硬貨の製造や関連法制の整備においても少なくとも一定の自主性を維持していた。以降の章では、都市が農業、公共事業、そしてとりわけ商業において果たした役割について検討を加えてゆく。市民たちはこうしたさまざまな領域において、自分たちが下す決定の影響の大きさについて十分自覚していた。しかし根本的な問題は彼らの動機である。この問題に関する研究者の見解はおよそ一致している。たしかに市民たちは経済的な関心を持ってはいたものの、それらは一般により大きな政治的あるいは社会的な目的と混ざり合うか、あるいはそれらに従属するものであった。市民たちの関心は当座の必要性や目下の状況に即したものに留まり、「経済政策」と評価できるようなもの、すなわち諸問題に目を配り、包括的な展望を持ち、全体的なまとまりを持つようなものにはならなかった。たしかにギリシア人たちは全般的な経済成長を目指してはいなかった。彼らはそのような活動を体系的に理論化してこなかったし、種々の要素がいかに影響を及ぼし合うのかも理解していなかった（上述34～36頁）。古代ギリシアの市民たちが抱いていた種々の関心は、いかなる経済的基本原則を反映したものでもなく、自由放任主義《レッセ・フェール》を反映したものですらなかった。しかしながら、それらの背後には合理的理由があり、そして一つの共通点があった。市民の利益である。というのも市民だけが決定権を有しており、集団として諸機関・諸制度を独占的に掌握していたのである。それ以外の住民は、例えば経済的に決定的な役割を果たした在留外国人であっても、集団として協力する術を持たず、個人もしくは家族として圧力をかけるしかなかった。彼らの所属団体・組合がそうした機能を果たしていた可能性も考えられるが、証明するだけの根拠はない。必然的に、評議会や民会で下された決定は、とりわけ市民の直近の関心を反映したものだったということになる。この点において、何より『財源論』が示唆的である。ここでクセノフォンは商業活動を促進し、ラウレイオン銀山の開発を強化すべきだと提案しているが（四章一～一七節、

Austin and Vidal-Naquet, no. 96)、彼が目指していたのはただひたすら都市国家の収入を増大させることだけであった。ウェーバー流の消費都市モデルが妥当であるかのように思われるのは、こうした意味においてのみであり、それ以上広い意味合いではなかった（上述47頁）。

一次史料

都市と周辺領域

というのも、都市がいかなる領土を持つべきかという問題については、いうまでもなく、誰もが自給自足という点において最も行き届いた土地を賞賛することだろう（どんなものでも実るような土地でなければならない。というのも、あらゆるものが備わっていて欠けるものが何一つない状態を自給自足というのだから）。広さ、大きさについていえば、居住する者たちが自由に、そして同時に慎ましく余暇を過ごしながら生活できるようなものということになる。……領土の地形がいかなるものであるべきか、この点について語るのは難しいことではない（いくつかの点に関しては、軍事指揮の経験がある者たちの意見にも従わなければならない）。すなわち敵軍にとっては侵入しがたく、敵軍に対しては出撃しやすいものでなければならない。さらに、人口についても容易に見渡せる程度であるべきだと述べたが、領土もまた同断である。容易に見渡せるというのはすなわち領土防衛が容易だということである。都市の位置についていえば、もし理想どおりにすべきというのなら、海に対しても、領土に対しても都合の良い立地であるべきである。それはすなわち、上述のことが一つの基準となる（すなわち救援を送るために、どこからも等距離でなければならない）。もう一つは、作物の収穫を運搬するのに、それから森林の木材など、ほかに何かしらの生業が領土で行われていれば、その産品を運び込むのにも容易ということである。

海との関わりについては、秩序正しい都市国家にとってそれが有益なのか有害なのか、喧《かまびす》しく議論が交されている。というのも、異なる法の下で育った人間が外国人として暮らしているのは、法秩序にとって不利益だという者もいる。そして人口過剰も同断であると。というのも、そのような状況は、海を利用して交易商を数多く送り出し、そして受け入れることから生じるのであるが、それは都市国家を立派に運営してゆくのに不都合な事態だというのである。そうすると、以上のようなことが起こらないのであれば、安全のためにも、また必要物資をふんだんに手に入れるのにも、都市と領域が海に接していることは、明らかに好ましいことなのである。

——アリストテレス『政治学』七巻一三二六b二七～一三二七a二〇

第二章　農業の世界

農業は古代を通じて都市経済の基盤であり続けた。ギリシア農業は収穫・摘果の時期を中心に大規模な労働力を必要とした。機械化がほとんど行われていない地方社会であれば、いずこも同様であろう。また農業労働力は人口のかなりの部分、おそらく少なくとも八割を占めた。手工業や商業に対しても、必要な原材料はかなりの部分が農業によって供給されていた。農業は景観を形作り、社会を特徴づけ、人々の慣習の中に染み渡っていった。農業は歴史を通じて「市民」の活動の最たるものであり続けた。というのも、市民こそが集団として土地を公的に所有できたのであり、また私的に土地を所有するということは、およそ市民にのみ認められた排他的な特権とみなされていた。無産市民に土地を提供するという政策もいく度となく採られた。土地のない市民に領内の土地を分配したり、あるいは植民都市《クレルキア》を建設し、都市の外部にある土地《クレロイ》を割り当てたりした。いつの時代でも、たいていの場合、土地所有が大資産の基盤を構成していた。

他の経済活動と比べると、大地を耕す仕事は、倫理的価値観（上述38頁）、保守的性格、そして規則的に繰り返される仕事や生活といった特徴を備えていた。農業は変わることなく巡る季節、祝祭、そして儀礼の周期性に従っていた。また旱魃や作物・家畜を襲う疫病に常に悩まされていたため、農業労働者たちはリスクを冒すよりも、すでに経験したことのあるやり方にこだわった。およそどこであっても自然条件によって（上述19頁以下）集約的な乾燥農法を行わざるを得ない状況にあった。生産量を増大させるには、土地を最大限に利用し、労働力を増大させるよりほかに手はなかった。

しかし共通の要素はあったにせよ、農業の世界は画一的ではなく、また変化しないわけでもなかった。土壌や降雨量は地域ごとに異なり、状況に応じて選択し、調整する必要があった。農地の所有や農業経営のあり方は多様であり、時代を経るにつれて進化もしていった。前三世紀に至るまで人口増の圧力と都市化の進展が耕作地の拡大を引き起こしていた。農産物加工技術も、先に見たように（24〜26頁）、進歩を見せていた。他方、古典期以来、農学、植物学、食事指南などが花開いてゆく中で、耕作方法にも改善が見られた。前三世紀には、ラゴス朝エジプトのファイユーム地方で新種を栽培すべく、ギリシア人が実験を行い、農業の発展に貢献していた。

一　農作業と農産物

作物

古典的な地中海の三大作物（穀物、ブドウ樹、オリーヴ樹）は、数世紀にわたって開発されてきた。この三大作物は常に中心的な分析対象であったが、今日では特に野菜など、そのほかの農産物も付け加えることで、農業の多面的様相が示される傾向にある。農作業はおよそ一年を通じて常に手間がかかるものであった。その周期は地中海性気候によって規定されていた。

穀物の栽培は新石器時代にさかのぼる。より正確にいえば、中心を占めていたのは二種の穀物、コムギ《ピュロス》とオオムギ《クリタイ》であった。ギリシア人はこれらを総称して「シトス」と呼んでいた（したがってこの言葉は「コムギ」ではなく「穀類」「穀物」と訳すべきである）。ある種の軟質コムギ、現代のパンコムギに相当するものも存在してはいたが、最も一般に広まっていたのは硬質コムギだった。コムギはオオムギに比べてより良い土壌を必要とし、乾燥には弱かった。対するオオムギは根が深く張り、成長も早く、収穫量も多かった。最も広範に栽培されていたのは、今日の秋播きオオムギに相当するものであった。収穫期（四〜六月）が過ぎると、土地は一般に一年以上休耕地とされた。やがて春になり、降雨もすっかり減ったころ、休耕地に最初のすき起こしが行われ、栽培に向けて準備が始められた。すき（またはくわ）を土深く入れ、ムギの刈り株や雑草をすき込んで緑肥に利用した。この作業は夏にも同様の目的で行われたが、これにはさらに土壌をほぐす目的もあった。最初の秋の雨が播種の知らせで、畝を作り、種を播いて土で覆った（馬鍬《まぐわ》〈ハロー〉の登場は大分遅くなってからのことであった）。そののち冬の降雨が発芽を促し、雑草を除去する作業に追われることとなる。乾季が始まると刈り入れが行われ、まずはオオムギが（少なくとも最も暖かい地域では）四、五月に、そしてコムギが五、六月に収穫された。刈り入れが済むと今度は脱穀し、籾殻を吹き分け、貯蔵する作業が続いた。オオムギ、コムギに加えて、二種類のキビ類もよく栽培されていた。キビ類は春に種を播くと、夏の間に生長した。穀物の収穫量については、わずかとはいえアテナイの史料からデータとなり得る数値が得られる。それらを基に、これまでに収穫量の推定、算定が一度ならず試みられてきた。しかし、このようにして仮説を組み上げたところで、得られる結果は確実なものではありえず、相矛盾する結論が導かれることもあった。よってここでは収穫量に関する議論は控えておきたい。

ブドウ栽培はいく分遅く青銅器時代に開始されている。ブドウ樹は乾燥した石ころの多い土地でも順応したが、相当の手間ひまをかけて世話をする必要があった。ブドウの摘果は九、一〇月に始まった。ヘシオドス（『仕事と日』六〇九～一四行）は、摘果したブドウの房を一〇日間天日干しし、その後さらに五日間日陰で休ませるよう勧めている。ここから辛口リキュールワインが作られることになる。ブドウの果実を破砕してワインにするための準備作業を行い、搾り滓《かす》や澱《おり》の加工も行って、それらを貯蔵するまでには数ヶ月を要した。この作業はゆうに冬まではかかり、ときに春になることもあった。この間に果樹についても枝の剪定や間引きが行われ、さらに土地を耕し、地味を肥やす作業も行われた。

図4　神話に登場するシレノスやマイナスによるワイン作りの場面
前6世紀末，アッティカ式酒盃，フランス国立図書館所蔵

オリーヴ樹はようやく前古典期になって本格的に普及し始めた。これはブドウ樹と同様で、痩せた土壌でも育った。しかし、成熟するまでには二〇年以上を要した上に、その後でも実をつけるのは二年に一度だけであった。オリーヴ樹栽培に適した土地は比較的限定されていた。というのも、オリーヴは気温が摂氏三度以下になるところや、エテジアン（エーゲ海で夏に吹く北風）のような強い風が吹くところでは生育しなかったのである。若い緑のオリーヴは早ければ九～一〇月に収穫が始まった。熟した実の収穫は一一月に始まり、しばしば冬まで続いた。その間にオリーヴの実を粉砕して、搾油する作業も行われた。冬場、ほかの作業がないときには枝の剪定を行い、畑を耕し、土地を肥やす

作業も行われていた。さらに古いオリーヴ樹は切り倒し、切り株から新たな蘖《ひこばえ》の発芽を促す作業も行われた（萌芽更新）。

野菜やマメ類は、これまで述べてきたものに比べると痕跡が少なく、研究者たちもようやく最近になって関心を示し始めたばかりだが、実際にはかつて想定されていたよりも重要な役割を果たしていた。種類は多様であった。タマネギ、セロリ、キャベツ、キュウリ、西洋ネギ、カブ、フェンネル、西洋ワサビ、エンドウマメ、インゲンマメ、ソラマメ、ベッチ（カラスノエンドウの仲間）、レンズマメ、ニンニク、ハーブ類（月桂樹の葉、セイジ、セイボリー、ミント、タイム、オレガノ、ローズマリー、コリアンダー、バジルなどが知られている。これらはもちろん主に野草であった）。主な野菜類はすぐに消費しなければならず、おそらく庭で栽培され、水やりもそこで行うことができた。他方、アマやゴマ、ケシといった作物も、種もしくは油を得るために栽培されていた。野菜・マメ類の中には冬の間に生育するものもあったが、カブやソラマメ、エンドウマメ、レンズマメ、ベッチ、西洋ワサビ、アマやゴマ、キビ類などは四月以降に播種が行われ、夏のあいだに生育した。

飼料用作物の栽培は地域の畜産規模に対応していた（次項参照）。たとえば、牧草（まぐさ用）、ルピナス、エニシダ（これらは栄養価の高い葉をつける）、ムラサキウマゴヤシまたはアルファルファ（これは前五世紀にペルシアからもたらされたものらしく、広く栽培されたわけではなかった）、ベッチのようなマメ科の植物、ゼイア（馬の飼料とされた一種の麦類）などの穀類が知られている。加えて、多くの農地ではおそらく果樹も栽培されており、これにも相当の手間ひまをかける必要があった。果物やナッツ類は初夏または夏のあいだに熟した。リンゴ、西洋ナシ、サクランボ、プラム、ブラックベリー、メロン、マルメロ、ザクロ、イチジク、アーモンド、ヘーゼルナッツ、ピスタチオ、クリなどが知られている。また手工業に用いられる植物も栽培もしくは採集されていた。アマ、ヤナギ、イグサ、アシ、そのほかにも染色用の植物がいくつもあった。これらの多くは、女性や子どもが森や低木林、沼沢地で時間があるときに見つけては摘んできた。

土壌を肥沃にする手段を、ギリシア人はあまり持ち合わせていなかった。動物の糞は、家畜を小屋で飼っているか、休耕地で放牧している場合にのみ利用が可能であった。さもなければ生石灰や硝石、あるいは皮革の屑が使われることもあった。比較的頻繁に行われていたのは焼畑、それから刈り株や牧草を緑肥としてすき込む方法であった。また休耕地に生えた雑草や低木疎林《ガリグ》に生えていた灌木などからある種の堆肥も作られていた。耕地を疲弊させないように一般には隔年の休耕が行われ、これにより土壌を一六ヶ月休ませることができた。また同様に休耕地には飼料用の作物の種を播くこともでき、やがてそれがすき込まれて緑肥とされた。またあまり広範に行われていたわけではないが、裏作としてマメ科の植物や夏作飼料作物の種が播かれることもあった。さらに、ブドウ樹やオリーヴ樹の列の間に十分な広さがあれば、そこで穀物やマメ科の作物を栽培することもできた。このように農業の実態は実に多様であった。

牧　畜

クセノフォンは『家政論』（五章三節）において「牧畜は農業と結びついている」と述べている。当該箇所の表現「プロバテウティケ・テクネ」によって著者が意図しているのは、主にヒツジとヤギ（ギリシア語でプロバタ）の飼育であった。実際にはこれら二種類の動物以外にも、ブタや家禽（ニワトリやガチョウ）、雌ウシ、雄ウシ、ロバ、ラバ（最後の三つは駄獣・輓獣）、さらにウマ（贅沢な乗り物で、狩猟や戦争にも用いられた）の飼育に関する言及が、文献であれ金石文であれ、文字史料に数多く残されている。こうした生き物の家畜化は農業と同じくらい古い歴史を持つ。小型の動物の方が地中海の植生にうまく順応し、餌もさして多くは必要としなかったために、今日同様、大型動物の飼育よりもはるかに広く浸透した。いったい畜産が耕作に比べてどれほど重要であったのか、あるいは両者が正確にはどのように結びついていたのかを評価するのは容易ではない。おそらく多くの農場では、必要不可欠な駄獣・輓獣とならんで、少なくとも家禽や小型の家畜などをいくらか飼育していたことだろう。それらは低木疎林や森林で、あるいは休耕地でも放牧されていたのかもしれない（しかしこの問題については意見が割れている）。これらに与える飼料にはまたマメ科の植物や食べ物クズが用いられていたのかもしれない。おそらくたいていの場合、畜産はおそらく補助的な役割しか果たしていなかっただろう。しかしそれ以外、ウシの飼育を含め、本格的に牧畜が行われていた場合には、それはおそらく真に混合農業だったといえるのかもしれない。しかしながら、農耕・

牧畜間の協調関係については、史料不足により研究者間で意見の一致を見ていない。とはいえ、家畜の群れがいればいつでも餌の問題、別のいい方をすれば、牧畜用地と耕作用地のバランスの問題が生じた。概して、いくつかの例外的な事例を除けば、牧畜は常に副次的な扱いだったのだろう。

地域によっては大規模なヒツジやヤギ、ウシ、あるいはまれにウマの群れが確認されている。ヒツジやヤギの群れは移動させやすく、順応性も高く、山と平野の間のだいぶ短い距離を移動することが多かった。冬は平野に留まり、夏は山で過ごしていたのである。さもなければ小さな無人島で数ヶ月過ごすこともあった。そうした移牧は、とりわけ公的な協定、合意文書の中で確認されている。家畜の群れが近隣の諸都市を通過したり、一時的に滞在したりする件について交わされたもので、対価として税を支払うこともあった。境界を跨いだ家畜の移動や牧草地をめぐる論争から、さらなる紛争に発展することもしばしばであった。おそらく土地所有者の中には、こうした本格的な牧畜を専門的に行う者たちもいた。例えば、前三世紀後半から前二世紀前半の二つの碑文によれば（Migeotte, *L'emprunt public*, nos 12 and 15〔『ギリシア碑文集成』七巻三一七一、『ギリシア碑文補遺』三二巻四三二〕）、フォキス地方の都市エラテイアでエウボロスなる人物が少なくとも二二〇頭のウシとウマ、一〇〇〇頭のヒツジとヤギを所有しており、またボイオティア地方の都市コパイでも二人の女性市民がそれぞれ少なくとも二〇〇頭の家畜を所有していたことが知られている。おそらくこの人たちは牧畜に本格的に取り組んだ土地所有者だったのだろう。こうした土地所有者たちは水や牧草、灌木も豊かな、広大な放牧地を所有していたのだろうし、また飼料用の作物も耕作していたに相違ない。加えて彼らは手数料を支払って公有地で自分の家畜を放牧することもできた。そうした土地はアルカディアやボイオティアなどいくつもの地域で確認されており、先述の二つの碑文はまさにそうした状況があったことを証明している。はじめの碑文ではエウボロスに対してボイオティア地方のオルコメノスの土地で放牧をする権利《エピノミア》が認められている。ここではウシおよびウマの群れのほか、およそ五倍ものヒツジまたはヤギの群れがいたとされ、この地域には明らかに放牧地が豊かに広がっていた。

さらに、例えばデルフォイおよびデロスの碑文に見られるように、神殿領で家畜を飼育する神殿もあった。そうした家畜はときにヒエラ・プロバタと呼ばれ、そのうち（ブタ、ウシ、ヒツジ）の少なくとも一部はおそらく神々に犠牲として捧げられる運命にあったのだろう。ただし、そうしたことを示す証拠は滅多にない。もちろん家畜を飼育すれば牛乳や卵、獣皮や羊毛も手に入り（ヒツジの毛刈りは春に行われた）、さらに加工すればチーズや皮革製品、生地や衣服となった。文字史料および考古遺物いずれからもウシ小屋やヒツジ小屋があったことは明らかで、これは飼料作物を栽培していたことを前提としている。しかし、気候のおかげで一年のうち大半は屋外での放牧が可能であり、またウシ小屋の多くが耕耘用のウシに使われていたために、牛舎での飼育にどれほどの重要性があったのか、評価することは難しい。これは間違いなく地域ごとの違いもあり、またそのほか、大食いのヤギから作物や樹木を守る必要がどれほどあったのか、どれだけの土地が放牧に使えたのか（耕地を広げればそれだけ減少する）といった、多くの要素に左右された。

養蜂、狩猟、漁労

養蜂は広範に行われていた。ハチミツは甘味として利用され、またハチミツ酒や薬の製造にも用いられた。狩猟は主食を補う重要な役割を果たした。大型の獲物、例えばシカ、ダマシカ、イノシシなどは、主に富裕者の特権であったが、小型の獲物、すなわちウサギ、ノウサギ、カモ、ウズラ、ヤマシギ、キジ、ヤマウズラ、ツグミ、ヒバリ、モリバト、チドリなどは、特に仕かけなどを利用すれば、誰の手にも届くものであった。漁労は農業従事者の暮らしにも補助的な役割を果したが、他方、専門的な漁業従事者もおり、ときに集団を形成して協力することもあった。海ではマグロ、サバ、メカジキ、ヒメジ、シタビラメ、イシビラメ、イワシ、カタクチイワシなどの魚、それからイカ、タコ、貝といった軟体類、エビ、カニなどの甲殻類が採れた。川や湖、沼沢地では淡水魚が採れ、海ではさらにスポンジや塩（これは採掘も行われた）、アッキガイ（紫の染料を作るのに用いられた）を手に入れることもできた。

二　食料と用法

オオムギとコムギは栄養価が高く、古代を通じて基本食品であり続けた。製粉所やパン屋もありはしたが、多くの小都市では、またとりわけ中心市外の周辺領域では、穀物はそれぞれの家《オイコス》の中で加工された。コムギは水に浸してふすまを除き、碾割りにしたのち、粥として食べることができた。また製粉して捏ねたのち、とりわけパン《アルトス》を焼くのにも用いられた。パン種（酵母）が使われる場合もあれば、使われない場合もあった。あるいは小さな焼き菓子を作るのにも使われ、それにチーズやハチミツを加えることもあった。料理法はさまざまに知られているが、石窯が姿を見せるのはようやくローマ時代になってからのことであった。つまり、酵母入りのコムギパンが浸透するのは、だいぶ時代が下ってからということになる。オオムギもまたパンを焼くのに用いられはしたが、あまりよく膨れず、重いままだった。むしろオオムギは火で焙り、その後、碾いて粉にされた（アルフィタ）。これはそのまま粉として売られ、二、三ヶ月間は保存が効いた。これは最も一般的な主食「マザ」を作るのに用いられた。これについては少なくとも八種類のレシピが知られており、火を通して調理することもあれば、そうでないこともあった。マザは水や牛乳、ハチミツなどを加えて粥にすることも多かったが、パンケーキや団子のようにして食べることもあった。またマザにはたいてい野菜やオリーヴ、チーズや肉、魚、果物など、オプソン（字義通りには「後に来るもの」）と呼ばれる、その他の食べ物が副菜として付け合わされた。

オリーヴは多様な役割を果たした。生のまま、あるいは漬物にしたり、潰したりして食べることができ、そのため食事の重要な構成要素となっていた。しかしオリーヴは何よりオリーヴ油として利用された。これは加熱調理用の油として使われたほか、野菜サラダやソース、焼き菓子にも用いられた。またオリーヴ油は身体の手入れにも使用された（入浴後や体育訓練場で運動をする前に肌に塗油する慣習があった。また香油や薬を作る際にも利用された）。その他、家庭内で日常的にさまざまな用途で使われた（照明、潤滑油、羊毛への給油、衣類の保護など）。穀物の場合と同様に、オリーヴ油の加工も何よりオイコス内で行われた。

野菜とマメ科の植物も日々の食事の一部であり、地域の状況に応じてさまざまな料理にされた。しばしばスープやピュレ、粥に用いられ、主食のマザに合わせるか、あるいは穀物の代わりにされることもあった。同様に、狩猟や漁労により得られる獲物も日々の食事に加えられた。中にはボイオティア地方のコパイス湖で取れたウナギのように贅沢な料理もあった。他方で、家畜の肉はもっぱら特別な機会にのみ口にされるものであった。実際にこれらの動物は供犠のために（一般には祝祭や宗教儀礼の際に）屠殺され、肉と骨は儀礼として神々と人間の間で分配された。人間の取り分、すなわち肉は、参加者に分配された。神々の取り分である骨と脂は祭壇で焼かれ、皮は通常、神官や都市の取り分とされた。

　ワインは、キュケオンと同じようによく飲まれていた（キュケオンは碾割りオオムギに水とハーブを混ぜ合わせたもの）。赤ワイン、白ワイン、藁《ストロー》ワインなどあらゆる種類があり、品質も地域ごとに異なっていた（例えば、アテナイオス『食卓の賢人たち』一巻五一〜七二参照）。多くのワインは地元で消費され、品質もなかなかだった。家によっては本物のワインは販売用にとっておき、家内では搾滓《かす》・澱《おり》などから作られるピケット（二級ワイン）で手を打つこともあった。しかしいくつか有名なワインもあった（後述108〜109頁）。タソス島産ワインのこの上なく念の入った製法は、先に述べたヘシオドスの助言を思い起こさせる（上述86〜87頁）。製法が今日まで知られているのは後一〇世紀の文献のおかげであり、これはおそらく伝統的な製造過程を記録しているのだろう。ブドウの実は完熟してから摘果され、五日間天日干しにされたのち、ブドウの果醪《かもろみ》と塩水の混合液の中で洗浄される。その後、もう一日寝かせた上で、踏みつけて果汁を搾る。さらに煮詰めたブドウの果醪をブドウ果汁に加え、これを発酵させるとアルコール度の高いワインが出来上がる。これを大きな瓶に入れて発酵させ、春まで休ませる。周知のように、ギリシア人にはワインにさまざまなもの、塩水、ハーブ、ハチミツ、シナモンをはじめとする香辛料などを加える習慣があった。さらに彼らは濃厚な赤ワインを製造し、水で薄めて飲んでいた。クラテールと呼ばれる什器はワインと水を混ぜ合わせるのに用いられていた。

食料はこのように比較的多様であった。もっとも、どこでも同じように多様だったというわけではない。家ごとにやり方も異なったはずで、また地域の事情に規定されるところもあった。都市部でも田園部でも食料事情は同じというわけにはいかなかった。例えば、ローマ時代になるとコムギパンが一般的に普及してきたが、おそらくこれは都市での現象であった。

三　土地の経営

土地所有と農業経営の枠組み

先に見たように（55〜56頁）、前古典期のギリシア本土およびエーゲ海域では、各地で全市民あるいは少なくとも大多数の市民に土地が徐々に分配されていった。不動産所有と市民権のつながりは明らかに原則として確立していた（もっとも、スパルタのペリオイコイのような法的に劣位にある共同体が、土地を保持することもあった）。都市によっては、土地所有が市民であることの前提とされているところまであった。この場合、各市民の所有地《クレロス》は譲渡禁止の遺産として保持され、父から子へと引き継がれるものとなっていた。そうした都市の一例が前五世紀のスパルタであった。ここでは伝説上の立法者リュクルゴスが定めた体制の下、市民ならば誰もが他の同胞スパルタ市民とほぼ同程度の土地を所有していた。これ以外の都市もたいていは、厳格さには欠けていたものの、同趣旨の法を制定し、相続や養子縁組、土地売買に関する規則を明確に定めていた。プラトンもアリストテレスも、理想的な都市国家が備えるべき主要な条件の一つに、全市民間での厳密な土地分配を挙げており、世代を越えて維持されることが想定されている。

市民＝土地所有者という理想は、土地が狭かろうと、そこそこであろうと、何世紀にもわたって生き続け、実質的に実現されていた場合も少なくなかった。今日ある程度の数値が残されている前五世紀のアッティカ地方では、重装歩兵級の市民（すなわち、重装歩兵として自ら武装して従軍できる市民）であれば、かなりの者たちが平均しておよそ五ヘクタール程度と推定される土地を所有していた。必要であれば、さらに追加の土地を借りることもできた。彼らは家族と共に、男女の奴隷も何人か使用して、一緒になって土地を耕した。奴隷は農場でも家内でも働き、とりわけ収穫や作物加工、そして家畜の世話も行っていた。市民＝土地所有者は、特に収穫時期などには追加の奴隷を雇うことも可能で、さらに土地を持たず、職に就いていない自由人を雇用することさえあった。この種のアウトウルゴス（すなわち、自らの所有地を耕作する者）はほかにも、土地分配が行われた各地の古代都市で確認することができ（たとえば植民都市や新規に建設された都市では、創建時に公平な土地分配が可能であった）、およそどの時代でも大なり小なり維持されていた。

それでもなお大土地所有が消えることはなかった。ある試算によれば、前五世紀、アッティカ地方の大規模所領は二六ないし二七ヘクタールを超えることはなく、常時四、五人の労働力が使用される程度で、我々からすればごく慎ましいものだったように見えるかもしれない。しかし、当時はこれでも一財産であった。タソス島では大規模ブドウ農園が何十ヘクタールにもなったらしい。しかしながら数値がほとんどないため、推測をしても頼りないものとならざるを得ない。いずれにせよ、大土地所有は間違いなく前四世紀以降にふたたび盛り返していった。困難な時代のためか、伝統的な慣習が変化し、遺産の譲渡禁止という古い原則が損なわれていったのである。この点に関して、とりたててアッティカ地方が他地域よりも格別に大きな影響を受けたというわけではないが、それでも当時、この地方には何十ヘクタールにも及ぶ大所領がいくつも存在し、ある試算によれば可耕地の三分の一、もしくは四分の一がおよそ二〇〇〇人程度の市民に所有されていた。これは市民全体のせいぜい一〇分の一程度でしかない。しかし同様の傾向はその他の地域、とりわけペロポネソス半島でいっそう顕著に見られた（上述56頁）。こうした変化は、全般に前二世紀になると加速度を増していった。この時期、ほとんどの都市が実質上、不動産資産を基盤とする少数者の支配下にあったためである。こうした富裕な土地所有者たちは、明らかに自らの所領運営を管理人（エピトロポイあるいはエピスタタイ。しばしば隷属的な身分であった）に委託し（クセノフォン『家政論』一二章）、農作業と家畜の世話はおそらく奴隷と自由人小農の両者からなる労働力に委ねていた。

第一章で述べたとおり（51頁）、第三の、大変異なる農業経営方法があった。これは、地域や時代ごとの違いはあるにせよ、ヨーロッパ側のギリシアおよび島嶼部ばかりでなく、前古典期やヘレニズム時代に新たに建設された各地の都市でも行われていた。この場合、都市中心部から離れた村落に居住する先住民が、土地の耕作にあたっていた。これらの先住民村落は集団として都市に隷属し、土地所有者に地代や年貢を収めた（収穫の何パーセントかを現物で支払うことが多かった）。そのような事例について最もよく知られているのが、スパルタとクレタ島である。そこでは隷属共同体から提供された貢納が、市民の共同食事会に利用されていた（プルタルコス『リュクルゴス伝』一二章一～一〇節、Austin and Vidal-Naquet, no. 57）。こうした農場の中にはきわめて広大なものもあり、おそらく何十ヘクタールに及ぶものもあった。前五世紀、スパルタの平均的な所有地《クレロス》は一〇～一八ヘクタールで、同時代のアテナイの平均的クレロスに比べ、二ないし三倍の広さに相当した。しかし、次の世紀になると、スパルタでは土地の占有がアテナイ以上に猛威を振るった（上述56頁）。

最後に、公有地や神殿領もあった（上述59～60頁）。こうした土地については文献史料に加え、とりわけ金石文史料によって多くの事例が知られている。中でもアテナイやテスピアイ、島嶼部、すなわちデロス、レナイア、ミュコノス、タソス、ケオス、キオス、アモルゴス、カリア地方（小アジア南西部）の諸都市、ルカニア（イタリア半島南端）のヘラクレイアなどの事例が知られている。実際のところこの種の土地は、どうやらどの都市にも、小規模な都市であっても、少なくともいくらかはあったらしい。古典期のアッティカ地方では、大雑把にいって可耕地の一割ほどがそうした区域であったと推定されている（ただし、その半分は区の財産であった）。ヘレニズム時代、キュクラデス諸島で最大の土地所有者はアポロン神であり、デロス島や近隣のミュコノス島、レナイア島の土地と家屋を所有していた。全般にこの種の土地は、時代を経るごとに拡大する傾向すら見せた。これは財産の押収や寄進、あるいは善行者《エウエルゲテス》による贈与の結果であった。そうした土地、農地は、一般に入札の上で個人に貸し出された。この種の契約は金石文などで今日まで伝わっているが、そこには契約の条件のみならず、栽培や土地の維持に関する規定、そして契約満了時にいかなる状態で返還すべきかなど、興味深い指示が記録されている。この種の契約はたいてい、それ以前に確定された規範的契約に基づいている。例えば、今日知られているものとしてデロス島のヒエラ・シュングラフェ（字義通りには「神聖なる契約」）がある〔『デロス碑文集 *Inscriptions de Délos*』五〇三番〕。これは前三〇〇年ごろの文書で、聖域に属する土地や家屋を貸し出す際に常に従うべき一般規則を定めたものである。ここでは農地の契約は一〇年ごとに、家屋の方は五年ごとに競争入札が行われることになっていた。土地の賃貸経営が概して保守的であったことが分かる。またこうした土地の借り手は実際のところたいてい富裕者であり、一定期間このような事業に関わって収入をさらに増やし、相続した財産を補っていた。小規模土地所有者を支援するため、あるいは困窮する市民に土地を使わせるために、このような契約を行っていたと思しき事例はどこにも見当たらない。さらにヘレニズム時代の東方ギリシア世界にも神殿領があり、間違いなく広大だっただろうが、これらについてはほとんどよくわからない。おそらく村落住民や神殿保有奴隷によって耕作されていたのだろう。

土地の開発と居住・耕作利用

前古典期以降、ヨーロッパ側のギリシアとエーゲ海の島嶼部では、土地はみな徐々に可能な限り居住・耕作に利用されるようになっていった。これ以前にはおそらく、牧畜の方が何世紀にもわたって優勢であったが、今や耕作の方が優位を占めるに至った。とはいえ、渓谷や耕作に適した良質な土地は比較的少なかった。歴史家トゥキュディデスによれば（『歴史』一巻二章三節）、ギリシア本土で穀物栽培に最良の土地はテッサリア地方、ボイオティア地方、そしてアルカディア地方を除くペロポネソス半島であったという。そのほかにはレムノス、メロス、サモス、タソスなどの島々、イオニア地方（小アジア西部）、キリキア地方（小アジア南東部）、シチリア島、キュレナイカ地方（北アフリカ）、そして黒海沿岸部にも穀物栽培に適した土地があった。それゆえ前古典期に植民活動が行われた後、さらに前五世紀に人口増大が頂点を迎えると、これに対応すべく「内地植民」によって新たな土地を獲得する必要が生じた。いくつかの地域で実施された表面踏査によれば（ギリシア本土ではアッティカ地方、ボイオティア地方、アルゴリス地方、テッサリア地方、南イタリアおよびシチリア島、タソス島、ケオス島、キオス島、デロス島など）、前古典期からヘレニズム時代前半に至るまで、対象地域の土地が居住や耕作のために徹底的に利用されていたことが明らかとなった（もちろん、地域差や時代の変化はあった）。そして前四世紀以降は、アッティカ地方を除き各地で孤立農場が倍増していった（アッティカでは集団で居住する集落が維持されていた）。タソス島の場合には、都市中心部、森林、渓谷の村落、分散する数多くの農場、そして道路網があり、これらが緊密に連結されたネットワークを形成していたこと、領土が徹底的に活用されていたこと、そして都市部と周辺領域が密接に結びついて共生していたことが明らかとなった。

近年、エーゲ海の島々をはじめ各地で表面踏査が行われ、丘や山の斜面に前五世紀以降の段々畑が確認されている（デロス島については、前六世紀以降のものすら確認されている）。この種の畑を作る作業（土地を開墾・整備し、掘り込み、擁壁を作り、土を盛る）は時間もかかり、労働力もかなり必要だったに違いないが、最終的にはそれに見合うだけの収益が見込めた。実際、段々畑のメリットは耕作地の拡大に留まらない。秋から春にかけて降っては流れ去ってしまう水を保持することもでき、また雨水による侵食を抑えることも可能となった。さらにプラトンが『法律』（六巻七六一 a～b）で説明しているように、このようにして得られた水は溜池や貯水槽に貯めておくことも可能で、溝や水路を通じて農場や集落全体に水を分配することもできた。こうしたシステムはギリシア世界ではまだあまり確認されていないが、近年、テノス島やデロス島で確認されている。その他、例えば川や泉、井戸の水を引くなどして作られた灌漑設備は、低地であっても、少なくとも一部の地域では頻繁に用いられていた。沼沢地が干拓されることもあり、とりわけペロポネソス半島の一部やエウボイア島のエレトリア、テッサリア地方のラリサなどで実施されていた。ボイオティア地方のコパイス湖の干拓はかなり早い時期に実施されたが、アレクサンドロスの時代に再開され、後二世紀まで続いた（もっとも、これは最終的に完成には至らなかった）。さらに低地では農地の石が取り除かれ、囲いを築くのに用いられた。ギリシア人たちはこれにより隣の土地との境界や道路との区分を示したり、家畜が耕作地に迷い込んでくるのを防いだりしていた。これらはいずれも明らかに共同での作業となり、経営者たちの一致協力が求められ、さらにしばしば都市当局が介入したり、あるいは事業の推進役となることもあった。都市はその後、人々が灌漑施設を丁寧に扱い、維持するように、さらに水を公正に使用するように、規制を加えた。

荒蕪地、低木疎林、森林などは、たいていの場合、山地あるいは農地や都市領域の辺縁地帯《エスカティアイ》に位置しており、家畜の放牧や養蜂、狩猟採集のため、それから木材や炭を入手するのに用いられた。こうした空間は多くの場合、共同の土地、もしくは公有地や神殿領であった。

前二〇〇年ごろから、ヨーロッパ側のギリシアや島嶼部では各地で土地の居住・耕地としての利用度合いに陰りが見え始めた。やがて田園部では多くの活動拠点が消失し、田園部の一部が放棄されるに至った。こうした人口流出が都市の成長を促すこともあったが、衰退・消滅に至る都市もあった。大規模な所領が富裕者の手に集積され、そこに奴隷と自由人からなる大規模労働力が投下された。一部農業は投機的になり、ブドウ樹、果樹が最良の土地に優先的に栽培されるようになった。また耕作が衰退し、代わりに牧畜がさかんに行われるようにもなった。この時期には大規模な家畜の群れが、どうやら都市間の境界もあまり気にせずに、長距離を移動して草を食むようになっていた。こうした現象が何故生じたのか、原因は複合的であった。主要な役割を果たしたのは間違いなく戦争、徴発、破壊であり（上述29～30頁）、これらが略奪行為を誘発し、社会不安を生み出した。人口成長の停滞に関しては（上述27頁）、農業衰退の原因なのか結果なのかは確言することができない。ローマ帝政初期になると、ある程度回復した様子も窺われる。例えばペロポネソス半島などでは田園部に新たな集落も確認できる。しかし皇帝たちの努力も虚しく、衰退の流れを逆転させるには至らなかった。この時期、小規模あるいは中規模の農業経営については、ほとんど何の情報も伝わっていないが、きっと存続してはいただろう。しかしながら、もはやかなりの土地がエリート集団の手中に収められてしまった。彼らの中にはこの上なく富裕な者もおり、また「ローマ化した」ような人々も大勢いて、自らの大所領でウシやウマを好んで（しばしば厩舎で飼うために）飼育していた。そうしたエリートの中で最もよく知られているのは、後二世紀のアテナイで活躍したヘロデス・アッティコスである。

小アジアもまた、後期ヘレニズム時代に起こった一連の出来事から被害を蒙った。しかしこちらは多様な資源が豊富にあったおかげで、ローマ帝政初期には以前の状況を取り戻していた。小アジアの都市は多くが豊かで繁栄していた。ヨーロッパ側のギリシアと同様、多くの伝統的な農業も、とりわけ西方で継続していた。しかし、小作農や隷属的な農民が耕作する大土地所有も増大し、富裕な土地所有者の利益となった（大土地の所有者には今や現地人や外国人に加え、ローマ人も名を連ねていた）。黒海沿岸地域やカッパドキアといった地域では、土地所有貴族層が形成された。さらに皇帝領もいくつもあり、耕作には現地民が従事していた。しかしながら、イタリアのラティフンディウムに比肩するほどのものがギリシア世界に形成されることは決してなかった。

四　自給自足と市場

このように栽培や畜産のやり方は数世紀のあいだにさして変わることもなく、さまざまな土地所有のあり方も古代を通じて残り続けたが、他方で、農業経営のあり方は根本的な変革を経験し、ヘレニズム時代後期になると変化の速度は一段と増していった。まず自給自足が成り立つように配慮するのは、他の社会と同じように、自らの土地を耕作する農民（アウトゥルゴス）にとって一般的なことであった。これは紀元前八世紀から前三世紀に至るまで、ギリシア世界全体で主要モデルとして通用し続けた。オイコスのレベルでもそうだったが、都市国家のレベルではなおさらであった。他方、実際のところ、耕作に従事する者はたいていいつでも混合農業を行っており、複数の作物を栽培すると同時に、あわせて少なくともいくらかの家畜も飼育していた。彼らは自分たちの土地からできる限りの収益が得られるように、そして食物の栽培を多角化するために、さまざまな努力を続けた。彼らは不作の年に備えて数年分の予備食糧を備蓄した。このことから、通常の年であれば彼らが必要以上の生産物を手に入れていたことが示唆される。さらに悪天候や作物の病気がもたらすリスクを分散するため、彼らは一般にまとまった一筆の土地を持つのではなく、一定の地域に複数の土地を分散して所有することを好んだ。これまでの研究によれば、五ヘクタールの土地があれば、三ヘクタールで穀物を栽培し、家畜をいくらか飼育し、六〇本程度のオリーヴ樹を育てて、一家族を養うのに十分だったとされている。他方、同一領域にあるオイコスは同じ枷にかけられ、一蓮托生だったため、すでにかなり早い時期から生産物の一部を地元市場で交換しあっており、都市レベルで不足を補完していた。さらに自給自足の状態は、外部との交易も同様に前提にしていた（上述43～44頁）。すなわち、どうやら多くの都市が、少なくとも基本的には地域での交易も行いながら、自給自足状態にあったように思われる。例えば、キュクラデス諸島やエーゲ海の小さな島々は、古典期の（とりわけアテナイの）文献史料によれば乾燥と貧困で知られていたが、近年の研究が明らかにしているところでは、前五〇〇年から前二〇〇年の間に上述のような意味合いで自給自足の状態にあったとされる。

しかしながら自給自足ではない行動様式もあった。プルタルコス（『ペリクレス伝』一六章）によれば、前五世紀、アテナイのペリクレスが初めて自らのオイコスをある種の事業として経営し始めたという。時間に追われていた彼にしてみれば、所領の農産物を全てまとめて売却し（自分たちが食べるために一部を取っておいたりもせず）、必要なものを市場で購入する方が便利だったのである。彼は出納を厳密に計算し、几帳面に記録をつけ、家族には質素な生活を強いていた（家族には嫌われていた）。また現存する第二の経済に関する論考、ヘレニズム時代の初めに制作された伝アリストテレス『オイコノミア（経済学）』は、「オイコノミア・アッティケ」すなわちアテナイ風オイコス経営術と呼ばれるモデルに言及しており、これを「売っては買う」と要約して、さらにごく小規模の農業経営をするには、貯蔵庫や倉庫すら必要ないと付け加えている（一三四四b三一～三三および一三四五a一七～一九）。すなわち、このような運営方式はしっかりと市場に目を向けていたのである。これがアッティカ地方でどの程度実施されていたのかは分からないが、おそらく「当世風」と思われていたことであろう。

土地の状況と個人のリソースに応じて、土地所有者が輸出向けの生産に特化し、投機的な農業経営を行うこともあった。この種の農業経営は前古典期、古典期にすでに行われていたが、どれほどの割合だったのか定かではない。前四世紀以降にはこうした傾向が顕著となり、多くの地域に浸透していった。とはいえ、自給自足型の小規模農業が消え去ったり、また単一栽培が行われたりするには至らなかったようである。こうして生じた経済的発展は、各地で有力市民による寡頭政治を育むことになった政治、社会的変化と共生関係にあった。当然、浮き沈みはあったものの、およそ一部産品への特化は長く続いたようで、いくつもの事例が挙げられる。タソス島、キオス島、レスボス島、ロドス島は有名なワインの産地となったが、そこでは耕作や輸出などが綿密に組織化されていた。タソス島やロドス島のブドウ園のそばには輸出用ワインを詰める際に用いられるアンフォラ（双手壺）工房が営まれていた。島々のワインは一般に品質が良く、さらにメンデやマロネイアといった都市、イオニア地方、リュディア地方、カリア地方などで生産されるワインも同様に高品質であった。シチリア島のアクラガス（アグリゲントゥム）には広大かつ素晴らしいブドウ園があったが、それればかりかカルタゴに向けてオリーヴ油の輸出も行っていた。アテナイは（サモス島同様）オリーヴ油、（キュクラデス諸島同様）ハチミツ、そしてイチジクで有名だった。メガラは野菜で知られ、ボイオティアは穀物と魚と狩猟の獲物《ジビエ》、キュトノス島、ケオス島はチーズ、テッサリア地方、トラキア地方、キリキア地方、カッパドキア地方、アルメニア地方はウマで知られていた。またテッサリア地方、黒海沿岸地域、シチリア島、キュレナイカ地方はいずれも穀物生産で知られ、マッサリアはワインとオリーヴ油で、キュジコスやシノペをはじめとする北方の都市は、魚の日干し、塩漬けで知られていた。小アジアの黒海沿岸地域は木材や樹脂、亜麻や大麻が名高く、フリュギア地方、ガラティア地方、カッパドキア地方はいずれも羊毛が有名であった。その他、小アジアにはイチジクやクルミ、ヘーゼルナッツ、干し果物（リンゴ、西洋ナシ、サクランボなど）、染料や香辛料などで知られた地域がいくつもあった。

こうした農業経営の特徴に営利主義的性格が挙げられる。しかしそれは手工業や商業において、いっそう顕著である（後述123～124、172～178頁）。実際、これら二つの分野においても、経営にはいくつかの水準があり、また農業に類する発展が見られたことが分かっている。

一次史料

前四世紀のあるアテナイ人の目を通してみた「オイコノミア」、農業、手工業

ソクラテス曰く「そうしますと、まずオイコノミア〔イエ・所領の経営〕というのは、ある種の知識につけられた名前であると、私たちには思われたわけです。またこの知識を人間が利用すれば、オイコス〔イエ・所領〕を増大させることもできるように思われました。またオイコスというのは、財産全体であるように思われました。そしてこの財産というのは、各人が生きてゆくのに有益なものだと、私たちは話して参りました。さらに有益なものというのは、利用法が分かる限りのあらゆるものを指すということになりました。さて、私たちにはあらゆる知識を学ぶことなどはできないように思われましたし、また「手工業の《バナウシコス》」技術と呼ばれているものについては、私たちも諸都市に倣ってこれを否定してきました。それらが身体に害を及ぼすと思われており、また魂を弱めるものだからです。……私たちは次のような結論に至りました。すなわち立派な人士にとって最善の生業、知識は、人間が必要な食料を手に入れる業、すなわち農業であると。といいますのも、この生業は学ぶのもこの上なく容易で、作業もこの上なく心地よく、身体をこの

上なく美しく壮健なものにしてくれて、魂を縛ることもほとんどなく、友人や都市国家に皆で配慮できるように思われたからです。さらに農業は、勇敢であるためにも何かしら貢献するところがあるように私たちには思われました。市壁の外で必要な食糧を育み、家畜を育てるのですから。またこのために、この生き方こそが諸都市においてこの上なく高い評価を受けていると思われました。市民たちを最善の市民とし、共同体をこの上なく愛好する市民にすると思われるからです」。

――クセノフォン『家政論』六章四～一〇節

アルケシネ（アモルゴス島）のゼウス・テメニテス神殿領貸借契約（前四世紀）

〔数字は碑文内の行数を示す。またこの場合……は碑文の欠損箇処・判読不明箇処を示している。〕

……賃借人は……相応の保証人を神殿管理人たちに提出するように……貸借物件全てについて……賃料は年ごとにタルゲリオン月に支払うように。万事に関して税は免除。もしも支払わない場合、神殿管理人たちに、本人および保証人たちが全体の半額を支払うべし。土地は交代して［半分ずつ？］すき入れをするように。毎年でなく。もしも休耕地にすき入れをするのであれば、三重のすき入れを。ブドウ樹の周辺を二度掘るように。初めにアンテステリオン月、二度目に掘るのはタウレイオン月二〇日より前に。イチジクの周りは一度。以上のうちの何であれ、契約通りに作業をしなければ、ブドウ、イチジクそれぞれについて一オボロスを罰金として支払うように。すき入れに関しては、一ジュゴンについて三ドラクメ。保証人たちは、賃借人が〔土地を借りて〕保持することを望む場合、賃料ならびに追加の仕事全てに関連する支払いをことごとく保証すべし。さもなければ、神殿管理人たちは請負契約を〔改めて〕行うべし。(17) 崩れた壁は自費で修繕するように。もしも修繕しない場合には、オルギュイア毎に一ドラクメを。道側の壁は全て補強し、立ち去る際には補強したままの状態で残しておくように。(20) 毎年、肥料を容量一メディムノス四ヘミヘクタの籠で一五〇杯分投入するように。もしも投入しない場合には、一籠につき三オボロスを罰金として支払うように。神殿管理人たちの前で、契約通り肥料を投入したと、誓言するように。(25) 屋根は水に強いものにし、そのまま残して引き渡すように。(26) 切り取られたブドウ樹は神殿管理人たちが売却すべし。(27) エイラフィオン月に溝を掘るように。神殿管理人たちが計測したところに、四プスと三プスのものを。神殿管理人たち立ち合いのもとで苗を植えるように。毎年、ブドウ樹は神殿管理人たちの指示する間隔ごとに二〇本、イチジクは一〇本。土地の上に小さな壁を追加で設けるように。(32) もしも小さな壁がなければ、大甕《ピトス》で保証を提供するように。賃借人は神殿管理人たちに誓約を立てるべし。(34) もしも苗を植えない場合、それぞれにつき一ドラクメを罰金として支払うべし。(36) 何人《なんぴと》も家畜を神殿領内に踏み入れさせることは許されない。もしも踏み入れさせるならば、その家畜はゼウス・テメニテス神の聖財とすべし。希望者が評議会で告発できることとし、褒賞として係争額の半額が与えられることとすべし。(39) もしも神殿管理人がイチジクを……追加で植えたいと考えるならば、彼らにはそれが許されるべし。(40) 農夫が退去する際、肥料一五〇杯分を残すべし。そして神殿管理人たちに容量一メディムノス四ヘミヘクタの籠で測り分けるべし。もしも測り分けない場合には、一籠につき一ドラクメを罰金として支払うべし。また神殿管理人たちが徴収すべし、さもなければ彼ら自身が倍額を。(45) 休耕地の周囲を掘るように。もしも掘らないならば、二〇ドラクメを支払うべし。(47) ……は賃料と同時に払うべし。(47) ……を、毎年、ある限り、タルゲリオン月に財務役に賃料とは別に支払うべし。もしも支払わない場合には、財務役たちに未払額の半額を支払うべし。(50) 異論が生ずるものがあれば、神殿管理人たちは農夫と共にそれらを中央広場《アゴラ》において最高値を付けた者に売却すべし。さもなければ、本人たちが倍額を支払うべし。希望者には係争額の半額を報酬として、調査役たちに対して告発することが許されるべし。(54) もし植えて、去る(?)場合には、……。さもなくば、一オルギュイアにつき……を罰金として支払うように。……

――P. J. Rhodes and R. Osborn, *Greek Historical Inscriptions, 404-323 B.C.*, Oxford 2003, No. 59

図5　すき入れをする人物と牛の像

前600〜前575年ごろ，ボイオティア地方，テラコッタ，ルーヴル美術館所蔵

第三章　手工業と関連事業

本章の章題は二つの言葉からできている。これは共通の特徴を持ちつつも、小さな工房から大規模事業まで大小さまざまな活動を広範に扱うことを意図している。共通する特徴とは最終的な製品を作るにあたって自然の産物を加工している点である。ギリシア人はこうした活動を慣習的にテクナイ（単数テクネ）と呼んでいた。この単語は芸術も手工業も意味し、またさまざまな職業的、知的活動をも意味した。テクナイは一方で農業とつながり、もう一方では商業とも関わっていた。すなわち多くの場合、加工前の原材料は農業から供給されており、他方で、加工された製品は市場向けに製造されたものも多く、手工業者（職人）が自らそれらの販売も手がけていたのである。これらのテクナイは、大半が私的個人（しばしば外国人であった）による自営業であった。古代ギリシアの市民たちがこうした項目に何かしら法規制を設けるようなことは滅多になかったが、他方、都市国家が工房を所有したり、公共事業を手がけたりすることもあり、またとりわけ最重要事業を立ち上げ、推進することもあった。

こうした活動はいくつもの文献・金石文史料に言及されており、また土器の図像にも確認できる。さらに考古学調査を通じて製品そのものが大量に出土しているばかりか、工房跡、手工業地区跡、公共建築の跡も発掘されている。こうして豊富な史料を利用できるのだが、とはいえ得られる情報には業種ごと、地域や時代によってばらつきがある。また私的な工房よりも公的な事業の方が情報も多い。こうした活動はこれまでもくり返し美術的、技術的観点から研究されてきたが、ここでは経済的視点から、すなわち生産の一部門として示してゆく。

一　私的工房

発展と重要性

多くのテクナイは明らかにすでにごく早い時期から存在していた。青銅器時代以来、徐々に分化し、食料、住居、衣類、装飾品、武具、道具類はもちろんのこと、日常生活に必要な多くの製品を生産するようになっていた。いかなるペースで発展したのかは判然としないが、重要性や地域住民の需要に応じて発展せざるを得なかったため、無論、継続的に発展し続けたわけではなかった。しかし前古典期以来、人口は増大し、都市化が進み、需要が多様化することで業種は増大していった。すでに古典期には都市部において専門に特化した多くの業種が姿を見せていた。当時最も発展していた都市の一つアテナイの手工業についていえば、製品生産に関わる仕事が史料中に百業種ほど確認できる。またさらに、在留外国人や奴隷に加えて、全市民三、四万人のうち一万人ほどがこの部門で働いていた。ヘレニズム時代・ローマ帝政期の墓碑に目を向けると、業種も多様な仕事や職業組合がさまざまに刻まれており、（これらを信じるならば）優れて活発な都市ならば、当時、専門特化した職業が少なく見積もっても相当数存在していたことになる。こうした金石文史料は、さかんに都市化が進められていた小アジアで数多く出土している。

これらがどのように組織されていたのかはさておき、カテゴリー別に分けることで業種の多様性をいくらかイメージできる。食品加工業（例えば、粉挽き屋、パン屋、食料品店、肉屋、魚屋など）、石材加工業（例えば、採石場労働者、大理石加工屋、石工、彫物師、石細工師など）、木材加工業（例えば、大工、指物師、家具職人、木材彫物師など）、金属加工業（例えば、鍛冶屋、銅細工師、金細工師）、窯業（土器職人、絵付師、タイル・レンガ職人）、皮革加工業（革なめし職人、製革工、靴職人、鞍師、牛馬具屋）、繊維業（縮絨工、染物師、織工、仕立屋、刺繍屋、絨毯屋）。さらにこれらに楽器職人、香料屋、ガラス職人などが加わる。同じ分野、同じ工房で作業をすることにより、職人やその他の労働者たちは多くの

図6　土器製作場面
前575～前550年ごろ，コリントス式土板，ルーブル美術館所蔵

技術を身につけ、種々の仕事をこなす能力を培っていった。他方、古典期以来、建築家、彫刻家、土器の絵付師、そして土器職人や鍛冶屋の集団は、需要次第で次々に工房を移り、都市を渡り歩いて行った。こうした移動は、少なくとも品質を求めて、ある種の競争があったということを示唆している。クセノフォンはよく引用される有名な一節で、分業が製品の質を向上させると述べているが（後述143～144頁、Austin and Vidal-Naquet, no. 6B）、プラトンは生産量の増大にもつながるとしている（『国家』二巻八七〇c）。

こうした私的な手工業が、経済全体の中でどれほど重要であったのかを評価することはできないが、農業に及ばなかったことは間違いなく、雇用する労働力もはるかに小規模であった。実際、大多数の共同体ではモノに対する需要はいつでも限定的で、多くの場合、家族内《オイコス》の作業で手に入るもので満足していた。さらに農業と同じように、手工業製品に関しても一般に都市のレベルで自給自足状態にあることが望ましいとされていた。結局、供給は一般に需要に応じて定まるものだったのである。経済的な競争を刺戟するには、このようにほとんど好ましい環境にはなく、競争があった形跡もほとんど見られない。おそらく生産者たちは慎重を信条としていたように思われる。

製品の多く、建築物や記念碑の大半は間違いなく技術的に一級品と評価することができる。知識の水準、正確な計算能力、道具や製法の質はいずれも明らかに高度であり、技術上の閉塞状態に苦しめられるようなことは決してなかった（上述22～26頁）。実際、建築家、芸術家そして職人たちは独創性を示すことができた。それにもかかわらず形態と様式は緩やかに変化したに過ぎず、一般には、数世紀にわたって既存のコンセプトやプラン、規範《カノン》を優先して、そこに個人的選択や仕様の変更などが施されていた。この部門でも、明らかに伝統とくり返しが大変な重みを持っていた。

仕事場

田園部の家《オイコス》は時代を通じて常に農産物、畜産物、採集物、木材の加工を行う場所だった。最も骨の折れる仕事（穀物の製粉、オリーヴ果実の粉砕・圧搾、ブドウ果実の圧搾、獣皮の前処理から鞣し加工、炭の準備など）は、男の奴隷に任されることが多かった。そのほかは一般に自由人・奴隷を問わず女性がする作業とされた。小麦を捏ね、パンや焼き菓子を焼き、羊毛や亜麻を梳き、紡ぎ、織り、小枝やイグサ、アシなどを編み、染料の準備をしていたのは女性たちだった。さらに農民たちは、できる限り自分で道具を作り、修繕し、自分で農作業小屋を建て、維持するのを好んだ。こうした活動は、典型的な家内作業と見なされ、農業生活の重要な一部となっていた。たしかに生産物の一部をオイコスの外に売却することもありえたが、とはいえ、上述のような生活は何より自給自足状態の維持に貢献した。しかし、都市部の需要が増大し、徐々に多様性を増してゆくと、田園部における家内生産ではもはや明らかに需要を満たすことができなくなっていった。

職人の工房は、定義からいって専門特化されてはいたが、店舗としても使われた。これはたいてい「エルガステリオン（仕事場）」と呼ばれていた。エルガステリオンは父から息子へ継承されることが多く、彫刻家など芸術家一族のようなものも知られている。主人として工房を所有するには、市民でなければならなかった。工房経営に携わる在留外国人も多かったが、たいていは間借りをしていた（中には都市から不動産所有権が認可されるケースもあったが、ごく稀であった）。一般にほとんどの工房は、経営者以外に自由人または奴隷の労働者を少なくとも数名は抱えており、それらは家族のつながりか、あるいは主従関係から選ばれることが多かった。自由人も奴隷も、労働者はしばしば同じ作業に従事していた。実際、奴隷が特に肉体労働のために使役されるということはあったにせよ、弟子や徒弟の中にも奴隷身分の者はいた。彼らが働く工房は、多くが都市および村落に作られており、家族が住む家屋の一角を占めることもあれば、あるいは賃貸料を払って中央広場《アゴラ》や列柱廊《ストア》といった公的な場所に設置されることもあった。ときに多くの工房が特別区内にまとめられている場合もあった。例えば、アテナイではアゴラの南西、ペイライエウス港がある方角に「産業地区」が存在していた。あるいは都市の市壁外に設置されることもあった。これは風向きを考え、騒音や臭い、煙といった悩みの種を都市から遠ざけようとしたものである。また原材料の生産地や交通路を考えて、田園部に設置される工房もあった。

工房の敷地や税に関する規定を除けば、手工業生産に対する公的な介入は限定的だったようである。たしかに多くのタイルやアンフォラには「スタンプ」が押されており（とりわけ、タソス島、ロドス島、クニドス島、コス島、黒海沿岸のシノペやヘラクレイアではワインを輸送する際、アンフォラに刻印を施していた）、これはおそらく行政上ある種の統制を受けていたことを表している。実際、土器に施されたこれらの刻印には紋章や図像に加えて、しばしば二人の固有名詞が含まれており、そのうちの一つはおそらく公職者、多分、都市の市場監督官《アゴラノモス》の名前と考えられている（これについては後述179～180頁）。これを生産活動に税が課されていた証拠と見なす研究者も少なくないが、その主張には根拠となる説得的証拠が欠けている。他方、いくつかの聖域の周辺では奉納品を生産する金属工房の遺構が発掘されている。これらの工房が、例えばサモス島のヘラ女神の聖域にあった商店のように（184頁参照）、聖域内にあったのかははっきりしない。また現存史料からは、他の文明に見られるような公共の製粉所、搾油所があったことは確認できない。最後に注意すべきこととして、司法の点から見ると、ギリシア人は共同責任という考えを持ち合わせておらず、工房自体が法人格のようなものを持つことはなかった。法は個人のみを対象としていた。

経営形態

工房の規模は実に大小さまざまであった。たいていは慎ましいもので、ごく周囲の人々、地元の市場向けに廉価で役立つ日用品を製造していた。こうした工房の事情についてはあまりよく分かっていないが、おそらくある程度は工房の主と家族の労働により運営されていたに相違ない。他方で、労働者を何名か抱えることもあった。ただし、例えば十人単位の奴隷を所有していれば、それはすでにかなりの大資本ということになる。こうした人々は注文に応じて作業を行い、在庫を抱えることはなかった。バナウソイと呼ばれる人々の大半はこのような人々で、たとえ製品が褒められることがあったとしても、彼ら自身が社会的集団として評価されることはほとんどなかった（上述38頁）。

他方、より多くの労働力を使役し、商品市場も必ずしも地元に限定しないような工房もあった。これらはより高級な製品を扱う仕事に特化して、高級衣類や紫の染料の製造、銘文を伴う石板やモニュメントの加工・彫刻（これは都市での需要が徐々に高まっていった）に従事することもあれば、あるいは「主人」の指示の下、芸術的な品物を生産することもあった（絵付土器、石像や青銅像など）。こうした工房は製品・作品が洗練され、高額でもあったことから、敬意の対象ともなっていた。価格は品質や評判、希少性、労働や輸送コストによって変化した。需要と供給の法則に従っていたのである。

工房の中には大規模に運営され、真の意味で事業経営をしていたものもあった。こうしたものはいつの時代でも少なかったが、ヘレニズム時代に入るとその数を倍増していった。古典期アテナイの文献に見られる事例は頻繁に引用され、よく知られている。すなわち、ケファロスの盾工房は一二〇人の奴隷を使用しており（リュシアス一二番弁論「エラトステネス告発」一九節）、弁論家デモステネスの父が所有する小刀工房と寝台工房は、それぞれ二〇人、三〇人の労働力を抱えていた。後者はこれらの工房がそれぞれ年間で三〇〇〇ドラクメ、一二〇〇ドラクメの収益をもたらし、いずれも決して「小規模な仕事《ミクラ・テクネ》」ではなかったと述べている（デモステネス二八番弁論「アフォボス告訴」第一」九節）。その他、ナウシキュデスの製粉所、キュレボスのパン工房、デメアスのケープ（肩がけ外套）工房、それから上質羊毛製の外套を製作しているメノンの工房（クセノフォンは『ソクラテスの想い出』二巻七章六節で示唆的にこれらに言及している）などもあった。織物部門では、メガラのキトン、ミレトスの毛織物、羊毛の衣類が古典期にもヘレニズム時代にも評判だった。同様に小アジア西部、とりわけ水の豊富なヘルモス川、マイアンドロス川の周辺には、ヒツジの飼育、アサやアマの栽培、織物、衣類、絨毯、綱類の生産に適した地域が広がっていた。こうした地域からはヘレニズム・ローマ時代の遺物も数多く出土している。農業部門では、先に挙げた多くの事例の中でもタソスを取り上げておくべきだろう（99頁）。タソス島には数十ヘクタールに及ぶブドウ園があり、そこにアンフォラ工房もあった。また私的なビジネスの中にはさまざまな道具や設備を必要とし、異業種との協力を要するものもあった。これには例えばタイル製造、製塩、鉄や銅の鉱山、林業、粘土採掘、採石場、造船所などが含まれる。しかしこうした部門については、史料上、いくつかの公的事業が知られているに過ぎない。

こうした事業は現存する史料にはほとんど記述がない。おそらくたいていの場合、大きな工房で営まれていたのではなく、都市のあちこちに散在している、あるいはオイコス内にある、いくつもの小工房が集団として親方団の指揮の下で運営されていたのであろう。またおそらく、これらは個別の工房よりも多くの奴隷労働力を使用していたと思われる。こうしたところでは地元市場だけでなく、近隣地域の市場、さらに遠方の顧客向けにも品物を製造していた。中には高価なものもあり、とりわけ高級リネンや絹の織物、衣類のような贅沢品には高値がついた。これらもまた需要と供給の原則に従って変動した。こうした事業の持ち主は富裕者であり、ときに最富裕層に属することもあった。小アジアでは、いくつもの工房と大規模な家畜の群れを同時に所有する事例が複数確認されている。

二　公的事業

都市や神殿は公益に関わる事業運営に頻繁に携わった。それらの事業は、程度の差こそあれ、都市の公的資産あるいは神殿の聖財の運用に直接関わっていた。現場によっては重い資材を大量に用い、専門性のある者も、そうでない者も、多くの労働者を必要とすることもあって、規模が大きくなり、費用が嵩むことも少なくなかった。こうした事業は都市や神殿自らが運営に当たることもあったが、一般には私的な事業主に運営が委ねられた。

採石場

採石場はいくつもあったが、それらは公有財産または聖財であることが一般的だった。アテナイでは〔都市国家の下部組織である〕区が所有するものもあった。小アジア西部のエフェソスではアルテミス女神が石切場の所有者となっていた。前二〇〇年ごろの出土地不明の碑文には、「石からの《アポ・リトゥ》」公的収入がたびたび記載されており、これはおそらく都市の採石場から切り出した石材の売却益を意味していると考えられる（L. Migeotte, *L'emprunt public*, no. 118〔= Pleket, no. 27 =『ギリシア碑文補遺』一七巻八二九〕）。ヘレニズム時代には多くの採石場が王の所有となり、アウグストゥスの時代以降は皇帝の財産となった。採石や石材加工、そして陸海の輸送手段など、分かっていることも多いが、労働力についてはほとんど知られていない。大規模な労働力が求められただろうが、事情に応じて多様であったに相違ない。こうした採石場からは、公私を問わず種々の建築事業に欠かすことのできない素材が提供された。中でも大規模建築や記念碑の建造には、大理石の建材が不可欠だった。とりわけ評価が高かったのはパロス島、タソス島、ナクソス島、そしてアテナイ（ヒュメットス山とペンテリコン山）の大理石であった。

オーカー（黄土・代赭石）は同じく重視された鉱物資源で、薬用に利用されたほか、何より三段櫂船（漕ぎ手が三層に座る構造になっている軍船）の船体をコーティングするのに用いられた。前四世紀前半にアテナイは、輸出されるケオス島産代赭石を独占できるように二度目の指示を出している（後述210頁）。

林業

森林には私有のものもあったが、おそらく特に広大なものは都市や神殿が所有する土地、あるいは王領地や皇帝領に含まれていた。森林の広さや経済的重要性は明らかに地域や時代ごとに大きく異なっていた。木材はとりわけ家具製作、そしてオブジェや像の彫刻にも用いられた。マツ材やモミ材、スギ材は特に建物の骨組みや船の船体・帆柱に用いられた。建築、造船はいずれも都市や王、皇帝が最大の顧客となる部門であった。伐採および材木加工技術についてはよく知られており、また陸上輸送（曳行、荷車による輸送）、水上輸送（管流し、筏流し、船舶の利用）の方法についても同じくよく分かっている。アテナイは木材を主にマケドニアからの供給で賄っていた（後述201頁）。しかしイタリア南部、トラキア地方、クレタ島、キプロス島、そして小アジアのいくつかの地域（トロアス、ミュシア、ビテュニア、カリア、リュキア、キリキア・トラケイアなど）も同じく深い森に覆われていた。大規模な木材利用はもちろん大規模な労働力を要した。前三九九年、シチリア島の都市シュラクサイの僭主ディオニュシオスは、当時、まだマツやモミが鬱蒼と茂っていたエトナ山に大規模な伐採部隊を派遣しており、さらにイタリアからの木材輸出権を獲得した上で、現地に同じく伐採部隊を派遣している。木材は輓獣により海岸まで曳行されると、そこで筏に組まれ、船に曳航されてシュラクサイまで輸送された（シチリアのディオドロス『歴史叢書』一四巻四二章）。前三一五／四年、隻眼王アンティゴノスは、ロドス島、キリキア地方、フェニキア地方で艦隊の建設を行っている。キリキアの造船所ではタウロス山脈の木材を利用しており、フェニキアでは有名なレバノン杉を用いていた。そこでは伐採と製材に八〇〇〇人が従事し、その後一〇〇〇組の輓獣が木材を海岸まで輸送した（シチリアのディオドロス『歴史叢書』一九巻五八章）。

鉱　業

鉄や銅の鉱床はおそらく私人によって採掘されていたのだろうが、これらについてはほとんど分からない。鉄鉱床は銅鉱床に比べると明らかに多かったが、後者もトラキア地方、そしてキュトノス島やキプロス島にあった。金鉱・銀鉱はいずれも滅多にあるものではなかったが、鉄や銅よりも希少価値が高かったため、より多くの情報が今日まで伝わっている。それらは以下で詳述する二つの事例と同じく、一般に公的な財産であった。前六世紀末、シフノス島の人々は金鉱・銀鉱によって豊かになり、毎年その利益を市民間で分け合ったとされている（ヘロドトス『歴史』三巻五七章、Austin and Vidal-Naquet, no. 20A）。

トラキア鉱業

古代のトラキア地方は肥沃な土壌と豊かな森ばかりではなく、とりわけパンガイオン山周辺の金鉱および銀鉱でもよく知られていた。同地では現地の先住民が、おそらくずいぶん以前からいくつかの鉱床で採掘を行っていた（ヘロドトス『歴史』七巻一一二章）。対岸に位置する島タソスは島自体に金鉱があっただけでなく、本土側にも鉱脈を有しており、沿岸には商業港もいくつかあって相当の利益をあげていた。これにより市民の農産物には一切の課税をせずに済むほどで、総じて一年に二〇〇タラントン、多い時には三〇〇タラントンの収入を得ていた（ヘロドトス『歴史』六巻四六章、Austin and Vidal-Naquet, no. 94）。南方のアテナイ人は、この地域に前六世紀以来関心を持ち続けていた。前四七六年、彼らはストリュモン川河口付近のエイオンに交易拠点《エンポリオン》を、さらに前四三七年にはやや北側のアンフィポリスに植民都市《アポイキア》を建設した。これによりアテナイ人は後背地の交通路を掌握できるようになった（トゥキュディデス『歴史』四巻一〇二章一～四節）。前四六五年にはアテナイ―タソス間で紛争が勃発しているが、これは交易拠点、そしてタソスが採掘していた本土側の鉱山をめぐる争いであった。前四六三年、タソスは結局、アテナイに全てを明け渡さざるを得なくなった

（トゥキュディデス『歴史』一巻一〇〇章二節、一〇一章三節）。ペロポネソス戦争のまっただ中だった前四二二年には、アンフィポリスがスパルタの将軍ブラシダスの手に落ちた。やがて前四一〇〜前四〇七年以降、タソスはふたたび本土側に足場を築こうとしたが、前四世紀になると今度はマケドニア王フィリッポスがこの地域に入り込み、前三五七年にはアンフィポリスを奪取した。そののちフィリッポスはクレニデスという都市を拡張し、再建して、フィリッポイと名付けた。そうして彼は後背地にある鉱山を積極的に利用し、そこから年間一〇〇〇タラントン（六〇〇万ドラクメ）の収入を手に入れるほどまでになった（シチリアのディオドロス『歴史叢書』一六巻八章六節）。フィリッポイが自治都市であったことからすると、王が手に入れたのは鉱山採掘権のみで、所有権までは我が物としなかったのかもしれない。加えて彼はパンガイオン山周辺のトラキア人鉱区も手中に収めたと考えられる。大量の金貨が発行できるようになったのもおそらくその結果であろう。これらの鉱山は、やがてヘレニズム時代になると王たちのものとなり、最終的にローマ帝国の支配下に入ると全てが皇帝領の一部を成すこととなった。管理を担ったのは皇帝代理人《プロクラトル》であり、彼らがこれを私的な事業者に貸し付けた。

以上の事例から、以下の例同様、この種の資源がいかに人々の欲望を掻き立てていたのかがよく理解できる。また諸都市、諸国家がこれらを占有しようと考えるだけの理由が十分にあったこともよく分かる。たしかにトゥキュディデス（『歴史』四巻一〇五章一節）は、彼個人が、アンフィポリスからさして遠くないところで金鉱の採掘権を保有していると述べている。これについてはしばしば、彼がトラキア系の祖先からこの鉱区を相続したと推論されることもある。しかしギリシア語の原文は、本当の所有権というよりも採掘権《クテシス・エルガシアス》に言及しているようである。

ラウレイオン銀山

ラウレイオン山にある銀を含んだ鉛の鉱山は早くも前一四世紀、ミュケナイ時代には稼働を開始していた。ことによるともっと早い時期から利用されていたのかもしれない。初めは表層を、やがて地下の鉱床を利用するようになったのだろう。その後、前一世紀に資源が枯渇するに至るまで、銀山は絶えず稼働を続けていたが、そのうち最も豊かに産出していたのは古典期のことであった。ラウレイオン銀山の麓、アッティカ南東部のトリコス区では都市部が発達しており、発掘調査を通じて「産業センター」が姿を現した。これは複雑な構造を持ち、設備もかなり整っていて、採掘のための坑道のほか、選鉱、粉砕、洗浄、融解などを行う工房や炉が備えられていた。こうした設備は高額であり、恒常的なものであったことから、おそらく土地（表面部分）を所有する市民の所有物であり、そうした土地所有者が、賃貸契約を結んだ上で利用者に坑道や工房を使わせていたものと考えられる。鉱山経営には大量の水と木が必要であり、さらに自由人および奴隷を含めた大規模労働力を要した。奴隷労働力については、これまでしばしばトゥキュディデスの記述を引用しながら（『歴史』七巻二七章五節、Austin and Vidal-Naquet, no. 76）総勢二万人以上の奴隷が使役されていたと推定されてきた。しかし典拠となる文に記されているのは、ラケダイモン軍が前四一三年から前四一〇年にかけてアッティカ地方に与えた損害の全体であり、奴隷もアッティカの至るところから敵方に逃亡したとされている。その上、それらの奴隷は多くが職人《ケイロテクニテス》だったという。とはいえ、奴隷は確かにラウレイオン銀山で用いられた労働力の大多数を占めており、とりわけ採石のような最も過酷な労働は彼らに割り当てられていた。最もよく知られているのはアテナイの政治家ニキアスの例で、彼は前四一三年よりもいくらか前に奴隷を一〇〇〇人、一人一日一オボロスで賃貸ししていた。借主はトラキア人経営者で、この人物もニキアス自身が一度購入し、その後に解放した元奴隷だったのかもしれない（クセノフォン『財源論』四章一四節）。ペロポネソス戦争の最中には実際に多くの奴隷が逃亡した上、敵軍が占領していたため、鉱山運営は大打撃を受けた。

図7　アッティカ地方トリコス区銀鉱作業場跡
（訳者撮影，2013年）

　ラウレイオン銀山は都市国家が所有するもので、古典期アテナイに莫大な富をもたらし、同国の力の源の一つになるほどであった。その産出量については現存史料に伝わる数値から推定する試みがいく度となくくり返されてきた。ヘロドトス（『歴史』七巻一四四章、Austin and Vidal-Naquet, no. 20B）によれば、前四八三年、新たな鉱脈により都市国家の収入が増大した際、アテナイ人は初めこの天からの恵みを一人一〇ドラクメずつ（おそらく、シフノス人と同じように、毎年）分け合おうとしていた。しかしながら、指導者テミストクレスは彼らを説得し、これを艦隊建設に当てることとした。『アテナイ人の国制』（二二章七節）では、アリストテレス（もしくはその弟子の一人）がこの同じ出来事に触れ、収入が一〇〇タラントンに上ったと記している。

鉱山の採掘権は、（競売を経て）割当てを受けた私的個人に分配された。契約年数は三年のものもあれば（伝アリストテレス『アテナイ人の国制』四七章二節）、それより長いものもあった（解釈によるが七ないし一〇年）。契約に関しては、異なる三九枚の碑文に、前三六七／六年から前三〇〇年ごろまでの六〇年以上の間に結ばれたおよそ三〇〇件の契約の痕跡が残されている（これまでの復元・解釈に従う。Austin and Vidal-Naquet, no. 93）。しかし碑文は完全なものではなく、また省略も多いため、互いに食い違う解釈がいくつも提案されていて、ここから何か確実な結論を導き出すことはほぼ不可能である。鉱区数はかなりあり、時代によって変化した。近年の推測では、前四世紀の中ごろの最もさかんなときで五〇〇以上の鉱区があったと示唆されている（しかしこの数値は多過ぎるかもしれない）。また鉱区は四つに分類されていた。「古い」「新しい」のほか、おそらくその中間に当たると思しき二つのカテゴリーがあるものの、その定義については合意を見ていない。碑文にはなお判読可能な数値が何十も残されている。全てがキリの良い概数になっており、ほとんど（八割）が二〇または一五〇ドラクメだが、その意味は明らかではない。おそらく賃料か税額のいずれかであろうが、期間についてははっきりしない。銀の産出量や都市の年間収益を推定する試みもくり返されているが、試算結果には大きなバラつきがある。また都市は硬貨の製造や奉納用什器など高価な品々を製作するために、産出される銀の一部を入手したり、あるいは取り分けておいたりしていたはずだが、それがどのような条件で行われたのかさえも我々には分からない。後一〇世紀の作品『スダ辞典』を繙けば、アテナイに言及していると思われる項目に、銀山利用者は都市に鉱石の一部（正確には二四分の一）を納めねばならなかったと記されている。しかしこの文では一体どの時代のことをいっているのか分からない。

活況を呈していた時期には、私人もまた鉱山関連で一儲けすることがあった。政治家ニキアスは奴隷を貸し出すことで年間一〇タラントンほどの収入を得ており、彼の死後、その遺産はおよそ一〇〇タラントン、すなわち六〇万ドラクメにも上っていたと推定されている（リュシアス一九番弁論「アリストファネスの財産について」四七節）。銀の販売は、鉛の販売も合わせ（伝アリストテレス『経済学』一三三二a一五〜一八）大変な利益を生むこともあった。個人で二〇〇〇ドラクメ、九〇〇〇ドラクメもの金額を鉱山に投資した事例もいくつか知られている（デモステネス三八番弁論「ナウシマコスとクセノペイテスに対して」二二節、四〇番弁論「ボイオトスに対して、その二」五二節）。しかしこのような投資が可能だったのは、富裕者だけのことだったように思われる。実際、事実上の独占により、採掘権保持者の圧倒的大多数は市民によって占められていたが、それだけではなく、最富裕者層が決定的に重要な役割を果たしていた。こうしたところに彼らの起業家精神が窺われる。

公共建築

都市はいつの時代でも港、埠頭、倉庫、武器庫、市場、街路、道路、泉、貯水施設といった多くの社会基盤《インフラ》を自らの資金で建設し、維持、改修してきた。また神殿や列柱廊、劇場、体育館、防衛施設といった建築物やモニュメントの建設も行ってきた。これらは実利を超えて、建築を通じて都市を豪勢に飾り立てる役割も担った。聖域もときに神殿関連の建物や記念碑に対して建立・改修を行う責務を（部分的であれ）担った。ヘレニズム時代になると、王たちがときに建設費用を自ら負担し、支配下の都市に列柱廊などの公共施設を建設させることもあった。完成したのち、彼らはそこから賃貸料や税といった形で収入を得ることができた。建設事業は都市に関するものであれ、宗教に関わるものであれ、莫大な費用を要した。これについては石碑に刻まれた会計記録、契約文書、見積り、報告書などからいくつかの事例が知られている。最も史料に恵まれているものとして、前五世紀後半に行われたアテナイのアクロポリス改修事業（特にパルテノンやエレクテイオン）、前四三七～前三四六年に行われたペイライエウス港におけるフィロンの武器庫建設、前三七〇～前二五〇年ごろに実施されたエピダウロスの聖域改修事業、ヘレニズム時代に行われたレバデイアのゼウス神殿建設、そしてディデュマのアポロン神殿建設などが挙げられる。最後の事例については、前三世紀半ばから前二世紀の終わりにかけての会計情報が残されている。これらの史料からは一般的傾向をある程度明らかにすることができる。

費用はもちろん事業規模や人件費、原材料費、輸送費によってさまざまであり、中には莫大な費用を要するものもあった。例えばパルテノン神殿の建設費はおよそ四七〇タラントン、二八四万ドラクメ、あるいはそれ以上とも推定されており、またエピダウロスの聖域整備事業は総額二四〇から二九〇タラントンを計上したとされている。ここではさらに事例を列挙するよりも、むしろ都市の財政能力の方に注目すべきであろう。もちろん中には計画が練られておらず、莫大な費用がかかり、完成に至らないものもあった。ディデュマなどはそうした例である。ほかにも数世代を要し、数多くの財政貢献者を必要としたものもあった。あるいは戦争が迫る時期や地震の直後など、緊急事態の最中あるいは満足のゆかない状況で止むを得ず取りかかった事業もあった。ときに都市は強制労働にも頼った。例えば、アクラガスをはじめとするシチリア島のいくつかの都市は、ヒメラの戦い（前四八〇年）で獲得した捕虜を利用して多くの事業を完成させた（シチリアのディオドロス『歴史叢書』一一巻二五章）。前四〇〇年ごろ、シチリア島の都市シュラクサイの指導者ディオニュシオスは、都市西方の丘エピポライの防備を瞬く間に固めたが、このときには田園部から六万人の自由人と六〇〇〇組のウシが使役された（シチリアのディオドロス『歴史叢書』一四巻一八章）。ディデュマでは聖域が神聖奴隷《ヒエロス・パイス》を労働力として提供することで、聖域の維持や道具に係る費用を賄っていた。

しかし諸都市はいつでも資金不足や財政難に苦しめられていたわけではなく、ときに潤沢な剰余金を利用することもできた。例えばアテナイはアクロポリス再建のため、ペルシア戦争時にアテナ女神に捧げられた戦利品に手をつけた。ミレトスも長期にわたってディデュマの建設事業を担い続けた。また都市はしばしば住民全体の厚意に訴え、都市の財源を補うべく財政拠出要請に応ずるよう促すこともあった。多くの史料が示すように、公共建築事業は全般に、都市の公的資金や聖財、私人による財政拠出、貸付、「善行者」からの贈与など、さまざまな手段を利用することができた。加えてこうした事業は緊急性の高いものではなく、費用を分散し、長期間にわたって支出することもできた。例えば、エピダウロスの聖域は完成までにおよそ一二〇年かかっている。デロス島ではいくつもの建設事業、とりわけアポロン神殿および劇場の建設に、前三世紀のかなりの期間をかけた。こうした建物は最終的にそののち何世代も保つように建設された。

大規模な建築現場は、小規模なものとは異なり、一般に多種多様な人々が関わった。もちろん、とりわけ熟練を要しない作業などについては、召集を受けた労働者が労働力の一定部分を担ったのかもしれない。しかし専門職の人間はいつでも欠かすことができなかった。プルタルコスは大工や型師、鍛冶屋、石工、金細工師、象牙細工師、画家、刺繍職人、浮彫細工師など、アテナイで雇用されていた専門職の名をいくつも列挙している（『ペリクレス伝』一二章六節。Austin and Vidal-Naquet, no. 90)。こうした専門家は多くの場合自由人で、市民もしくは在留外国人の監督の下、チームを組んで作業に当たった。こうした人々は都市から都市へ、ときにはるかペルシアへと移動をくり返し、需要に応じてどこへでも行った。こうした流動性により彼らの技術が希少なものであったことが示唆される。事業によっては何より適切な労働力を得られないことで一定期間中断するものもあったらしく、エピダウロスの建設事業などはその好例である。アテナイのエレクテイオン神殿に関する会計碑文からは（Austin and Vidal-Naquet, no. 73〔= Osborne and Rhodes, no. 181B =『ギリシア碑文集成』一巻三版四七六〕）、市民、在留外国人、奴隷が皆ならんで作業に従事し、同一作業に対して同一の賃金を、毎日または週ごとに受け取っていたことが明らかにされている。もっとも奴隷の場合はおそらく受け取った賃金の少なくとも一部を主人に渡さざるを得なかっただろう。賃金は都市が直接労働者に支払う場合もあったかもしれないが、むしろ事業全体を分割し、請負契約を行って、契約をした出資者のそれぞれに事業の一部を委託する方が一般的であった。類似の例が別の碑文群に残されている。デロス島では独立期のヒエロポイオス役（神事監督役）の会計碑文から、少なくともそのうち保存状態が最も良い前三世紀前半の部分から、支払われていた賃金の額が実に多様であったことが分かっており、また奴隷よりもデロス市民の方が多かったことも明らかにされている。こうした事例はいずれも公共建築に関わるものであり、規模や公共性、雇用される専門家の数などに関して特殊な事業ばかりである。したがって私的部門の賃金については、これらからいかなる結論を引き出すこともできない。

戦争と防衛

戦争も都市にとって重要な位置を占めるものであったが、これもまた言葉遊びではなく公的事業として扱うことができる（「事業」にあたるフランス語 entreprise は、ほかに「攻撃」の意味も持つ）。すでに見たように（33〜34頁）、戦争は巨大な利益を生み出す可能性もあったが、都市および領域の警護や防衛、紛争に対する準備はもちろん、字義通りの戦争がひとたび勃発すれば、とりわけ有力で野心的な都市の場合、そのために重い財政負担を担うこととなった。費用の大半は恒常的に利用可能な建造物（市壁、田園部の防衛施設、体育訓練場、船庫、武器庫など）に投下された。こうした事業の遂行は、先に見たように、大概は私的個人に委ねられた。ほかにも初年兵《エフェボス》、見張り、兵士の訓練や装備品、手当、食費・物資の支給や支援のために支出が必要となった。たしかに重装歩兵《ホプリテス》は皆基本的な装備品を自弁しており、また一般にそうした武具は私人の工房で製作された。しかし都市が自ら武具等を支給することもあった。例えば前四世紀、アテナイは一〇名の訓育役《ソフロニステス》（初年兵を担当する訓育担当役人）と体育指導員《パイドトリベス》（「パイス」すなわち若者の身体訓練指導者）、そして武芸の師範に給与を支払っていたのみならず、初年兵全員に毎日四オボロスを支給し、さらに二年目の勤務のために盾と槍を提供していた（伝アリストテレス『アテナイ人の国制』四二章）。またときに例外的な命令が下されることもあった。例えば前三九九年、シュラクサイの僭主ディオニュシオスはシチリア、イタリアおよびギリシアから職人《テクニテス》たちを山ほど呼び集め、カルタゴとの戦争に備えて大量の武器と飛び道具を製作させた（シチリアのディオドロス『歴史叢書』一四巻四一章）。

何より大きな支出となったのは艦隊であった。アテナイ、サモス、ミュティレネ、キオス、ロドス、コリントス、コルキュラ、シュラクサイ、そしてマッサリアなど、それぞれ時期は違えど、いくつもの都市が海上覇権への野望を膨らませていた。これらの都市は自己資金で軍船を建造、維持したが、その前提として造船所、船渠、船庫、武器庫といった施設が不可欠だった。シュラクサイの僭主ディオニュシオスの計画についてはすでに述べたが（127頁）、これによって既存の軍船一一〇隻（または一五〇隻）を改修したばかりか、さらに軍船二〇〇隻、船庫一六〇棟の新規建設が可能となった（シチリアのディオドロス『歴史叢書』一四巻四二章）。また前二二七年、ロドスで地震が発生すると（ポリュビオス『歴史』五巻八八～八九章）、王や僭主たちは同国に種々の贈り物をしたが、その中には艤装された五重櫂船（漕ぎ手が五組に分かれている船）一〇隻、三段櫂船一〇隻分の乗組員に十分なほどの穀物、五重櫂船一〇隻および三段櫂船一〇隻の建造に足るだけの松の梁材、帆布、その他、船の建造や装備に用いるさまざまな物（木材、槙肌、ピッチ、松脂、馬の毛）が含まれていた。歴史家ポリュビオスは（『歴史』五巻八八章一節）この都市に船渠《ネオリア》があったことを伝えており、また地誌家ストラボンは（『地誌』一四巻二章五節）ナウスタトマに言及している。これはいわば港の停泊所、船渠、船庫、倉庫群を指している。またストラボンは、ロドス人富裕者にとって父祖伝来の慣習となっている義務について簡潔に記している。これはおそらくヘレニズム時代初期から始まったことだと思われるが、彼らは貧しい人たち《ペネテス》の生活費《ディアトロフェ》を保障することになっており、それは「艦隊の出撃《ナウストリアイ》のために都市に必要なもの《クレイア》が不足することのないように」することを目的としていたという。細部については不明な部分もあるが、どうやら都市ロドスは明らかに、自国の艦隊を建設・維持するために入札を行ったり、あるいは労働者たちに手当を支払ったりするのでは満足せず、貧しい市民にはいつでもある種の強制労働をさせられるようにしておき、その見返りを富裕市民の財政貢献から調達できるようにしていたのである。

　しかし古典期のアテナイほどこの点に関して大規模かつ持続的に力を尽くした都市はなかった。前五世紀、アテナイは平均して三段櫂船三〇〇隻からなる艦隊を維持していた。四半世紀ほど停滞期が続いたのち、造船事業は回復し、前三三〇～前三二五年に最盛期を迎えた。この時期には四〇〇隻以上の軍船が建造され、そのほとんどが三段櫂船であった。この問題に関してはいくつかの数値を挙げることができる。前五世紀、ペイライエウス港の船庫建設には一〇〇〇タラントン（六〇〇万ドラクメ）という巨額の費用が投じられた。これらはペロポネソス戦争の終わりに取り壊され、再建されたのはようやく五〇年も経ってからのことであった。また艦隊関連目録によれば、前三三〇～前三二五年に三七二棟の船庫《ネオソイコイ》が建設・改修されている。三段櫂船の費用は都市と最富裕層の市民がともに負担した。都市は船体の建造、改修、乗組員の手当と食糧の支給を担い、富裕者たちは交代で一年間、一隻の艤装と船長職を引き受けた。これは「三段櫂船奉仕《トリエラルキア》」の名で知られており、富裕者に課される「公共奉仕《レイトゥルギア》」の中でも最も負担の重いものであった。前四八〇年から前三二五年にかけてアテナイがこうした事業に巨額の資金を投下したことは事実であるが、その規模をいくら推測したところで、いくらかでも正確といえそうな数値を出すことは不可能である。ただし、前四世紀に三段櫂船一隻分の負担がどれほどであったのかについては推定も可能である。おそらく平均すると一年間の負担は三〇〇〇ドラクメほどであり、さらに戦時にはかなりの改修が必要になったと考えられ、このため負担も倍増したことだろう。

造船所はいくつもの職人団（とりわけ建具師、大工、索具・帆布職人、塗装職人）と自由人および奴隷からなる労働力の協力を必要としていた。しかし、これらに関する情報はほとんど残されていない。おそらく建設事業の場合と同じように、建築家の指揮の下、作業は複数の異なる職人団による分業とされ、請負契約を通じて割当てが行われていたのであろう。またこうした職人団は、その技術によりあらゆる種類の事業に従事できたと考えられ、おそらく一箇所に留まらずに、移動をくり返していたことだろう。

このように手工業の世界には、農業の場合と同じように、さまざまなレベルの仕事が共存していた。小規模な工房の経営はおそらくかなり脆弱だっただろう。安定しない原材料供給、そして不確実な製品需要に左右されていたためである。対する大規模事業は、その規模と多様性のおかげではるかに安定的で収益も見込めた。小規模な工房と大規模事業の割合は間違いなく都市ごとに、また時代ごとに異なっていたに違いないが、ヘレニズム時代、ローマ時代に大規模事業が倍増していったことは間違いない。政治的な側面と同じように、少数の富裕者が徐々に支配的になっていったことがここからも窺われる。彼らは公的事業への資金提供に熟達していた。こうした行動様式に関してはまた後で触れることとする（172〜177頁参照）。

公的事業は都市と個人のいずれに対しても重大な経済的結果をもたらした。それらの事業により雇用が生み出されたばかりではなく、労働市場も（少なくとも折に触れて）形成された。この点に関してはしばしばプルタルコスが引用される。この著作家によれば、アテナイのアクロポリス建設事業により都市住民全体に幸福または豊かさ（エウポリア）がもたらされたという（『ペリクレス伝』一二章六節）。この結果はもちろん否定できない。アテナイ市民自身、他のギリシア諸都市の人々同様、このことを十分に理解していた。しかし、こうした事業は何より政治的・宗教的な目的を追求したものであり、威信を誇示するためのものであった。同じように、たしかに金山・銀山の採掘は都市財政を豊かにすることを狙ったものではあるが、何よりも政治的目論見からなされた事業であった。こうした観点から見てみると、先述のロドスの制度はとりわけ興味深い（140頁）。というのも、当該の制度は恒常的な措置だったのである。ストラボンの記述によれば、ロドス人は上述のように貧しい人々に配慮し、彼らと共存《シュネケイン》しようとしていたという。その数行前、この著述家はロドスのことを、秩序正しさ《エウノミア》への配慮という点で特徴的であると賞賛していた。採用されていた方策は独特のものであったかもしれないが、そうした発想をもたらしたのは何よりも、社会的緊張を取り除き、市民間の調和を維持しようという配慮だったのである。

一次史料

手工業の発展

小さな都市であれば、同じ人が寝台も扉もすきも机も作るものであり、しばしばこの同じ人間が家を建てもします。このような状況でも、自分を養うのに足りるだけの依頼人がいれば、それで満足するのです。ですから人間は、たくさん生業に携わることになり、それらを全て立派にこなすことはできないのです。他方、大きな都市では各業種を必要としている人がたくさんいるために、自分を養うには一人に一つの生業でも十分なのです。一つの生業でも全体までは必要ないということも少なくありません。靴でも、ある者は男物を作り、別の者は女物を作るということがあります。また靴の中でも、ある者は縫製のみ、ある者は切断加工のみ、ある者は上部を切り整えるのみ、さらにはそもそもこうしたことは一切何も行わず、これらを集め、まとめるだけで自らを養っているような者もいます。したがってごく狭い範囲の仕事に従事してきた人物であれば、それをこの上なく見事にこなさねばならないとしても、それは必然のことなのです。

――クセノフォン『キュロスの教育』八巻二章五節

前四世紀半ばにおけるアッティカ地方のラウレイオン銀山

銀鉱に関してはしかるべく施設・設備が整えられれば、他の収入源を考慮せずとも、そこから莫大な資産が入ってくることになろうと考えています。そうした銀鉱の力をご存じなければ、その方々にも説明したいと思います。といいますのも、それを理解すれば、皆さんは、それらをいかに利用するべきなのかについても、よりよく考えることができるでしょう。さて、これらがはるか昔から稼働しているということは、誰の目にも明らかです。そもそも誰一人としていつ始められたのか、言おうとすらしないのです。これほど古くから銀鉱石が掘り出されているというのに、掘り出された土の山が、銀の眠る未開発の丘に比べてどれほどちっぽけなものなのか、よくお考えください。また銀を産出する地域は、以前より縮小しておらず、それどころか明らかにいつも拡大を続けているのです。そもそも、この上なく多くの人間がそこにいたときでも、一人として仕事に困ったことは一切なく、むしろいつでも仕事の方が働く人間よりも多かったのです。また現在でも、鉱山に奴隷を所有する者たちは、誰一人としてその数を減らしたりすることはなく、むしろいつでもできる限り多くの奴隷を追加しようとしているのです。といいますのも、銀を掘り、探す人数が少なければ、手に入る財産も少なくなると思われますが、大人数でやれば、莫大な銀鉱石を見つけ出せるのです。それゆえ、私が知るあらゆる仕事の中でもこの業種だけは、誰一人、事業を拡大する人々を妬むことさえしないのです。

――クセノフォン『財源論』四章一～四節

第四章　交　易

交易は数世紀のあいだに、都市の内部そして何より都市と都市の間で大いに発展した。無論、常に変わることなく発展を続けたわけではなく、またどこでも一様に発展したわけでもない。また交易の発展は農業や手工業の拡大と歩調を合わせていた側面もある。しかしながら、貨幣という媒介を使用することで本当の「商業」といえるものが発達すると、これが変化の原動力となり、また都市ごとの違いも際立っていった。交易がギリシア経済に占めた重みなど、もちろん評価することはできない。生業として商業に従事した人の数については、農業従事者よりもはるかに低かったことに間違いはない。しかしながら、農民、それからとりわけ手工業者（職人）は自ら生産した物を自身で販売する役割も担っており、したがって程度の差こそあれ、商業には多くの人が従事していたことになる。交易は多くの文献、金石文、考古遺物に痕跡を残している。もちろんそれらは交易の部門や地域に応じて一様ではないが、ときに活動の一端を細部に至るまで映し出してくれることもある。そのことは、以下に提示される諸問題が（本書では一般化した記述に留まらざるを得ないにもかかわらず）実に多様であることからも理解できるだろう。これらを検討することで、数多くの学術的論争の核にある、いくつかの根本的問題が浮かび上がってくる。

一　交易の条件

制　約

古代全体を通じて、交易が発達するには何かしらの足枷があった。例えば、境界線は幾重にも引かれており、また戦争や海賊、盗賊、拿捕の危険性もあった（29～34頁）。農業や手工業で自給自足実現に向けた努力がしっかり根付いていたことも、交易発展の足枷となった（106～107、118～119頁を参照）。加えて交易は、手工業製品と同じく常に需要に左右されるものであった。ところが古代ギリシア世界では、とりわけ距離が離れている場合には情報の流布に時間がかかり、また情報を得ようにも一般には個人のつながりに頼らざるを得なかった。最後に輸送速度の問題がある。数世紀の間にたしかにこの点でも発展は遂げていたが、それでもなお鈍重で、人や商品の移動は常にもたつき、取引コストに重くのしかかった。

ロバやラバなどを用い、荷鞍や荷車に乗せて運ぶ陸上輸送は、とりわけ距離の近い地域内交易を行う場合に用いられた。例えば、畑でできた農産物を穀物倉や酒倉へ、ことによると市場へと移送したり、あるいは手工業製品、石切場で切り出された石材、森で切り倒された木材などを都市や港に輸送したりする場合などに用いられた。荷鞍を運ぶ、あるいは荷車を牽く動物は、一日にせいぜい一五ないし二〇キロメートル程度しか移動できなかった。また移動するにしても、踏みならされてできた小径程度しかないこともしばしばで、悪天候の際には通り抜けることも難しかったが、荷鞍を乗せた動物にはそれでも十分だった（というより、むしろこの方がふさわしい輸送手段だった）。荷車に関しては、少なくとも発展していた地域、そしてペルシア王やヘレニズム君主の力を利用できるような地域では、舗装された道路網もある程度整備され、途中に中継点となる場所も設けられた。これらにはやがてローマ人が長距離かつ堅固な道路を付け加えることになった。もちろん、当初の目的は軍事的なものであったが（これらの道路網は書簡の輸送や軍隊・役人・使節の往来に用いられた）、交易の推進にもつながった。これらの道路は往来も頻繁で警備も行われていたため、盗賊対策という面では比較的安全であった。

航行可能な河川はあまりなかったが、商人たちは可能な限りごく頻繁に海に出た。輸送用の船（ギリシア人はこれを、細長い三段櫂船と区別するために「丸船」と称した）は、たいてい帆を使って航海した。このため風が航海を左右したが、気まぐれに吹くこともしばしばであった。夏のあいだエーゲ海では北から激しい風が吹きつけたが、とはいえ、春から秋にかけての季節は比較的安全に航海ができた。冬になると日が出ている時間も短く、天候もすぐれず、突風や嵐もあったため、航海は中断や遅延を余儀なくされた。また海流や暗礁なども避けなければならなかった。しかし世代を重ね、経験を積むに従って、航路も知られるようになり、いくつもの作品（『ペリプロイ〈周航記〉』と呼ばれた）に記述され、ときに地図や海図に記録されるようにもなった。航海は通常、日中に目視または推測航法によって行われたが、夜に出航し、星を手がかりに舵を切ることもあった。外洋よりもむしろ沿岸部を航海する方が好まれ、船は途中で何度も寄港をくり返した。港では日々商品が売買され、大きな港には各地からの産物を貯蔵しておく倉庫が整備された。商品はそこからさらに別のところへ移送されたのだろう。輸送船の最大積載量は多様だったが、世紀を経るごとに増大していった。これまでに発見されている沈没船から判断すると、古典期にはたいていの船が二〇～七〇トンの積荷を輸送できた。ヘレニズム時代には一二〇トンを越えることもしばしばで、その後も最大積載量はさらに増加を続けた。航海に要する時間は季節や航海条件、船の寄港回数によって大きく異なった。古典期の船の平均速度をおよそ三～四ノットと仮定すると、一日に辛うじて四〇キロほどしか進まなかったことになる。沖合での航海については、ヘレニズム時代にローマ・アレクサンドリア航路をはじめ、少なくともいくつかの航路の開発が進んだが、それでも沿岸航海がなお主流であり続けた。

打刻貨幣（硬貨）の拡散と経済の貨幣化

先に見たように（68〜72頁）、交易は打刻貨幣の使用により促進した。もちろんギリシア世界中に普《あまね》く、同じ速さで広まったわけではないが、打刻貨幣を価値評価と支払いのための普遍的な手段として用いることで、史上初の貨幣体系をごく短期間のうちに作り上げたのは、たしかにギリシア人であった。彼らはとりわけ銀を使用した。貴金属のうちで最も入手が容易だったためである。金に関しては、入手できる場合、貯蔵に回す傾向が見られた。金貨も銀貨も共に貯蓄にも回され、またそれ自体商品にもなった。金の方が明らかに高価であり、銀との相対的価値は、ペルシア帝国ではおよそ安定していて、一対一三と三分の一であった。前五世紀のギリシアでは金の価値が最高潮に達し、アテナイでは前四三四／三年、金が銀の一六と三分の二倍の価値を持った。これを過ぎるとその比率は数年で一対一五まで下落した。南イタリアやシチリアも同様であった。同世紀の終わりまでに比率は一対一四ないし一対一二程度となる。後者の比率は、前四世紀前半、多くの都市で確認されているが、前三三五年のアテナイでは一対一〇になっていた。最終的に、アッティカ標準を受け入れた地域では、この交換比率が、ヘレニズム時代のあいだ基準として用いられ続けた。金の価値の下落は、需要・供給バランスの問題と、金銀の相対的供給量の差異に起因していた。卑金属である青銅の場合、その価値はもっぱら信用に依存し、地域内で限定的に使用されるに留っていた。青銅貨の価値は、その地域の価値体系に応じて、八分の一オボロスないし一二分の一オボロスであった。

銀貨の使用が前五世紀にますます拡大した一方、前四世紀には少額青銅貨が大規模に製造され始めた。これは特に地元での使用、日々の取引で用いることを念頭においたものであった。支払いや報酬は間違いなく、相変わらず現物でも行われていた。例えば、ヘレニズム時代になってもなお農産物に課される税については、一部、収穫物現物で収めることになっていた。徴税請負人（または徴収役）はこれらを売却し、徴税主体である都市（または王）に現金の形で引き渡さなければならなかった。また実際に硬貨をやり取りすることなく、商品が貨幣的な価値に従って交換されることもありえた。経済全体の貨幣化はこの時代からすでに進行していたのである。打刻貨幣は交易をより柔軟なものにしたばかりではなく、個人が動産（ギリシア人がいうところの「見えない財産」）を蓄積することを可能とし、また「クレジット（融資）」の発展を促すことにもなった。

未開派《プリミティヴィスト》はしばしば貨幣流通量の少なさを強調する。たしかにこれは経済発展を減速させることにもつながる。また、実際に貨幣不足に陥った都市や個人がいたことは、史料からもたしかに確認されている。しかしながら、戦時など、貴金属の供給が枯渇しかねない例外的な時期を除けば、そうした貨幣不足は、私的、公的な貨幣蓄蔵に起因する一時的な事態であることも少なくなかった（私的な蓄蔵貨幣は、いつの時代のものであれ、発掘を通じて大量に出土している。また聖域内に蓄蔵された貨幣が公的会計文書に記録されることもあり、ときにきわめて高額な場合もあった)。実際、金や銀は常に金属としての価値を維持していた。他方で、今日では造幣所の生産力を再評価し、高く見積り直す傾向が見られる。前二〜一世紀、そして後一〜二世紀の間に利用可能だった貨幣流通量《マネーサプライ》は、はるか後、一七世紀のオランダや一八世紀のフランスが利用できた量に比肩するほどのものであった。

ギリシア人は貨幣の流通がどのように機能するかを理解していた。例えば、クセノフォンは『財源論』(四巻一〇章)において金の価値下落、銀の安定性を語る際に、需要と供給の原則に言及している。しかし、市民たちが貨幣流通量の維持に配慮していたとは考えがたく、まして地域の流通量を統制し、価格に影響を与えようとしていたなどということはありそうもない。そうした仮説を支持する文書も存在しない。

貨幣の統一

諸都市がそれぞれ自国の貨幣を製造し、さらに多くの場合、領域内では自国貨幣を使用するよう求めていたため、ギリシア各地で実に多様な貨幣が製造されることとなり、そのため通貨交換が必要となる機会も増大した。幸い、多くの都市が共通の重量基準を採用していたため、基本となる重量単位については、およそスタテルかドラクメ、二体系からの二者択一で済んだ。最も古く、そもそもっとも広範に利用されていたのはアイギナ重量基準で、これに従えば一スタテルはおよそ一二・二グラムに相当する。これはギリシア本土の大半の地域（ペロポネソス半島、ボイオティア地方、フォキス地方、テッサリア地方）、クレタ島、キュクラデス諸島の大半、カリア地方、テオス、ミレトス、そして黒海周辺に建設されたミレトス植民都市などで採用された。エウボイア・アッティカ重量基準は一ドラクメが四・三グラムで、やがて広範に採用されることとなる。いくつかの貨幣がまもなく交易商たちの人気を博することとなり、国際通貨の役割を担うこととなった。古典期に最も広範に利用されたのは、ペルシアのダレイコス金貨（約八・四グラム）、キュジコス・スタテルのエレクトロン貨（約一六・四グラム）、そしてアッティカ・テトラドラクメ（「四ドラクメ」）銀貨（約一七・二グラム）であった。

ところが前五世紀前半にはアテナイの通貨が次第にエーゲ海世界を席巻し、さらにその他の地域にも広まっていった。ラウレイオン銀山のおかげで（上述130頁以下）銀含有率の高い貨幣を豊富に製造できたことも一因ではあるが、同時に前四七八／七年に結成されたデロス同盟が支配的な政治力を振るった結果でもあった。今やいくつもの都市が徐々に自国銀貨の製造を放棄し、国内取引用に青銅貨を発行しつつ、対外交易にはアテナイの「梟」貨を使用するようになった。こうしてアテナイの通貨はしだいに事実上絶対的地位を占めるようになったのち、ペロポネソス戦争の直前、もしくは同戦争中に（年代は議論の的となっている）その地位を正式に確固たるものとした。すなわちアテナイは自らの通貨、度量衡の使用を同盟諸都市に強制したのである（Austin and Vidal-Naquet, no. 101〔『西洋古代史料集』二版三五番〕）。この決定が及ぼした影響については議論の余地があり、実際のところ、自国の銀貨をなお発行し続けた都市もいくつもあった。しかしアテナイ人には実務上の便益があった。すなわち、この決定により同盟諸都市がアテナイに貢租を支払う際、納付する貨幣が統一されたため、計算や管理が容易になったのである。さらにこの通貨決議は、同盟諸都市の自治を蔑ろにしたアテナイの権威と権力の表明でもあった。そして最後に、この決定によってアテナイには具体的な利益がもたらされた。というのも、巨額の同盟貢租金は今やアテナイのテトラドラクメ貨で支払わねばならず、したがってこの硬貨はもはや質について異論を挟まれることもなくなり、また製造量も増大した。アテナイの貨幣はこうして国際通貨としての地位をいっそう高めた。ペロポネソス戦争でアテナイはたびたび軍事的失敗をくり返し、前四〇四年には敗戦を迎え、その後さらに困難が続いたものの、アテナイの地位が揺らいだのはたった数年で、わずかの間に再建されるに至った。前四世紀半ば、クセノフォンは『財源論』（三章二節）でこのことを明確に述べている。この状況はヘレニズム時代に至るまで持続した。前四世紀の半ば（これも年代について論争がある）にはマケドニア王フィリッポス二世がスタテル金貨（八・六グラム）を発行したが、さしたる変化をもたらすことはなかった。プラトンが述べているように（『法律』五巻七四二a）、広範に流通する通貨と地元の日常用貨幣の違いは明確であった。地元用青銅貨の製造は前四世紀に本格化し、その後一般化していった。

アレクサンドロス三世は東方世界の征服を果たしたのち、この現象をさらに広範に拡大させた。彼はアッティカ標準に準拠し、これに自らの像を施した銀貨を瞬く間に大量に流通させた。この「アレクサンドロス貨」は、ヘレニズム諸王や各地の都市がそれぞれの型で製造したが、セレウコス朝支配下の東方地域、そして東地中海の大半の地域で、ヘレニズム時代を通じて有効な国際通貨となった。もっとも、エジプトが例外であることはよく知られている。そこではラゴス朝がより閉鎖的環境を作り出し、より軽量の硬貨を用いていた。ほかにも時代によって一時的に国際通貨となった硬貨もあった。ロドス、アカイア連邦、ペルガモンの貨幣がそれにあたる。もっとも、その一方で国内用の地元青銅貨や銀貨も途絶えることはなかった。

図8　古代ギリシアのさまざまな銀貨
ボーデ博物館（ベルリン）所蔵

ローマによる支配が及ぶと貨幣統一の過程が完成へと至った。前二世紀以降、ローマの軍団により東地中海にデナリウス貨が導入された。これも一世紀半ばまでは、まだ広範に流通するには至らず、初めは単に会計上の貨幣単位として機能していたに過ぎなかった。当時はまだ「アレクサンドロス貨」やそれぞれの地元貨幣がなお流通し続けていたのである。実際、一デナリウスにはアッティカ重量基準の一ドラクメと同じ価値が認められた。最終的にアウグストゥス時代以降、帝国の金貨・銀貨・青銅貨が恒常的に製造され、流通していったことから、一定の統一的状況が確立された。実際、貨幣製造は皇帝の管轄であった（ただし製造自体は首都ローマ以外で行われることもありえた）。しかしながら、旧来の貨幣はなおも大量に流通し続けた。またそうした貨幣の単位や重量基準は、帝国の貨幣にも、さらにローマの行政機構の監督下で製造された属州通貨、そして地域通貨（主に青銅貨）にも用いられ続けた。交換する義務はこうして根強く残った。〔帝政下で〕変わったところといえば、ヘレニズム時代と同じように、一つの国際的通貨が流通したということであった。場所を問わずどこでも独自貨幣のみを使用するよう強制する野心や方策を持っていた中央権力など存在しなかったのである。

銀行の誕生と拡散

早くも前六世紀の後半、商取引を行う場で貨幣交換をする必要性から両替商という職業が生み出された。次の世紀には、銀行といっても申し分ないものが登場するに至った。両替商が金銭を預かり、それを利用して業務を行うようになったのである。当時、銀行は「トラペザ」と呼ばれた（現代ギリシア語でも同じである）。これは「机」（もしくはカウンター）が業務に用いられていた事実に由来する。銀行家自身はトラペジテス（複数形トラペジタイ）と呼ばれていた。この職業は古典期以降、諸都市に拡散し、一部の者には一財産を築くことも可能となった。そのうち最も有名なのはパシオンである。彼は初め二名のアテナイ人銀行家が所有する奴隷であったが後に解放された。前四世紀初め、彼は元主人らが所有する銀行を引き継ぎ、やがてアテナイ市に対する貢献を認められて市民権を授与された。彼は死亡時に遺産として二〇タラントン（一二万ドラクメ）相当の不動産、五〇タラントン（三〇万ドラクメ）以上になる債権を遺し、そのほかにペイライエウスにあった銀行は収入一万ドラクメをもたらし、盾工房は六〇〇〇ドラクメ相当の利益を上げていた（デモステネス三六番弁論「フォルミオン擁護」五、一一節）。

銀行は、自らの資金を安全に預けておきたい私的個人から預金を受け取った。預金の目的は、支払いまたは振り込みに用いるか（指示書の宛名は受取人ではなく、銀行家であった）、あるいは利子を手に入れるためであった。諸都市で利子率が法や規制の対象となることは滅多になかった。にもかかわらず、極端な状況を除けば、利子率は数世紀にわたって安定していた。前四世紀には通常一二パーセントであった。やがてヘレニズム時代に至って一〇パーセントまで下落するが、これは一面でアレクサンドロスが莫大な貨幣を供給した結果でもあった。銀行家はまた、契約書の作成や保管といった種々のサービスも提供していた。一番重要だったのは、もちろん融資《クレジット》であった。銀行は一般に、返却期限を特定しない、高金利（一八パーセント以上）の短期融資を行った。しかし彼らの顧客は融資希望者であれ、預金希望者であれ、概して富裕者か十分に資産のある人間であった。およそ庶民は預託する資金もなく、また金が必要なときには、友人、家族、あるいは金貸しから調達していた。富裕者が借金をする動機については、これまでも議論の対象となってきた。アテナイの史料が示唆するところでは、彼らは例えば娘に嫁資を渡すときや、公共奉仕のような市民としての義務を果たすときなど、ごく短期的な流動資金（現金）を必要とするときにだけ借金をしていたのであった。これらは今風にいえば消費者金融であった。場合によっては、そうした資金が商取引に投資されることもあったかもしれない。しかし、のちに見るように（後述173～174頁）、この領域でもっともリスクの高い融資は銀行から貸し付けられたものではなかった。同様に、銀行が都市に対して融資を行った形跡も現存史料には確認されていない。

ほとんどの銀行は個人が所有するものであった。ただしヘレニズム時代になると、公的な銀行《デモシアイ・トラペザイ》もアテナイ、デロス、テノス、コス、ミレトスなど、いくつかの都市に姿を見せるようになった。これらは私的個人に融資をすることもあったが、たいていは純粋に都市行政に関わる技術的な任務を果たした。すなわち国庫資金の保管、ある種の予算関連業務の管理、収入の受領、支出の支払い、一時的に資金難になった場合の現金前貸しといった、定型的な業務をくり返していた。同じように裕福な神殿の中には、ある種の銀行業務を行うところもあった。最もよく知られているのはデロスである。とりわけ個人や都市に対する中長期の貸付を行い（上述61頁）、利子率は私的な銀行や私的個人よりも低く抑えられていた。

二　交易のレベル

交易にはいくつかのレベルがあり、それらは実際には密接に関連しあっているが、それでもなお区別して考える必要がある。

地元レベルでの交易

青銅器時代に共同体が形成されて以来、古代を通じて都市およびその下位区分が、地元で行われる交易に、ごく自然の、不動とも呼べる枠組みを提供した。たしかにこのタイプの交易は最も古くから行われ、いかに政治的な変動があろうと最も安定していた。おそらく古代の商業が日々一番重大な役割を果たしていたのは、この慎ましいレベルにおいてのことだったのだろう。それは間違いなく、商品の価値や取引額の規模によるものではなく、むしろ取引量と取引に関わる人間の数の問題であった。実際、地元の住民間では何世紀にもわたって手工業製品はもちろん、作物や畜産、漁労、それから林業や植物採集といった関連の活動で得られた余剰物が交易され続けていた。その一方で、耕作者の中には生産物の全てまたは一部を、地元市場に向けて供給するようになる者も徐々に現れてきた。この動きは、交易の多様性がかなり進み、また貨幣使用が一般化していることを前提としていた。例えば前五世紀半ばころ、ペリクレスはいつでも自分のところの収穫を全てまとめて市場で売却していた（上述107～108頁）。それから一世紀ののち（前三三〇年ごろ）、同じくアッティカ地方の富裕な土地所有者（所領の広さは四〇～六〇ヘクタールに及ぶ）ファイニッポスは、伐採した木材の売却を行っている。このとき彼は年がら年中、六頭のラバで木材を運ばせており、毎日一二ドラクメ以上稼いでいたとされる（伝デモステネス四二番弁論「ファイニッポス告訴」七および二四節）。こうした行為はすべて、都市のレベルで自給自足であろうとする姿勢と軌を一にするものであった。

小売店もしくは小売商（カペロイ）といったものが登場するのは、この文脈においてである。こうした職業は早くも前古典期に姿を見せている。これらが果たしていたのは、単に仲介者の役割に過ぎない。というのも、農産物や手工業製品の全てが生産者によって直接販売されていた訳ではなかったのである。さらに外部から食料品や品物が到来すると、これらが地元産品に加わり、市場に到達するようになって、市場は小売業がもれなく行われる場所となった。

おそらく当初は交易活動に統制が及ぶことなどあまりなかった。しかし利便性の問題から、そしてとりわけ課税に対する関心から、都市中心部の特定の場所に交易活動の空間が設定されるようになった。それは一般にアゴラ（公共の広場）の共有スペースに位置していた（アゴラは政治または宗教上の集会にも用いられた。ギリシア語の動詞アゴレインは集まることを意味している）。しかし、例えばテッサリア地方をはじめ、商業用アゴラといわゆる「自由アゴラ」と区別し、後者では交易を行わせないという都市もあった。アリストテレスにはこれが理想であった（『政治学』七巻一三三一a三〇～b四、Austin and Vidal-Naquet, no. 129）。都市が確立してゆくにつれ、市場はしだいに利便性を増し、ひとたび大規模な公共建築、宗教施設が建設されるようになるや、前六世紀以降は市場にも適切な建物が付設されるようになった。古典期以降、交易と交易に必要な設備は、都市のアゴラの中でいっそう広い空間を占めるようになっていた。一定規模の都市であれば、都市部のアゴラと呼べるものが複数存在し（例えば、アテナイとペイライエウスのように）、さらに地方にもアゴラがあった（アッティカ地方では区の管轄だった）。アゴラであらゆる商品が全般的に扱われることもあれば（アゴラ・パントポリス）、各アゴラが例えば日ごとにチーズ、家畜、穀物、食肉、魚類などといった商品ごとの市場に分けられることもあった。

祭典《パネギュリス》

また交易は、都市が催す祝祭と結びついて行われることもあった。祝祭は宗教儀礼、運動競技、音楽競演などで構成されるのが通例であったが、さらに特別の市場を開く機会ともなった。これは来場者の食事の確保のみならず、種々の交易を実施するために開かれたものでもあった。こうした祝祭は数も多く、数日にわたって開催されるのが一般的であった。毎年開催されるものもあれば、一年に数度開催されるもの、逆に隔年や四年に一度というもののもあった。これらはたいてい地元レベルか都市周辺地域レベルで行われる祝祭だったが、中には全ギリシア的広がりを持つものもあり、時代を経るにつれて、とりわけ前三世紀後半以降にそうしたものが倍増していった。祝祭には儀礼参加者や芸術家、運動競技選手、それからただ興味を引かれただけの人など、多くの人々が惹きつけられ、ときに大群衆が押し寄せることもあった。この世俗的（非宗教的）要素は中世の大市にも匹敵する。こうした集会はパネギュリスと称され、普通は祝祭全般を意味していたが、とりわけその商業的な側面に対して用いられることもあった（しかし後者は、単にアゴラと呼ばれることも多かった）。

規模の大小を問わず、こうした市は長期間継続するものでなく、しばしば臨時の場所で仮の店舗を用いて開かれた。しかし開催は定期的で、日常的な交易を補う役割を果たした。このような観点から見ると、これらの市は地元商業とより広い地域の商業の中間を占めるものであった。実際、一方では、日常にはないほどの人々が祝祭に集まるために、農民や手工業者、地元商人には産品販売の良い機会が提供されることとなった。他方、市には近隣の商人や行商人たちが引き寄せられ、地元住民が日々暮らしている中では滅多にお目にかかれないような産物をもたらし、おそらく通常より高値で販売したことだろう。パウサニアスはフォキス地方の小都市ティトレアの祝祭について記述する際、そうした状況を叙述している（『ギリシア案内記』一〇巻三二章一四～一六節）。そこではイシスを祀る三日間の祝祭が春と秋、年に二度催されていた。商人たちは店舗あるいは屋台（スケナイ）を自ら葦や木を用いて作っていた。市の開催は三日目だけで、奴隷や家畜、衣類、銀や金が売り買いされた。そしてこれもすぐに終わり、午後には供犠が行われた。

地域の交易と長距離交易

これら二つのレベルの交易は共通要素が大変多く、両者を組み合わせずに提示するのは難しい。しかしながら、よくあるように初めから両者をない交ぜにしたりはせずに、近年発表されているいくつかの研究に倣って、まずは地域の交易が持つ重要性を強調すべきであろう。周辺地域で行う交易の量は、常に長距離交易に優っていたか、少なくとも同等であった。実際、輸送に多大な時間と費用がかかったことを考えると、たいていの産品はいつでも可能な限り短い距離で流通していた。それはつまり、同じ伝統を共有していたり、利害が一致していたり、適切なコミュニケーションの手段を持っていたりすることで結びついた、近隣都市間での交易を意味していた。そうした地域レベルの交易には、エーゲ海世界の外側、後背地に暮らす非ギリシア人住民も加わっていた。こうしたネットワークはたいていの場合、せいぜい数十キロメートルの範囲を超えることはなかったようだが、当然、柔軟性があり、また同時に複数存在していた。

他方で、前八世紀以降、交易はかつての衰退期からいっそう大規模な回復を見せ、地中海全体を巻き込むようにすらなっていった。ギリシアの交易関係は大植民時代を通じて大いに発展した。フエニキア人やエトルリア人の交易関係が厚みを増していった時代とも一致している。沿岸の諸都市からはさらに遠くガリア（南フランス）やスペイン、中央ヨーロッパ、北アフリカ、そして近東といった地域にまで交易上のつながりが拡大した。最も活発な都市はこの時期であれ、のちの時代であれ、地域ネットワークのハブともなった。小アジアではミレトスやスミュルナ、フォカイア、ファセリス、ギリシア本土側ではアイギナ島（アテナイと競合し、後者が勝利するまで）、アテナイ（前六世紀以降）、コリントス（東西を分ける地峡地帯に位置していたおかげであった）、イオニア海ではコリントスの植民都市であるコルキュラ（母市と同様の理由）、エーゲ海ではタソス島、海峡地帯ではキュジコスとビュザンティオン（航路の往来が頻繁であった）、ナイル・デルタではナウクラティス（当初はギリシア向け穀物が積み替えられる交易基地に過ぎなかった）、アフリカではキュレネ、西方ではタラス、シュラクサイ、マッサリアがそれにあたる。安定的なネットワークが母市と植民都市の間にも確立された。例えばミレトスと黒海沿岸地域、コリントスとシチリア島の間にそうした関係が確認できる。古典期にはアテナイの政治的な力により、外港ペイライエウスが二世紀にわたって、東地中海全体で最も主要な物資集積・輸送センターの地位にあった。同地で見られる多様な産品の数々を、多くの著作者が誇らしげに語っている（デモステネス二〇番弁論「レプティネス告発」三一〜三三節、イソクラテス四番弁論「パネギュリコス」四二節、Austin and Vidal-Naquet, nos. 81 and 83）。アテナイはこの当時、強力な同盟の盟主であり、その資源と富は他の諸都市をはるかに凌いでいた。艦隊が周辺諸海域を警備することも可能で、商品輸送の護衛役も務めていた。黒海沿岸からペイライイエウスに向かう穀物船は、とりわけ警護の対象となっていた。

ヘレニズム時代には、エジプトや近東の大半の地域で新たな交流に門戸が開かれ、その結び付きはさらにサハラ以南のアフリカ、アラビア、インド、そして極東にまでつながっていった。東地中海ではもはや商業の中軸が移動していた。エーゲ海ではロドスがアテナイに取って代わり、ラゴス朝の首都アレクサンドリアと共に東と西、北と南を結ぶ最も重要な交差点となっていた。前一六六年以降にはローマが創り出したデロス島の自由港が商売・商取引の中心地となった。ヘレニズム時代も後半になると政治状況により東地中海の生産と交易は深刻な危険に曝され、長期にわたっていくつもの都市が荒廃するに至った（上述29～30頁）。しかしながらローマ帝国とパクス・ロマナ（「ローマの平和」）が到来すると、商業の復活および拡大が促された。帝都ローマが生産物や奴隷をいっそうさかんに吸い上げ、地中海における最も重要な金融・商業センターとなった一方、ギリシア本土の諸都市もふたたび、あるいは新たに重要度を増すことになった。そのうちの一つはコリントスである。同市は前一四六年にローマに破壊され、一〇〇年後に再建された後、アカイア属州の州都となっている。（アウグストゥスにより建設された）ニコポリスやパトライ、アテナイ、アルゴス、フィリッポイといった都市も同様であり、さらには例えば小アジアのニコメディアやエフェソスなど、ほかにいくつもの都市を挙げなければならない。このときにはもはや多くの都市がある程度の、あるいはかなり長距離にわたる交易に従事するようになっていた。

いかなる産品が流通していたのかは比較的よく知られており、多少の違いはあるにせよ周辺地域との交易でも長距離交易でもおよそ同じものが扱われていた。多くは基本的な需要に応じたもので、穀物、ワイン、オリーヴ油、野菜、果物、魚、動物の皮革、羊毛、織物、衣類、奴隷、家畜、木材、石材、大理石、金属、道具類、武具、土器類などが扱われた。明らかに腐ってしまう食料品は、果物のように乾燥させたり、魚のように塩漬けにしたりしなければ長距離輸送に耐えられなかった（魚の場合は乾燥させることも、塩水漬けにすることもできた）。また石材や木材など重い物は切断して軽くしなければ、大きさや重さの関係で外洋での輸送にはおよそ耐えられなかった。穀物や金属、建設用木材、奴隷などといった品物は、都市によっては近隣では見つけることができないものであった。また奢侈品、例えば宝飾品や豪華な衣類、芸術作品、象牙、香油、香辛料などは、長い距離を越えて到来した。というのもこれらは比較的軽量で高価であったため、輸送にかかる費用とリスクが相殺されたのである。いくらでも交易品目を挙げて行くことはできるが、ここでそれらを記すことはほとんどできない。その代わりに、第二、三章で列挙した地元産品の一覧をご覧いただきたい（108〜109、123頁）。

穀物《シトス》は不可欠の食糧でありながら、多くの都市が定期的な輸入に頼らざるを得なかった。ときに長距離交易となることもあり、とりわけ黒海沿岸地域、キュレナイカ、エジプト、シチリアから輸入された。この問題は多くの文献、金石文で語られており、とりわけアテナイの法廷弁論作家は同国の状況についてくり返し言及している。その一人デモステネスによれば（二〇番弁論「レプティネスに対して」三一〜三二節、前三五五／四年のものとされる）、アテナイほど多くの穀物を輸入に頼らざるを得ない都市はほかになく、そのうち半分（四〇万メディムノス）はキンメリアのボスポロス王国（黒海北部、ケルチ海峡周辺）から輸入していたという（後述195〜196頁参照）。こうした印象的な数値があるため、ここから都市の穀物需要や人口規模、平均消費量、自主生産能力などについてあらん限りの推定が行われてきた。しかし実際のところ、この数値が年平均を示しているのか、ある特定の年の輸入量を示しているのか、後者の場合、豊作の年なのか、それとも凶作の年なのか、誰にも分からない。それ以外には最近公刊された前三七四／三年の法碑文から、この時期、アテナイではレムノス島、インブロス島、スキュロス島（アテナイ人が多数暮らしていた）で収穫された穀物を現物納付の課税対象としていたことが知られている（Rhodes & Osborne, no. 26）。全体では三万一〇〇〇メディムノスと計算されており、そのうち五分の四がオオムギ、五分の一がコムギであった。この法の規定では、一メディムノス（容量単位）と一タラントン（重量単位）の関係が確定されている。ここから、これらの穀物が従来想定されていたよりも軽かったということが判明した。すなわち、オオムギ一メディムノスが一タラントン、すなわち二七キログラムほどに相当し、コムギ一メディムノスはおよそ三一キログラムに相当する（四〇キロということはない）。言い換えれば、黒海からの穀物四〇万メディムノスは重量に換算すると、およそコムギで一万二四〇〇トンあるいはオオムギで一万八〇〇〇トンに相当する。島嶼部から来る分はコムギ、オオムギを合わせて年間一〇〇〇トン近くになる。また前三三〇年から前三二五年の間、およそ食糧不足が蔓延する中、北アフリカのキュレネが八〇万メディムノスを超える穀物を本土ならびに島嶼部に属する四三のギリシア諸都市に輸出したことも知られている。碑文には各方面への輸送量が一覧にして刻まれている。かなりの欠損はあるが、アテナイだけで一〇万メディムノスを受け取っていたことは明らかである。これに対して、例えばアルゴスではその半分の量、デルフォイは一〇分の一しか受け取っていない。こちらのメディムノスはラコニア式で計算されたものなのか、アイギナ式で計算されたものなのかが不明なため、キログラム単位に正確に換算することはできない（Rhodes & Osborne, no. 96）。

これらの生産物は主に海運により流通した。生産地からエンポリオンと呼ばれる荷物の積み卸しを行う交易所を経由し、そこから最終的に各地のアゴラに届けられ、そこで小売商の手で売却されることになる。エンポリオン（交易所）にもさまざまなタイプがあったが、ここでは都市の枠組みの中でそれらに備わった特徴を示しておけば十分だろう。エンポリオンでは、あらゆる輸出品、輸入品が取引され、またそれに対する監督が行われていた。たいていの都市には港が一つあったが（コリントスのように二つ、アテナイのように三つあったところもある）、エンポリオンはしばしばそれ（ら）と一体化し、あるいはその一部をなしていた。その範囲は常に厳格に定められていた。前古典期の初め、港湾機能はまだ初歩的であったが、諸都市はアゴラとともに徐々に改善を重ね、エンポリオンに必要な建物、施設、すなわち防波堤や灯台、埠頭《ふとう》、船庫、倉庫、商品申告のための税関、税の納付場所といったものを整備していった。

今日では、かつて「近代派《モダニスト》」の研究者たちが信じていたような市場観は、ほとんど受け入れられていない。すなわち、地中海全体あるいは古代世界全体に一つの巨大な市場があり、そこであらゆる種類の製品が長距離輸送の末に取引されていたという考えは支持されなくなっている。たしかに前古典期以来、長距離交易ルートが確立され、その後も絶えず多様に広がり続けていた。またヘレニズム時代になると共通ギリシア語（コイネ）が東地中海地域や中東の各地にさかんに広まり、帝政期には西方世界でもラテン語が徐々に広がっていった。しかしながら、たしかに地中海は政治的に統一され、平穏になりはしたものの、交易はおよそ周辺地域との取引がなお主流であり続けた。その理由は明らかである。例えば、これは独立期のデロス（すなわちエンポリオンが自由港であると宣言される前の時期）にもたしかにあてはまる（上述165頁参照）。基本的に交易が行われていたのは近隣のキュクラデス諸島で、価格は地元もしくは周辺地域の事情に応じて変動していた。古代世界における交易は、このようにいくつものネットワーク群に分かれていた。商人たち自身、おそらく自分の得意地域（群）があり、その領域内では行程や利用者も熟知しており、人々と親密な関係を形成していたのだろう。しかし別の地域に移動してみると価格差が生じることもあり、商人はそれで利益を得ることもあった。実際、これらのネットワークは隔絶した回路ではなかった。ネットワークは相互に絡み合っており、また長距離交易もいわばそこに重なり、連携して機能していたのである。

三　商取引の世界

商人の類型

およそ商取引に従事していた人々は、おそらく自分たちの活動が哲学者たちの懸念を煽り、批難を招いていたことに気づいていなかった（上述38～39頁）。しかし商人といっても、種類別、そして実際、社会層の違いに応じて分けて考える必要がある。ギリシア語ではその区分が明確に示されていた。哲学者たちが金銭欲と不誠実さに関して何より非難していたのは、中央広場《アゴラ》の小規模な店主《カペロイ》たちであった。彼らはアリストファネスのような喜劇詩人の格好の標的となっていた。また彼らが日常生活の中で尊敬されることもまずなかっただろう。しかしこの人々についてはあまりよく分かっていない。彼らの多くは在留外国人で、中には主人が奴隷にやらせる場合もあった。他方、アテナイのような都市では市民がそうした小売商となる場合もあった。

エンポリオンを仕事場としていたのは「エンポロス」と呼ばれる人々であった。彼らは仲卸商品の売り買いをするとともに、ある程度の距離を移動する商取引に資金を投じていた。航海そのものは「船主《ナウクレロス》」と呼ばれる人々の事業であり、もちろん彼らも自分たち自身の商品を購入・輸送・売却することができた。古典期以降、エンポロスやナウクレロスはとりわけメトイコスすなわち在留外国人である場合が多かった。たしかに彼らの財力は人によって大きく異なっていた。しかし現存する顕彰碑文が示すように、かなりのエンポロスが穀物不足の際に穀物の低額販売あるいは無償提供をして都市国家に奉仕し、その結果、市民たちから感謝され、表彰されている。すなわち彼らは自らの財力を基盤として大盤振る舞いをすることで、市民から一目置かれるようになっていたのである。

前古典期の状況はあまりよく分からない。すでに前七〇〇年ごろ、ヘシオドスは『仕事と日』の中である種の海上交易《エンポリエ》に言及している。それは小規模な耕作者が債務や空腹から逃れようと願い、普段の仕事を補うべく春そしてとりわけ夏の盛りに従事するような交易であった（六一八～六九四行）。それから時代が下ると、長距離交易に従事する富裕貴族がいたことも知られている。一人はアテナイのソロンで、彼は前七世紀の終わりに「エンポリア（海上交易）」に従事していたという（プルタルコス『ソロン伝』二節）。およそ同じころにはサモス島のコライオスが、それから次の世紀になるとアイギナ島のソストラトスが、仲間や乗組員たちと共に自らの船で地中海を往来していた（ヘロドトス『歴史』四巻一五二章。彼はコライオスをナウクレロスと記している）。こうした者たちはおそらく自分の土地の余剰生産物を売却して、金属や奢侈品などさまざまな商品を購入していたことだろう。また略奪や海賊行為に手を染めることもあったかも知れない。同等の人間同士の取引においては、威信財の贈与交換という形をとることもあった。これは僭主や、ホメロスの世界では友人・賓客関係で結ばれた王や貴族が好む形態であった（ホメロス『オデュッセイア』一巻一八〇～一八九、三〇六～三一八行、Austin and Vidal-Naquet, no. 26）。このような生き方であれば、敬意を示すに値するものとみなされていたであろうが、おそらく彼らの暮らしにとって不可欠の基本的な要素ではなかった。というのも彼らは何より土地所有者であり、傑出した市民だったからである。他方で、職業として商業に従事する者もおり、富裕な者もあれば、そうでない者もいて、その数はたしかに増大していた。しかしながら、そうした人々についてはほとんど知られていない。

利益追求主義の発展

利益追求主義の始まりを見ることができるのも、古典期のアテナイのことである。たしかに豊かになりたい、利益を上げたいという願望は世界史の始まりからある。しかしながら、活力が格別に満ち溢れ、繁栄を極めたこの都市では、そのような性向が社会の中で確立され、広まってゆくのにもあまり制約はなかった。これまで既にそうしたことを示す兆候をいくつも示してきた。ペリクレスやその追従者たちが実行したオイコノミア・アッティケ（アッティカ風の家政、オイコス経営）（107～108頁）、クセノフォンが『家政論』に記した利益獲得のための理論（42頁）、アリストテレスの目の前で生じていた金の亡者ぶり（39頁）。しかしこの現象はアテナイのみに特有というわけではなかった。もしアテナイ以外の商業にオープンな都市にも同じジャンルの史料が残されていれば、同様の傾向がきっと同じくらい早い時期から見られたことだろう。実際、とりわけヘレニズム時代以降には、社会の上層が農業や手工業関連事業においてますますこの種の投資をするようになっている（上述108～109、122～123頁参照）。また周辺地域との交易や長距離交易を通じた市場があったために、そうした投資活動はますます拡大することができた。広大な土地、大規模な家畜群、数多くの工房などを所有していた人々がときに輸送用の船、さらには個人の港をも所有したり、あるいはナウクレロスたちと共に商取引に参画したりすることもあった。彼らは金が儲かる事業に、とりわけ前四世紀のアテナイに見られたような海上貸付事業に投資していた。

実際、船の手配や商品の購入は大規模な投資を必要とすることもあった。さらに海上の移動や輸送にはいくつものリスクが伴い、そこから海上貸付が生まれた（冒険貸借とも呼ばれる）。これらについては前四世紀のアテナイで行われた演説のおかげで比較的よく情報が残されている。しかし、これらはおそらくそもそも前の世紀にすでに始まっていた。貸付はエンポロスかまたはナウクレロスに対して、船もしくは積荷、ことによるとその両方を担保として行われた。契約では積荷の中身、航海の行先や中継場所（片道か往復か）、利子率や貸付の担保、貸付金回収方法など、事業の詳細が全て取り決められた。貸主は難破や海賊の襲撃、その他の事故により丸損になるリスクも抱えていた。しかし航海を無事成功させることができれば、利益は二〜三割にもなった。この種の契約のうち、知られている限り最も古いものが、前四世紀半ばの演説、デモステネス弁論集所収の「ラクリトスに対して」（三五番弁論一〇〜一三節）に記録されており、この時点ですでにきわめて詳細な契約が交わされている（Austin and Vidal-Naquet, no. 121）。この契約では貸方がアテナイ人およびカリュストス人で、請負事業者（借り手）が二人のファセリス人であった〔カリュストスはエウボイア島のギリシア都市。ファセリスは小アジア南西部のギリシア都市〕。我々にとって注意すべきことは、商業でも手工業と同じように共同事業（パートナーシップ）について法的根拠がなかったということである。法は個人だけを対象としていた。

この種の商取引では個人的な関係が大きな役割を果たした。というのも大規模な貸付は相互の信頼に基づいていたためである。当事者たちは互いをよく知り、頻繁に手を組んで、費用とリスクを分け合った。また彼らはほかに財務上の融通が必要となったときにもこの種の関係に頼り、例えば銀行に融資を依頼するのではなく、相互に一定額の貸し借りを行うなどした。同様に諸都市もまた融資が必要な場合には、こうした人々に頼りがちであったらしく、例えばアモルゴス島出土の碑文に刻まれたきわめて詳細な六つの契約がそうした状況を明らかに示している。これらはアレクサンドロスならびにその後継者たちの時代に石碑に刻まれたものである（L. Migeotte, *L'emprunt public*, nos. 49-54〔『ギリシア碑文集成』一二巻七、六六〜七〇〕）。こうした人々の中には、たしかに手工業や商業で富を築いた在留外国人や外国人が数多くいた（自分自身がエンポロスだった場合もあった）。不動産を所有できなかったこうした人々が、大規模な商取引に向かっていったのは当然のことである。しかし最上層の市民もまた同じようにこうした事業に参画した。彼らは自らの資産を育てる一方、必ずしも事業主として振る舞うことはなく、ときに好奇の目を向けられることのないよう、代理人を使用することもあった。

以上、エリート商人についてだいぶ説明を加えてきた。彼らの手法は明らかに現代の資本主義とは異なる。しかしながら時代ごとに利用可能な知識や手段が異なることを考慮に入れれば、彼らはある種の経済的合理性に従っていたともいえる。というのも、この人々は富の価値に加えてその利用方法も知っていたのである。したがって、彼らについて語る際に「資本」あるいは「投資」といった言葉を用いていても、決して時代錯誤にはならない。それでもやはり、市民の利益追求主義には問題が伴った。というのも、こうした人々はたいてい代々その都市の名士で、名誉ある生活を維持し、公的な活動に携わり、教養のある、献身的で気前の良い人間であることを示さねばならなかった。したがって彼らの主たる目的は単に金を儲けようというのではなく、自分たちの社会的地位を維持することにあった。またこうした人々は、しばしば純粋に伝統にしたがって大土地を所有経営していたことが知られている。しかしながら彼らに期待された気前の良さを満たすには、すなわち非生産的な支出に浪費するためには、莫大な資産が必要であった。それゆえ上手い言い方をすれば、彼らは事業に踏み込まずに事業を行うことで、資産を多角化する術を知っていたのである。

すでに古典期にはアテナイがそのような人物の例を提供している。私たちはニキアスという人物を知っている。彼はラウレイオン銀山で一〇〇〇人の奴隷を貸し付けていた（131頁）。たとえ彼の名声が何よりまずその莫大な財産に由来していたとしても（プルタルコス『ニキアス伝』三章一節、一一章二節、一五章二節）、彼が前五世紀後半の偉大なアテナイ市民に数えられるのは、間違いなくその政治的な経歴の故である（伝アリストテレス『アテナイ人の国制』二八章五節）。次の世紀に彼の一族が鉱山地域に土地を所有していることも知られている。さらに興味深いのはデモステネスの例である（もっとも、彼の財産はニキアスよりはるかに小さなものであったが）。実際、デモステネスは前四世紀に最も卓越した政治家の一人であった。そして彼自ら父から受け継いだ遺産について詳細な記録を残している。この遺産は彼が成人する直前まで、彼の後見人たちによってほとんど浪費されてしまっていた（二七番弁論「アフォボスに対して、その一」九〜一一節、Austin and Vidal-Naquet, no. 120）。遺産の価値はおよそ一四タラントンに相当し、その中には先に述べた（123頁）合わせて二万三〇〇〇ドラクメ相当になる手工業事業、一万五〇〇〇ドラクメ相当の原材料（木材、鉄、象牙、青銅、染料）、三〇〇〇ドラクメ相当の家屋、さらに家具や宝飾品、衣類など一万ドラクメ相当、現金八〇〇〇ドラクメ、銀行への預託が三〇〇〇ドラクメ、さらに貸付金二万六〇〇〇ドラクメが含まれ、貸付金のうち七〇〇〇ドラクメが海上貸付、六〇〇〇ドラクメが知人への無利子融資であった。もちろんこの推定額は弁論家自身によってなされたもので、額面通りに受け取るべきではないが、少なくとも関連する金額の規模についておよそのイメージを与えてくれる。しかし奇妙なことに、不動産に関する言及が一切見られない。デモステネスがこの訴えの結果、父の財産をどの程度まで取り戻すことができたのかは知られていない。しかし彼が土地を所有したり、鉱山に投資したりするようなことが決してなかったことは、どうやら間違いなさそうである。彼は大規模な商業に関心を持ち続け、その財産は基本的に「不可視」財から構成されていた（当時のアテナイ人は土地や家などを「可視財」、現金や預金、宝飾品などを「不可視財」と称していた）。しかしながら、彼の財産の性格がいかに異端的であろうとも、彼は自らの政治活動や都市に対する貢献、財政拠出によって大いに名声を博した。

後期ヘレニズム時代以降、ビュザンティオンやニコメデイア、エフェソスといった大規模な交易都市では、商人や事業主、船主、銀行家の中にますます多くの市民が見出されるようになった。他方で弁論家、ソフィスト、哲学者など、いわば「スコレ」の理念により近い職業で財産を築く者たちもいた（上述36～37頁）。このような人々は大半が都市のエリートで、ローマ市民権まで保有する者も少なくなかった。しかしながら証拠はあまり明確ではない。彼らの商業活動が必ずしも史料に記録されるわけではなく、また彼らのほとんどがおそらく土地所有者だったためであろう。逆にとりわけ事業を通じて財産を築いた人々にとって、都市のエリートサークルに加わるのは必ずしも容易ではなかった（いくつかの集団で名声を得ることはできたのだが）。例えば、エフェソスの評議会はナウクレロスをその一員に認めていなかったらしい。

四　公的介入

農業や手工業と同じように、商業も常に基本的には私的個人の手に委ねられ、彼らが自由に商売をしていた。しかし生産部門の業種とは異なり、交易は多様な利害が交錯する公的な空間で行われていた。そのため（課税への関心に加えて）すぐさま秩序や規律、正義に関わる問題が生じることとなった。さらにギリシア諸都市の世界は矛盾する二つの要素を特徴としていた。すなわち、一方でギリシア世界は膨大な数の共同体に分裂する傾向にあった。それらはいずれも独自の市民権や政治的・法的特権を有し、互いに嫉妬心を抱いていた。他方、この世界ではギリシア人ばかりか非ギリシア人を含めた数多くの外国人が、都市の境界を越えて交易活動に従事していた。したがって交易を可能にし、さらにこれを効率のよい魅力的なものとするためには、障害となるものを克服する必要があった。こうして商業は公的介入が行われる主たる領域となり、早くも前古典期にはさまざまな形で介入が実施され、そののち何世紀にもわたっていっそう多様化していった。人間を対象とするものもあれば、特定の産品、とりわけ穀物交易に適用されるものもあった。これらが発展して重なり合い、層をなしていったため、この問題はとりわけ複雑な様相を呈している。ここでは詳細に立ち入って記述することは避け、まず商業規制および交易従事者保護に関する措置、それから国家間で締結された合意、そして最後に都市による直接的な物資の買い入れについて順に見て行こう。

市場の規律

市場の監督や規律に関する措置が初めて姿を現したのは、早くも前古典期、アゴラやエンポリオンといった交易の場が具体的に整えられていった時期のことであった（上述160～161、168～169頁）。古典期にはそうした措置が明確に確立され、その後は商業の拡大（あるいは縮小）に応じて必要な調整が講じられていったに過ぎない。アリストテレスは『政治学』（六巻一三二一b四～一八）の中で次のように述べている。いずこであれ、立派な都市運営に不可欠な公職《アルカイ》は複数あるが、そのうちとりわけ規律《エウタクシア》と秩序《コスモス》を保つのに重要なのは、何よりアゴラに関わる公職《ペリ・テン・アゴラン》である、と。このような公職者は契約に関する義務、契約関係《シュンボライア》を監督し、秩序を維持する《エウコスミア》ことを任務としていた。あるいはまた別の著作家によれば、彼らには、市場での取引や振る舞いに目を光らせ、売り手も買い手も誰もが誠意を持って商売をするよう監督する義務があった。デモステネス（二〇番弁論「レプティネスに対して」九節）やヒュペレイデス（三番弁論「アテノゲネスに対して」一四節）によれば、前四世紀のアテナイではアゴラでの詐欺行為《アプセウディン》を禁ずる法が制定されていた。

実際、古典期以降の数多くの金石文が証明しているように、どの都市にも少なくとも一人はアゴラノモス（市場監督役）という公職者がいた。職名が示しているとおり、この役職者はアゴラ（中央広場）に割り当てられており、そこで他の公職者同様に一年間の任務に従事した（あるいは三、四ヶ月の場合もあった）。大都市であれば複数のアゴラノモスを任命する場合もあり、さらにアテナイの場合には特に広大だったため、その任務をいくつかの専門職に分割しなければならなかった。これについてはあとで改めて確認する。他方、エンポリオン（交易所）もまた、どこでも同様に監視対象となっていた。エンポリオンの管理運営に責任を持つ監督役《エピメレテス》は、アテナイやミレトス、ロドス、それから（前一六六年以降の）デロスといったいくつかの交易都市で知られている。その任務は法を適用し、苦情や告訴、告発を受け付け、売り手と買い手の対立を和解させるよう介入し、そして最終的には誰一人損害を被ることのないようにすることにあった。この役職の公式名称は都市ごとに違っていたかもしれないが（例えばタソスでは「アポロゴス役」が港湾の取り締まりを担当していた）、さほど大きくもない都市であれば、こうした業務はただアゴラノモスに委ねていたことだろう。すなわちこの場合、アゴラノモスがアゴラとエンポリオンの両方を管掌していたことになる。こうした公職者は皆、常に徴税請負人《テロナイ》たちと連携していた。徴税請負人は商人が提出する申請書と商品の評価額を検討しなければならず（上述62～63頁）、公職者が詐欺を見つけ出す手助けにもなった。古典期以来（ことによるともっと古くにさかのぼるかもしれない）、このようにして実施された統制は、日々文書に記録されねばならなかった。前四世紀以降、さまざまな文書記録があったことをいくつかの史料が実際に証明している。公職者の記録のように公的なものもあれば、契約書や明細書、目録、エンポロスや船主による船舶書類のように私的な文書もあった。

市場の規律に関しては、アリストテレスまたはその弟子が記したとされる『アテナイ人の国制』（五一章）ほど明確なものはない。そこに記されているのはたしかに前四世紀のアテナイの姿であるが、しかし適宜変更を加えれば、総じてどのギリシア都市にも当てはまるものである（Austin and Vidal-Naquet, no. 89）。

アゴラノモスたちもまた抽籤《せん》により選定される。五人はペイライエウスに、もう五人は中心市《アステュ》に。諸法によりこの者たちには、あらゆる商品《オニア》の監督が委ねられている。担保物件や紛い物が販売されることのないように。また度量衡監督役《メトロノモイ》たちもまた抽籤により選定される。五人は中心市に、もう五人はペイライエウスに。そしてこの者たちは物差し《メトラ》と重り《スタトマ》を全て監督する。販売する人間が適正《ディカイア》なものを利用するように。また穀物守護役《シトフュラクス》もまた抽籤により選定された。かつては五人がペイライエウスに、もう五人が中心市に。現在は二〇名が中心市に、一五名がペイライエウスに。この者たちは次のように監督を行う。まずアゴラの未製粉穀物《シトス・アルゴス》が適正《ディカイオス》に販売されるように。次いで製粉業者がオオムギ《クリタイ》の価格《ティマイ》に応じて碾割りオオムギ《アルフィタ》を販売し、パン屋がコムギ《ピュロイ》の価格に応じてパン《アルトイ》を販売するように。また、それらの重さ《スタトモス》が、この役職者たち〔＝穀物守護役〕が設定した通りになるように。彼らはそうするよう法に定められている。彼らアテナイ人は、一〇名の交易所監督役もまた抽籤によって選定する。この者たちの任務は、交易所の監督と、穀物取引所《シティコン・エンポリオン》に届いた輸入穀物《シトス》のうち三分の二を中心市にもたらすよう、交易商《エンポロス》たちに強制することにある。

ここでは何よりアテナイ人が、自分たちの生命線ともいえる輸入穀物（オオムギ、コムギ）について詳細な法制度を定めていたことに強い印象を受ける（上述166〜168頁）。ペイライエウス港には輸入された穀物が船から下ろされて、一時保管される穀物取引所があったというだけでなく、諸法により輸入穀物は全てアテナイで売却されなければならなかった（そしてさらに別の場所に輸送してはいけないことになっていた）。アテナイ中心市で三分の二が、外港ペイライエウスで三分の一が売却された。これはおそらくそれぞれの人口に応じた量だったのだろう。さらに穀物市場にはシトポレスと呼ばれる小規模な穀物商人たちも参加していた。彼らは穀物を専門に扱う商人で、ほかのさまざまな文書にも登場している。最後に特別の公職者シトフュラクス、字義通りには「穀物守護役」が設定されていた。通常時は一〇名だったが、前三三〇〜前三二〇年の深刻な穀物不足の時期には三五名が任命された。その任務は穀物、碾割りオオムギ、コムギパンの適正価格を維持し、またパンの重さを確定することにあった（パンの重さは彼らに設定する権限が与えられていた）。実際、コムギの価格変動に応じて、彼らはパン一斤の価格ではなく、パン一斤の重さ、別の言い方をすればパンの大きさを変えていたのである（これは古代を通じて受け継がれただけではなく、少なくとも近代に至るまで、何世紀にもわたって西洋で継続されてきた慣習であった）。この「アルトス（＝パン）」は碾割りオオムギやマザよりも手に入りにくく、高額で、多くの人々が自宅で製造していた（上述119頁）。他方、リュシアスによれば（二二番弁論「穀物商人に対して」五～六節）、アテナイのシトフュラクスたちは、穀物がアゴラに届けられた際、穀物小売商《シトポレス》たちが一度に（おそらく一日に）規定量（五〇フォルモイ）を超えて穀物を買い付けることがないよう監督する義務もあった。これは買い溜めと投機を防ぐための措置であった。

おそらくいずれの都市でも、自国で販売される商品の質や量、価格、重さについて同様の規制をかけていた。もちろん、より慎ましい方法が採用されることもあれば、事情に応じて厳格さも違っていただろう。各地にアゴラノミオンと呼ばれる公共建築、すなわちアゴラノモス（市場監督役）の詰所があったことが、いくつもの史料に記録されている。たいていの場合、都市の公式の秤や重り、物差しがここに保管され、個々の交易商がこれらを基準として利用することができた。アゴラノモスたち（も

図9　商品を計量する場面
前540～前530年ごろ，アッティカ式アンフォラ，メトロポリタン美術館所蔵

しくはそれと同種の公職者たち）は、申し立てがあったときだけでなく、自ら主体的に介入する権限も有していた。アリストテレス『政治学』（六巻一三二一a一三〜一五）の記述は、立ち入った説明こそないものの、彼らに懲罰権があったことを示唆している。アテナイやミレトスの史料はとりわけ中央広場での規制（アゴラノミコイ・ノモイ）と交易所に関する規定（エンポリコイ・ノモイ）に言及している。しかしこれらもまた、ほかの都市にもあったに違いない。金石文史料によれば港湾規制が実施されていたり（タソス）、あるいは特定の商品、例えばワインや酢（タソス）、羊毛（エリュトライ）、木材や炭（デロス）などを取引する際に、取引方法を限定あるいは変更する法やその他の措置が採られたりしていた。サモスでは前二四五／四年ごろのものとされる、きわめて例外的な文書が今に伝わっている。これは女神ヘラの聖域（ヘライオン）内に設置された四つの店舗《カペレイア》に関して規定の変更を定めたものである。ここではとりわけ貸与条件、借主に対する制限、そして商品の出所などについて規制が加えられている。

　価格統制はギリシア人を非常に煩わせた問題であった。そしてこれは歴史家にとっても難しい問題であり、ここで詳細に検討することはできない。『アテナイ人の国制』では適正な価格設定の義務が三度（未製粉の穀物、碾割りオオムギ、コムギパン）言及されている。しかし同じ問題はおそらくあらゆる商品に生じていたことだろう。ヘレニズム・ローマ時代の四つの碑文には価格統制ばかりではなく、少なくともある条件の下で、とりわけ祭典が行われる際に価格を固定するように規定が刻まれている。こうしたときには通例にない大群衆が流入する恐れがあり（上述162頁）、価格高騰を招きかねなかった。さらにこうした機会に一時的な免税措置がとられることもあった（後述193～194頁）。他方で、別の三つの碑文には（デルフォイ、ボイオティア地方のアクライフィア、アテナイ出土）（魚や臓物の）価格一覧が残されている。したがって諸都市は民会決議によって、あるいは単純にアゴラノモスの権限によって、少なくとも一部商品の価格に制限を加えることができ、状況によっては上限価格を決定することもできたということになる。すなわち、彼らはこうした強圧的措置をためらうことはなかったのである。しかしながら、こうした史料は数も少なく、そこから何かしら確実な結論を引き出すことはできない。通常時であれば、公職者はおそらくエンポロスや小売商が申告書に記載した価格をそのまま受け入れていたことだろう。価格は需要と供給の相互作用に左右されただろうし、値切られるなどして細かく変動することもありえた。先に言及した史料によれば、公職者は横暴な価格を抑制したり、小売商の利益が妥当な範囲にとどまるよう配慮したりする義務を負っていた（リュシアス二二番弁論「穀物商人に対して」八節に細かく記されている）。したがって、おそらく実際のところ、卸値や小売価格は主に商人と公職者の交渉、そして公職者の説得力にかかっていたと考えられる。

この結論は、少なくとも交易所のレベルではいくつもの金石文史料によって確認されている。市場監督役の献身やエンポロスの気前の良さを讃える金石文が数多く設置されている。これらは穀物に関するものが多いが、オリーヴ油やその他の産品に関するものもあり、一般には物資の不足や価格高騰の時期に制作されたものである。市場監督役や同種の公職者、あるいはときに民会が自らエンポロスに圧力をかけて手頃な値段で販売させようとしたり、ときにこの上なく献身的な（あるいはこの上なく裕福な）商人に対して赤字を出しても低額で商品を売るよう説得することすらあった。交易所レベルでの価格を抑制すれば、それは当然小売り価格にも影響がおよび、したがって競争にも影響を与えただろう。もっといえば、このように交渉する目的、あるいは交渉によりもたらされる効果は（これを証明する史料はないが）、例えば同じ品質のすべての穀物について同一の卸値で販売することを全てのエンポロスに合意させることにあったのかもしれない。したがって、またもやこれは強圧的措置というより交渉の問題であり、倫理的圧力の問題だったということになる。実際、これは恵与慣行《エヴェルジェティズム》の領域であり、そこでは影響力のある市民と富裕なエンポロスたちの個人的な関係が重要な役割を果たしていた。最高に気前が良いケースでは、商人たちが積荷の全てまたは一部を無料で都市に供給することにさえ同意していた。そうして届いた食糧は都市の公的資産となり、低価格で販売されるか、あるいは無料で全市民に（非市民は除く）配布された（ただし、この状況もローマ時代には変化した。食糧の分配は住民のうちの貧困層に対して行われるか、あるいは逆にシトメトルメノイと呼ばれる特権集団に対して行われた）。無料配布にせよ、低額販売にせよ、いずれの場合も各人の最大割当て量や販売時の小売価格といった種々の条件を決定するのは都市、すなわち民会であった。同様の状況は都市が自ら食糧を購入する場合にも見られた（後述208〜209頁）。

保護措置

プルタルコスは『ソロン伝』（二四章一節）の中で、さまざまな経済的措置がアテナイの立法者ソロンによって定められたとしている。とりわけ、彼はオリーヴ油を除くすべての生産物《ギノメナ》についてアッティカ地方からの輸出を禁じ、違反した場合には呪われるべきことと定めたとされる。この措置についても多くの議論が重ねられ、しばしば穀物の供給を保護する試みであったと解釈されている。前六世紀の初めのことであるにせよ、決して信じられないことではない。というのもアテナイはこのときすでに大量のオリーヴ油を生産しており、やがて穀物輸入に関する厳格な措置を導入することになる。先に見たように（182頁）、前四世紀後半にはエンポロスたちにペイライエウス港に到着したすべての穀物をその場で売却するよう義務付ける法律が制定されている。同じ時期、およそ前三四〇年から前三二〇年の間に、いくつもの法廷弁論がもう一つの法に言及している。法文はデモステネス三五番演説「ラクリトスに対して」五一節に引用されている（Austin and Vidal-Naquet, no. 82）。この法の対象となっているのは、クセノス（外国人）ではなく、アテナイ人およびメトイコス（在留外国人）、さらには両者のうちのいずれかを後見人《キュリオス》としている個人であった（最後のカテゴリーの者たちも仲介役となる可能性があったためである）。この法は禁則事項から構成されている。すなわち、法の対象となる個人が、穀物およびその他所定の商品をアテナイに運ばない船に対して、資金を貸し付けることを禁じている（所定の商品というのは、何を指しているのか明確ではない）。別の言い方をすれば、アテナイ市民は、海上貸付の相当部分を、穀物やその他おそらく不可欠と考えられる食糧品を供給するために行っていたということになる。しかしながら、この法から過剰な一般化をするのは賢明ではないだろう。というのも、実際のところ、これは食糧不足で供給不安が生じていた時期に制定されたものなのである。

ほかの都市でも同様の措置、とりわけ地元穀物の輸出禁止措置がとられたことが知られているのは、実際、食糧不足のときであった。例えば、トラキアやヘレスポントスでは前二四〇年〜前二二〇年の間、ラゴス朝の支配下にあった時期にそうした措置がとられ、アカイア連邦やボイオティアでは前二世紀の初めに同様の政策が実施された。逆に、例えばテオスでは前四七〇年ごろに、穀物輸入を妨げる者、あるいは輸入済みの穀物を陸上であれ海上であれどこかよそに移そうとする者に、都市を挙げて呪詛の言葉をかけている〔Osborne & Rhodes, no. 102〕。しかし、これがどれだけの期間有効であったのかは分からない。またプロポンティスの都市セリュンブリアも前三六〇年ごろに穀物輸出を禁止する法を制定しているが、これにもやはり同じことがいえる（伝アリストテレス『経済学』二巻一三四八b三三〜一三四九a二）。

穀物は間違いなくギリシア諸都市にとって主要な懸念材料であった。しかしタソスでは一風変わった法が制定されている。穀物ではなくワインに関するものである〔Osborne & Rhodes, no. 103〕。碑文本文は完全に残されているわけではないが、地元産ワインの経営・販売に関わるさまざまな措置が定められている。同地のワインはギリシア世界でも名高い一品であった（上述108〜109頁）。規定の中には「タソスの船舶は外国産ワインをアトスとパケイエの内側に持ち込むべからず」というものもある。指定されている地域は広大で、およそトラキア海全体に相当し、対象となる海岸線も相当長く、したがってタソスはそれだけの港に統制を加えることができたということになる。明らかにこの都市は自国産ワイン交易を保護しようとしているのだが、この法の表現には驚かされる。すなわち、この法はタソス船（おそらくタソス人によって所有されている船）だけに適用されているのである。外国船に適用される規定があったのか否か、今となっては分からない。この法の制定はおそらく前三九〇年ごろとされる。すなわち、タソスが対岸の本土側の土地に対して支配を再開し（上述128〜129頁）、新たな民主政を立ち上げ、さまざまな領域で大きな改革計画を実施していた時期のことであった。これは特定の文脈で制定されたものであり、おそらくその時の情勢に対応したものに過ぎないと考えられる。

外国人の保護

ごく初期の段階で外国人《クセノス》、とりわけ都市を跨いで移動し商品を売買する者を助け、保護するために、さまざまな措置が必要となっていた。古代全体を通じて異なる都市、異なる地域で暮らす家族同士が賓客関係《クセニア》を結ぶ慣行があり、これにより歓待や支援のネットワークが維持されていた。おそらくこうした関係は当初、そもそも上層エリート同士が結ぶ関係だったのだろうが（上述172頁）、最終的にはより低い層の人々の間にも広がり、交易促進の一助となったものと思われる。例えばアテナイの弁論家アンドキデス（二番弁論「帰還について」一一節）は、父親とマケドニア王アルケラオスの間に結ばれていた関係に基づいて、前四一一年、王有林で望むだけの木材を伐採する権利を認められ、サモスに駐留するアテナイ艦隊に木製の櫂を提供することができた。彼は伐採と輸送にかかった費用のみでこれらを（都市に）売却した。しかし賓客関係の保護者となる者は、庇護者となる外国人に金銭を貸与したり、債権者を宥めたり、庇護者が差し押さえに遭わないように画策するようなこともありえた。あるいはまた公的な領域で支援することもできただろう。例えば、何かしら法的な問題が生じた際に、庇護者のために仲裁役や保証人を務めることもできた。このようにして保護者となる人物が外国からの友人のために同胞市民に干渉するというのは、たしかに私的な領域に属する行為であり続けたが、それでもなおそうしたことが政治的、法的決定に影響を及ぼすこともありえた。このような関係は数世紀にわたって重視され続けたが、国家間の関係や商業が発展するにつれ、不十分なところも露呈してきた。

早くも前古典期には、プロクセニアという公的な制度が、クセニアの慣行を消すことなく、これを拡張するものとして登場している。どの都市でも交流のある他の都市の市民の中からプロクセノスを任命することができた。プロクセノスは一種の公的なホスト役となり、自分をプロクセノスに任じた都市から人がやってくれば、その人々を歓待、支援する役目を担った。そこでプロクセノスは外国人に対する仲介、保護者、パトロンなどの役割を果たした。プロクセノスにはこうした公的な性格が備わっていたために、同胞市民に干渉する際にも彼らは一定の権威を帯びることとなったが、厳密な意味で司法上の公的役割を担うことはなかった。プロクセノスの担った役割は重いものであったが、それと引き換えに彼らは「善行者《エウエルゲテス》」という称号に加え、いくつもの特権を認められるのが常であった（具体例は本節次項参照）。数世紀を経てこの制度は大きく発展した。これは主にヘレニズム時代以降、人々の交流、交易が大きく拡大したことに由来する。研究者の中にはこの制度が徐々に純粋な名誉授与機能だけを果たすようになっていったと主張する者もあるが、そうではない。制度が継続する限り、プロクセノスの地位に伴った義務は避けられないものであり続けた。

都市はまた頻繁に訪れる外国人に対してアシュリア（拿捕されないよう保護される特権）を提供することもあった。これによって都市領域内で係争が生じた際、彼らの商品は拿捕《シュラン》される危険性から保護されることになった（上述31～34頁）。アシュリアはクセニアと同じように古い制度であり、これとともに身体および財産に対する保護特権《アスファレイア》が認められることも多かった。これはとりわけ戦時を意識した措置であった。前四世紀以降、さらに発達した定型句が数多くの決議で用いられている。

「陸上、海上を問わず、戦時平時を問わない、本人および財産の保護特権」もしくは「平時には拿捕の恐れ《アシュレイ》なく、戦時には休戦協定《アスポンディ》の必要なく、入港および出港する権利」といった具合である。明らかにこのような措置は、交易商の移動の自由に好都合であった。

法廷で解決すべき市民・外国人間の紛争については、のちに見るように（195～206頁）、ときに都市同士が二国間協定を締結することもあった。しかし前四世紀半ば、アテナイ人はペイライエウスの交易所《エンポリオン》で生ずる紛争を迅速に解決すべく、独自の制度を作り出した。この新しい手続きによりいかなる外国人でも、アテナイに居住する者（メトイコス）であろうと、そうではなかろうと（すなわち単なるクセノスであろうと）、自ら商業裁判《ディケ・エンポリケ》と呼ばれる訴訟を提起できるようになり、そればかりか商業関係の案件については一月以内に判決が下されることになった。このような迅速な処理が行われたのには、明らかに交易促進という狙いがあった。しかしこうした決定がなされるには、相応の歴史的文脈もあった。すなわち、このときペイライエウスでは、ますます多くのクセノス交易商が取引をするようになっていた。そしてアテナイはちょうど同盟諸都市との戦争に敗れ、自らの「帝国」を失ったばかりだったのである。この制度がどれほど継続されたのかは定かではない。

個人の特権

ギリシアの市民たちは自分たちに貢献してくれた個人に対して謝意を表し、称賛していたが、その際、彼らは公式の決議を通じて貢献者に種々の特権を付与していた。そうした特権には上で述べたプロクセノスの地位や「善行者」の称号、アシュリアのほか、市民権《ポリテイア》、不動産所有特権《エンクテシス》、免税特権《アテレイア》、市民と同等の税制に組み込まれる《イソテレイア》特権などがあった。これらの特権はさまざまに組み合わせられ、貢献者の功績に応じて色々な形で授与された。政治的、経済的な利益をもたらす特権も少なくなかったが、貢献者が実際に行使しなければ、純粋に象徴的なものに留まることもありえた。

しかしながら、税制上の免除特権は明らかに商業に影響を与えるものであった。免税特権は全面的な免除の場合もあれば、部分的な場合もあり（すなわち、指定されている特定の税種にのみ適用された）、またアシュリアと同様に、授与した都市の領域内でのみ適用された。場合によっては個人ではなく、特定の集団に授与されることもあり（例えば、入植者の集団や当該都市の領域に駐留する兵士集団など）、また合邦《シュンポリテイア》を行った近隣都市の市民に付与されることもあった。そうした場合、免除は部分的なものになることが多く、通例は一時的な措置に留まった。それはこうした特権が主に新規参入者の同化促進を目的に授与されていたためである。経済的な狙いがより明らかに認められるのは、祭典に合わせて決定された免税措置《アテレイア》である（上述161〜163頁）。実際、市民たちは税収入の旨みを犠牲にしてでも、手頃な値段が設定されることで、できるだけ多くの人々がやってくることを期待していた。たとえその主たる目的（祝祭の成功を確実なものとすること）が政治的、宗教的なものであろうとも、これは交易を促し、とりわけ地元商人の利益となった。この場合、免税措置は上限価格（上述184〜185頁）と合わせて設定されるのが通例だったのかもしれないが、この点について説得的な証拠は確認されていない。しかしながら、ほとんどの免税特権はたいてい個人に授与され、しかもそのほとんどは商人であり、ときに自ら特権を要求する場合もあった。都市は利益、便宜を与えることで、こうした商人たちが必要物資を携え、できるだけ定期的に戻ってくるよう促した。こうして市民たちは商人が自分たちの役に立つように配慮していたのである。

例外的な状況では、ある都市が別の都市全体に対して免税特権を授与することもあった。たとえば、前二二七年にロドス市の一部が地震で破壊されたのち、シュラクサイ（シチリア島東部）の僭主のヒエロンとゲロン、そしてセレウコス朝の王セレウコス三世は、シュラクサイおよびセレウコス王朝領に来訪するロドスの船に対して、すなわち何よりもまず交易商に対して免税特権を授与した（ポリュビオス『歴史』五巻八八章七節、八九章八節）。免税はたしかに関税や港湾税が対象とされたが、この措置はおそらく一時的なものに過ぎなかったと考えられる。またデロスの例を挙げることもできるだろう。同市は前一六六年にアテレス（免税対象）と宣言され、ある時点までその地位が維持されたのち、やがて前五八年に特権が回復されている（ポリュビオス『歴史』三〇巻三一章一〇節）。この措置は明らかに交易所に適用されたものであり、したがって、先述の事例と同じように、関税や港湾税に適用されたのであろう。しかしデロスでは、この特権はデロスにやってくる全ての商人に適用された。この免税特権は経済的な理由だけではなく、政治的な理由からローマ元老院の決定により認められたものであり、同島の商業上の台頭に著しく寄与した（上述165頁）。

ほかにも特権を集団に対して授与した事例はあるが、それらは国家間の交渉・合意の結果認められたものであった。

国際的な合意

アリストテレスは、すでに見たように（43頁）、輸出《エクサゴゲ》および輸入《エイサゴゲ》に注意するよう政治家に助言しており、この分野において条約《シュンテケ》と司法協定《シュンボレ》が有益であることを強調している。少なくとも古典期以降、集団としての市民にとってこれはおなじみの関心事であった。この種の合意事例はいくつもある。もっとも最初期に交わされたものは痕跡を残していない。というのも、おそらくそれらは立会人たちの前で相互に宣誓を交わした上で、口頭で結ばれていたと考えられる。石碑に刻まれた合意文書が登場し始めるのは古典期の初めからであり、それ以降になると、とりわけヘレニズム時代には文献史料と合わせ、いっそう頻繁に姿を見せるようになる。こうした合意事項は、必ずしも全てが公式の文書として記録されるわけではなく、今日まで伝わっている文書から判断すると、司法上の協定や政治的な条約に含まれる場合に、公式の記録として残されたらしい。ここでは都市と君主国の間で交渉されたアテレイア（免税特権）の例を二つ見てみよう。

前四世紀初め、アテナイはキンメリアのボスポロス地域を支配する王レウコン一世、そしてその子たちと良好な関係を築いていた。王国領は穀物が豊かに実る土地であり、おそらく良いパン《アルトス》を作るのに適した良質なコムギさえ産出していた。前四〇〇年から前三二五年ごろの間に作成された三編の弁論は、この王たちが講じた便宜的措置に触れている。そのうち最も明確なのがデモステネス二〇番弁論「レプティネス告発」（三一～三三節、Austin and Vidal-Naquet, no. 81）で、それによればアテナイ人には、パンティカパイオンとテオドシアの二つの交易所から穀物を輸出する権利、アテナイ向けの船に対する優先積荷特権、そして三十分の一（三・三三パーセント）輸出税の免除が認められている。王たちにはその見返りに賛辞、冠、アテレイア（免税特権）、アテナイ市民権が与えられた。これらはいずれも純粋に名誉的な特権であるが、ある顕彰決議碑文によれば（Rhodes and Osborne, no. 64）、彼らは少なくとも前三四七／六年以降に、アテナイで漕ぎ手を徴募する権利が認められている。公式の協定を締結した様子は見られない。王たちは単純に特権《ドレイアイ》を贈り、それに対してアテナイ人たちが返報を決議したに過ぎない。加えて、この合意事項は支配者が変わるごとに更新しなければならなかったらしい。いずれにせよ前三四七／六年の決議は、たしかにレウコン一世の死後まもなくに決定されている。

　前一六七～前一六〇年の間にミレトスが手に入れた免税特権はさらにいっそう注目すべきである。この特権は、セレウコス朝およびペルガモン王国の宮廷に使節として派遣された有力市民エイレニアスを顕彰する決議の中に見出すことができる（Burstein, no. 40）。碑文には体育訓練場建設用の木材やコムギがペルガモン王から贈られたと明記され、おそらくほかにもいくつかの贈与について情報が刻まれていたと思われる（碑文の欠損により今では確認できない）が、それ以外に、ミレトス領内からセレウコス朝領内に輸出されるあらゆる産品《ゲネマタ》に対して免税特権、すなわち王国関税の免除がセレウコス朝の王から認められたと記されている。免税が商人ではなく、生産物に適用されていることは明らかである。ゲネマタという用語は一般に土地からの生産物を指している。この場合、実際にはおそらくミレトスで豊富に生産されるワインとオリーヴ油を問題にしているのであろうが、羊毛や有名な織物製品も対象に含まれていたかもしれない（上述123頁）。この時点で都市ミレトスは独立した自由都市であり、すぐ近くにはペルガモン王国（前一八八年以降、小アジア西部の大半を占めていた）があった。都市ミレトスはこのように自ら率先して行動し、離れた王国への（海上を経由した）輸出を促進しようと図っていたのである。こうした措置を通じて、セレウコスの王はたしかにミレトスから政治的な支持を得て、ミレトス人が決議した名誉を手に入れることになりはしたが（それ自体、決して無視すべきことではない）、それ以上に一体どんな利益があったのかは分からない。しかしミレトスの方では、自分たちの利益をわざわざ強調して、「都市国家《ポリス》と個々（のミレトス）人それぞれの収入拡大に資するように」と碑文に記している。先に見た事例同様、この合意事項はいかなる公式の協定にも定められていない。

また、しかるべき交渉を経て合意へと至ったのちに、ある都市の市民全体に特権が認められることもあった。海賊行為を行う人々（例えばアイトリア地方やクレタ島の人々など）が与えるアシュリアはその好例である（上述30～31頁参照）。これは不当な拿捕に対する補償を確約するものであった。さらにヘレニズム時代には空間に対するアシュリア（空間内の人や物に対する拿捕禁止特権）も発達した。諸都市や王たちは聖域や都市とその領域全体に対してアシュリアを認定することもあった。一般にこうした措置は、例えば、前二〇七／六年に締結されたマイアンドロス河畔のマグネシアの事例のように（Burstein nos. 30 and 31）、自国の祭典を拡大したいという都市自身の願望に応じて認定されたり、あるいはそれから数年後テオスであったように（Burstein, no. 33）、都市自体を海賊から保護しようと願う都市側の希望に応じて授与されたりした。このような（安全を保証する）保護特権は、都市や地元の神々の名誉を高めると同時に、数多くの商人や参拝者、その他、関心を持った人々を引き寄せることにつながった。最後にアシュリアは、法的性格を伴った正式の相互協定を通じて二都市間で授与し合うこともあった。ロクリス地方の小さな都市オイアンテイアとカレイオンは前五世紀（おそらく前四七五～前四五〇年）に、ミレトスとサルデイスは前四世紀後半にそのような協定を交わしている。後者の決定はミレトスの決議碑文によってのみ知られており、そこには以下の文言が含まれている。「サルデイス人のうち希望する者に対しては、ミレトスへの入市《エイサフィクシス》が認められるべきこと。入港時も出港時も拿捕されることはなく、またこれについて休戦協定を結ぶ必要もない。本人ならびに入港、出港時の所持品、全てを対象とする。またミレトス人の希望する者に対しても、サルデイスへの入市と安全《アスファレイア》が、同じ条件で認められるべきこと」。

同様にして、実際に司法協定が交わされることで、外国人にも徐々に法廷の利用が認められるようになり、その後の手続きも明確にされていった。アテナイが同盟諸都市（前四世紀半ばに「アテナイ帝国」が潰えるまで〔一般に「アテナイ帝国」は前五世紀後半のアテナイ外交について用いられるが、ここでは同盟市戦争（前三五七〜前三五五年）により第二次アテナイ海上同盟が破綻するまでの外交姿勢にも適用されている〕）、あるいはより遠くの都市と交わした協定が、前五世紀半ばから前二世紀半ばにかけて、間接的な言及あるいは金石文の断片を通じて、二〇件程度知られている。これらの合意は当初「シュンボライ」と呼ばれ、やがて「シュンボラ」と呼ばれるようになった。他の地域についても、わずかながらシュンボラの事例が知られている。それらも時期に関してはあまり変わらない（前二世紀初めまで）。多くは近隣あるいは隣接する都市間で締結されている（例えば、イオニア地方のミレトスとプリエネ、クレタ島のゴルテュンとラト）。残されている文書によれば、双方の権利や手続きは互いに同様のものとされており、合意事項は完全に対称的であった。この制度はきわめてギリシア的である。というのも、それぞれの市民が相手都市の司法制度を理解できるような、均質な枠組みの存在を前提にしているのである。前二世紀以降、この制度は用いられなくなり、かわりに諸都市は司法上の利害対立を解消すべく、外部の都市から裁判員を招聘するようになっていった。

アシュリアやシュンボラに関する協定は、人やモノの流通・循環を保護するために締結され、商業に直接影響を及ぼした。驚くべきことに、こうした合意を除くと、商業上の関係に特化した文書はほかに何一つ知られていない。実際、この種の関心が公式の合意を通じて具体化する場合には、政治的性格を有する条約あるいは協定の枠組みの中で行われるのが常であった。前者は一般に「シュンテケ」と呼ばれるが、同盟《シュンマキア》を形成したり、都市間の友好関係《フィリア》を宣言あるいは更新したりするものであった。後者は市民権共有《イソポリテイア》の協定であり、これにより二つの都市が相互に潜在的市民権を授与し合った。ほかにこれら二つの要素を組み合わせたものもある。商業関係という観点から見ると、最も興味深い文書は市民権共有協定である。ここではそうした事例のうちごく明確できわめて重要な事例を選び、わずかばかり時系列に沿って紹介する。

前四五〇年ごろ、近隣の二つのクレタ都市、クノッソスとテュリッソスが条約を締結した。おそらくこれは両都市の対立に終止符を打つものであった。文書は残存状態が好ましくなく、理解も容易ではない。条約にはさまざまな規定が含まれ、祭祀関係の規定や戦時の相互協力、戦利品の分配、使節の派遣、境界線、テュリッソス人のクノッソス領内における不動産所有特権に加えて、次のような規定が見られる。「クノッソスからテュリッソスへ、テュリッソスからクノッソスへ輸出が認められるべきこと。しかしもしも外地に（＝クノッソスを越えて）輸出する場合には、クノッソス人の場合と同じだけのもの（＝税）を支払うべきこと」。平和が回復したおかげで二都市間での商業が再開されることになったのである（両都市間の距離から考えて陸上交易ということになる）。またおそらく関税も復活したのだろう（当該文書はいかなる税に関しても黙して語らない）。それぞれの都市は他所に輸出する自由を維持していたが、テュリッソス人がクノッソスの港を経由して交易を行う場合には、クノッソス人と同じだけの税を支払わねばならなかった〔Austin and Vidal-Naquet, no. 8〔= Osborne & Rhodes, no. 126〕〕。

前四三二年または前四二三／二年（年代については論争がある）、アテナイはマケドニア王ペルディッカスと同盟関係を締結している〔『ギリシア碑文集成』一巻三版八九番。本論の議論に大きく影響はしないが、年代は近年では前四一七～前四一三年?とされている〕。文書は劣化が激しいものの、ペルディッカスがアテナイ人だけに認めた櫂用木材輸出権なども確認できる。木材は戦略物資であり、とりわけヘレニズム時代には王たちが折に触れて諸都市に提供していた。前四一一年、ペルディッカスの後任者の治世に、アテナイ人アンドキデスはマケドニアの王有林から木材を望むだけ伐採し、アテナイ艦隊に櫂用木材として送ることができた（上述190頁）。おそらくこのときの贈与には、二〇年以上前に締結された条約が背景として機能したのだろう。この条約はどうやら前四〇七／六年にもなお有効だったらしく、この年アテナイ人はマケドニア王に対して顕彰決議を行い、プロクセノスとエウエルゲテス（善行者）の称号を与えている〔191頁参照〕。顕彰の根拠は王がかつてアテナイ人に木材、櫂用木材を与え、そして（おそらく）彼らにその場での三段櫂船建造を認めてくれたことにあった。

前三九三／二年、今度はカルキディケ半島にある複数の都市の連邦《コイノン》が、マケドニア王アミュンタス三世と条約を締結し、これを向こう五〇年間有効とすることに定めた。連邦は王の同意がなければこの地域の他の都市と同盟関係を結ばないこととした。その代わり王は彼らに、所定の税を支払った上で松脂、各種建築用木材、造船用木材を輸出することを認めた。連邦が特に必要であれば、王に事前に通告を与えるという条件で松の木さえ輸出が許された。そこからさらに、より一般的な規定が定められ、当事者間で交易する権利、そして所定の税を払うという条件でほかのあらゆる産品を別の場所で販売する権利も認められた（Rhodes and Osborne, no. 12）。明らかに対象の大半は戦略物資であった。

前二世紀の初め（前一八五／四年？）に、ミレトスはラトモス山麓のヘラクレイアと同盟および市民権共有協定を結び、そして間も無く前一八〇年にはマイアンドロス河畔のマグネシアとも別の条約を締結している（Burstein, no. 37）。これらはいずれも戦争終結のために締結されたもので、ミレトスの拡大政策、影響力の拡大を反映している。いずれの事例においても、戦争などの危機が生じた場合、これを理由に所有物あるいは所有する奴隷や家畜を協定相手国に退避させることを望む者があれば、それらの移動に免税措置が適用されるという規定が含まれている。さらに最初の事例ではミレトス領に土地を所有している外国人にも、ヘラクレイアの公有地における非課税放牧権が認められている。ただし、これは専門の畜産業者を対象とするものではないようである。

類似の規定はクレタ島出土の複数の条約の中にも見られるが、放牧権が相互に認められている点で異なっている。この史料群は六つの同盟条約と二つのイソポリテイア協定から構成されており、最も古いものは前三世紀前半にさかのぼる。その他のものは二つに分かれ、一方は前三世紀後半から前二世紀前半、もう一方は前一一一年から前一〇九年の間に締結されている。第二グループの条約は全て、市民権共有協定も含んでいる。以上の条約には異なる一〇の都市が現れるが、ヒエラピュトナを筆頭に、ゴルテュン、オルス、ラトはそれぞれ一度ならず登場している。これらはよく知られたクレタ島の混乱を反映している。この騒乱は大都市が小都市を犠牲にして拡大した後、前二世紀末までにようやく収束を迎えたのであった。さて六つの同盟条約にはいずれも注目すべき一つの規定が含まれており、一言一句ほぼ同一といって良いほどにくり返されている。この規定では、条約を締結した都市に属する市民同士が、いかなる産物であれ相互に交易することが認められており、その際、陸上交易に対する税は免除されている（ただし、各都市が法的に海上交易に課している港湾税については支払いを求めている）。三つの条約（一つは第一グループ、残り二つは第二グループに属する）では、さらに条件が一つ付け加えられている。条約を締結した都市は、その品物を自ら消費・利用するために輸送するということ、すなわち転売目的ではないことを宣誓しなければならなかった。二つの事例には市民に対して、相手国市民との間で購入・売却する権利、金銭を貸借する権利、さらに各都市の現行法に沿っている限り、その他の取引契約に合意する権利があることさえ明言されている。

研究者の中には、以上の事例に諸都市の交易振興願望が具体的に示されていると考える者もいる。

実際には、アテナイやカルキディケ諸都市とマケドニアの同盟には軍事戦略的な見通しが含まれていた。また他の事例はいずれの場合も、紛争により通常の事業が妨げられ、混乱をきたしたあとの復旧が問題とされている。あるいはときに相当厳格な制限が設けられることさえあった。そうした状況であれば、商業的な条項が副次的な役割しか果たさなかったことは明らかである。実際、同盟条約の主たる目的は平和の確立または回復にあり、他国との紛争に備えて相互支援の準備を整えることにあった。また市民権共有に関する条項が定められている場合、それは新市民（すなわち協定を締結した相手都市の市民）の流入や同化を統制するということを意味していた。彼らは自国よりも活気のある都市に惹かれて、あるいは市民団の衰退に対処しようとして、所属都市の変更を希望していた。したがって商業関係の条項は、「一時的に外国人（クセノス）として」到来する、協定相手国の市民に対して適用されたのであり、そうした人々に対して特別な条件が提示されていたのである。この特徴はこれまで必ずしも理解されてこなかった。そしてその他、ほとんどの条約や協定には商業上の措置が全く含まれていないことも強調しておこう。

しかしながら、市民権共有協定の多くは、平和な状況で締結されている。したがって、これらは諸都市が人とモノの流通を促進するために尽力していた様子を、同盟条約よりもずっとよく反映している。たしかに碑文によってはきわめて口数が少なく、例えば免税特権の授与に一言触れるのみで、具体的な対象など、それ以上のことを語らないものもある。他方、より明確な説明がなされている場合もあり、例えば前四世紀前半（前三六三／二年以前）、北エウボイアのヒスティアイアとケオスは合邦により一つの政治ユニットを形成するに至ったが、輸出入に関して相互に同一の条件を課し合い、商人たちに安全を保障している〔『ギリシア碑文集成』一二巻五分冊五九四番〕。また前四世紀末にミレトスと黒海沿岸にある同市の植民市オルビアとの間で市民権共有協定が締結されたが、これにより取引関係《シュンボライオン》の紛争が生じた際には民衆法廷（デモティコン・ディカステリオン）が利用できるようになり、そればかりかミレトスおよびオルビア以外で市民として活動している場合を除き、いずれの都市においても入港税・出港税の免除が認められた（Rhodes and Osborne, no. 93）。いずれの場合も、協定を結んだ都市はすでに良好な関係にあり、交易の拡大を望んでいる。実際、少なくとも特別の保護がなければ（上述189頁以下）、友好国以外と交易を行うのは難しかった。またすでに良好な相互理解ができていたとしても、諸都市は明らかに、商業上の規定を〔独立したものとして定めるのではなく〕より大きな合意枠組みの中に含めることを好んでいた。

こうした慣習が存在するからといって、周辺地域との交易や長距離交易は常に、こうした国家間の合意や法的な性格を持つ取り決めによって規制されなければならなかった、ということにはならない。それどころか、通常であれば、すなわち平和な時期あるいは平和が確立している地域であれば、私的な商業活動は自由に行われ、先に述べたような管理、保護、推奨といった措置しか必要としなかった。商人たちは互いに組織化し、組合を形成したり、また例えば黒海沿岸地域には遠隔地のビジネスパートナーがいたりした。彼らにはまた自分の得意な地域や独自の交易ネットワークがあり〔上述169頁〕、これらを通じて小地域ごとの市場の需要を熟知するようになっていった。ギリシア人はすでに海の自由、商業の自由といった基本原則も明らかに獲得していた。これらが権利として明言されることは決してなかったものの、多くの史料によって証明されている。ときにこうした文脈で、ヘレニズム時代前期、ロドスの勢力が最高潮を迎えていたときに同国で制定された、ある法に言及されることがある。これには地中海を航海する者たちが黙って従うような、海事法に関する諸規定が含まれていたことだろう。しかしながら実際のところ、これについては〔当時の法文は現存せず、〕その後の歴史から影響を受けた情報しか残されていない。初めはローマ法の中で、危機に際して商品を船外に放棄する行為との関連で姿を表し、やがて中世の史料に登場することになるが、そこにはいくつもの新たな要素が付け加わっている。したがってロドス海事法については、その範囲を知ることも、ましてその中身を復元することも、とうていできない。

一般に少なくとも通常時は、私的な商業によって需要を満たすことができていた。しかしそれでは適切に需要を満たすことができない場合、ときに都市が自ら物資を購入することで補完的役割を果たすこともあった。

公的購入

明らかに都市や神殿は自らが推進する事業のために物品等を購入し、支出をすることがあった（上述64、124〜141頁）。都市が硬貨を製造するにしても、地中海地域には金、銀、銅、そして錫の鉱脈が少なく、このためほとんどの場合、外部から金属を購入する必要があった（あるいは外国の貨幣を溶かしたり、刻印を打ち直したりして、再利用することもありえた）。最も知られたアテナイやタソスの場合でさえ、自国領の鉱山は私人が採掘しており、そこから都市がどのような条件で（あるいはいくらで）銀や金を調達していたのかも分からない。また軍船の建造や維持、公共建築や公的記念碑あるいは宗教建物の建設・修復には、石材、大理石、木材、鉄、鉛、樹脂、代赭石のような塗料、その他、麻や亜麻といった物資が必要だったが、これらは必ずしも地元もしくは自らの領域・聖域にあるものではなかった。他方、どの都市でも押収した私人の財産はいつでも地元で売却しており、あるいはまた土地などの公有財産を手放そうと考えて、売却することもあった。こうした売買を取り仕切っていたのは、「公売役」（ポレテスまたは複数形でポレタイ）と呼ばれる公職者であった。彼らは一年任期で、さらに都市国家や神殿に所属する土地や建物の貸し出し、それから徴税や同種の業務の請負契約も司っていた。というのも、こうした行為もギリシア人には「売却」と認識されていたのである（伝アリストテレス『アテナイ人の国制』四七章二〜五節）。

以上の事例は、いずれもかなり明確に定められた部門に限定されており、公的な購入を行うにしても私的に行われる商業が仲立ちとなっていた。しかし、それ以外の産品を都市が自らの支出で輸入する場合には、事情が異なっていた。実際、前四世紀以降、ますます多くの金石文が、穀物やときにオリーヴ油の公的購入に言及するようになっている。そうした購入が行われていたのは、まず穀物不足、油不足のときであり、供給に支障があるとき、そして価格高騰のときであった（これらの問題は、実際には同時に起こることがしばしばであった）。しかし、おそらく通常時であれ、私的に輸入された物資では不十分な場合にも公的購入は実施されていた。いくつかの都市では、穀物購入役《シトネス》やオリーヴ油購入役《エライオネス》が、状況に応じて一人かあるいはおそらく複数人任命されていた。彼らは国庫から公的資金を委ねられ、国外から穀物あるいはオリーヴ油を求め、可能な限り良い価格で購入する任務に就いた。彼らの任務は帰還とともに完了し、積荷（これは公有財産ということになる。穀物の場合、実際にいくつかの文書が「シトス・デモシオス（公有穀物）」に言及している）は小売商に売却されるか、あるいは無償で分配された。売却・分配に関する条件は、エウエルゲテス（善行者）から贈与があった場合と同じように、民会で決定された（上述186頁）。確実なところは不明であるが、しかし穀物購入役やオリーヴ油購入役がどのようにして任務に着手したのか、想像するのは難しくはない。たとえ彼ら自身が交易商や船主ではなかったとしても、きっと卸売商人の知り合いがいて、おそらく海上貸付によって彼らと契約を交わしたのであろう（上述173頁）。おそらく彼ら自身が航海に出ることはなかっただろうが、都市の利益に合致すれば、そうしたこともあったかもしれない。ときに自国に友好的なエンポロスが来ていて、価格の引き下げに応じてくれれば、彼らはその場で商品を購入したりもしただろう。このような公的購入は、現在伝わっている史料に明記されているよりも、きっと頻繁に行われていたに相違ない。たとえば都市アテナイが自ら、これまで培ってきた関係性を利用し、ボスポロス王国の王たちから折に触れて穀物を購入していた、というようなことも想定できる。他方、差し迫った状況に至っていれば、献身的なアゴラノモス（市場監督役）やその他の公職者たちが、自主的に自腹を切って穀物やオリーヴ油を購入し、都市に提供するということもあっただろう。これらの食糧品はその後、おそらく上に挙げた場合と同じように売却・分配されたことだろう。こうした気前の良い振る舞いはヘレニズム時代以降、恵与慣行が一般化するにしたがってますますさかんになっていった。

　さらに、やはり前四世紀以降、いくつかの都市は穀物購入用の公的基金《シトニコン》を常設し、穀物購入役を毎年一名あるいは複数名任命して、彼らに公職者として任務を遂行させることで、いつでも穀物を購入できる状況を整えていた。この制度は徐々に拡散し、後一世紀には小アジアのギリシア都市において一般的なものとなっていたようである。基金の原資はそもそもエウエルゲテス（善行者）が提供したものか、あるいはたとえば広く寄付を募って集めたものだったのかもしれない。もしも基金で買い入れた穀物が売却されれば、基金は常に自己運転できることになった。もしも基金が私的個人への貸付という形で設定された場合には、貸付に対する利息が穀物購入のために恒常的に利用された。オリーヴ油に関する類似の制度は一切知られていない。

　貨幣の製造に必要な金属や、その他、公的な事業を行うにあたって必要な物資については、都市はたしかにそれらが輸入されるように注意を払っていた。しかし現存史料から判断する限り、こうした品目の輸入はいつでも私人の主体性に委ねられていた。唯一の例外はケオスの代赭石の事例である。おそらく前三六二年に何らかの摩擦があったのち、ケオスは第二次アテナイ海上同盟に復帰したが、このときケオス島の諸都市は、同島で産出する代赭石の独占的輸入を再度アテナイに認めている（Austin and Vidal-Naquet, no. 86 = Rhodes and Osborne, no. 40）。したがって、たとえケオス島から代赭石が私人の船でアテナイに輸送されたとしても、それは実際には市場を経由することなく、即座にアテナイの財産となった。そうすると他の都市もまた、例えばマケドニア王との関係をうまく利用して、ときに木材のような戦略物資を同様のやり方で自ら公的に輸入していなかったかのだろうかと尋ねてみたくもなる。

こうした公的購入の事例はいくつかの側面を明らかにしている。まず、扱われていたのは、必要不可欠の穀物やオリーヴ油といった私的に消費する食糧品か、もしくはケオス島産の代赭石のような公的な目的に利用する戦略物資のいずれかであった。続いて、今述べた最後の事例を除き、購入目的は決して輸入の独占にはなかったということである。実際、国有穀物の量は概して慎ましいもので、明らかに補助的な役割しか果たすことはできなかった。多くの場合、購入された商品は祝祭の機会に販売もしくは分配された。あるいは冬の終わりまで保存しておき、その時点で次の収穫期まで市民生活を支える一助として用いられる場合もあった。次のような事例さえある。前二世紀初めのデロス島、それから前一一〇〜前九〇年あるいは前八一〜前六一年のタウロメニオン（シチリア島東部）では、穀物購入のため巨額の資金が長期にわたって国庫に眠ったまま使われずに残されていた。それでもやはり公的な購入は間接的に影響を及ぼすものであった。というのも、この措置によって私的な商取引でも価格引き下げ競争が生じることになったのである。実際、ときに穀物は二つの異なる価格、すなわち自由な市場価格と、公定価格とも呼ばれるような、都市の価格で販売されることもあった。しかし、公的な販売や分配は慣習的に、特定の指定された場所で特定の手続きに従って担当公職者の監督下で行われていた。

交易の世界は複雑で、実にさまざまなレベルの活動が数世紀にわたって共存していた。また諸都市はさまざまな措置を採用して交易を監視し、規制し、保護し、推奨し、さらに必要とあれば、これを補完する措置を講ずることもあった。したがってギリシア人がこの領域に関心がなく、想像力に欠けていたというようなことは決してない。しかしながら、例えばミレトス人がエイレニアス顕彰碑文で明言していたように（上述196〜197頁）、たとえ諸都市が全員の幸福に配慮する方法を知っていたとしても、商業発展政策や真の輸入政策といったものがギリシア都市にあったとするのは、時代錯誤というべきであろう。実際、そうした政策にはより複雑で一貫した措置、とりわけより柔軟な税制が必要だっただろう（上述67〜68頁）。ギリシア市民たちの関心は、およそいつでも自分たちに適切に物資が供給されることにあった。このことは生産部門以上にずっと明らかである（上述79～81頁）。

一次史料

哲学者が見た交易

ひとたび交換の必要性から貨幣《ノミスマ》が生み出されると、財産獲得術《クレマティスティケ》のもう一つの形態、すなわち小売業《カペリコン》が生み出された。これは、おそらくそもそもは単純なものに過ぎなかったが、やがて、どこから、どのように交換すれば利益を最大化できるのか、経験を重ねることで、もはや以前よりも体系的《テクニコテロン》なものとなっている。それゆえ、財産獲得術とは何より貨幣に関わるものだと思われており、またその働きは、どこから大量の貨幣を手に入れられるのかが分かることにあると思われている。……それゆえ、正しく考えている人々は、富と財産獲得術についてそれぞれ別の定義を求めている。というのも、財産獲得術と本来の富とは別のものなのである。後者は家の運営《オイコノミケ》に関わるものであり、前者は小売業《カペリケ》に関わるものなのである。こちらは富を生み出すが、なんでも良いというわけではなく、財産となるものを交換することで生み出される。そして貨幣に関わるのはこちらの財産獲得術の方だと思われる。というのも、貨幣は交換（売買）の基本要素であり、限界点（最終的に行き着くところ）でもあるのだから。そしてこの富、すなわちこの財産獲得術から生まれる富には限界がない。……しかし家政に関わる財産獲得術には限界がある。というのも、財貨の獲得は、家政に関わる財産獲得術がなす仕事ではないのである。したがって、あらゆる富には限界がなくてはならないように思われるのだが、現実の出来事について、我々は反対のことが起きているのを目の当たりにしている。すなわち、財産獲得術に従事している者は、誰もが貨幣を無限に増大させているのである。

――アリストテレス『政治学』一巻一二五七b一〜三七

メッセニア地方キュパリッシアの関税法（あるいは規則）（前四または前三世紀）

神々。

何人《なんぴと》であれキュパリッシア人の領域に輸入をする者は、荷下ろしの後、そこから運び出しあるいは売却をする前に、五十分の一税徴収役に対して交易品の申告を行い、五十分の一税を支払うべし。さもなければ十倍額を支払うべし。何人《なんぴと》かが海上より輸出する場合には、五十分の一税徴収役に申告し、五十分の一税を支払ったのち、五十分の一税徴収役を召喚して、それらの交易品を積み込むべし。それ以前には積み込むべからず。さもなくば規定に従い、五十分の一税を十倍額支払うべし。もしも何人《なんぴと》かが偽って低額の申告をする場合、五十分の一税徴収役は規定に従って（自身が）主張する分だけ没収すべし。

——H.W. Pleket, *Epigraphica I: Texts on the Economic History of the Greek World*, no. 8 (Leiden, 1964)

〔『ギリシア碑文集成』五巻一、一四二一〕

アンダニア（メッセニア地方）の秘儀関連規定（前九二年）、**抜粋**（九九〜一〇三行目）

アゴラについて——ヒエロス役の者たちは、全ての売買が行われる場所を提示すべし。都市のアゴラノモス役は以下の点について監督すべし。販売する者たちが混ぜ物のない、純正なものを売却するように、また秤や物差しについて、公的なものに準拠したものを使うように。また販売すべき価格を指示したり、機会を指定したりすべからず。また誰一人として、販売する者たちから場所について一切金銭を徴収すべからず。また規定通りに販売を行わない者たちについては、奴隷であれば笞打ちにすべし。自由人であれば二〇ドラクメの罰金を課すべし。さらに判定はヒエロス役の者たちの前でなすべし。

——『ギリシア碑文集成』五巻一、一三九〇

アイトリア連邦とテッサリア地方の都市トリッカとの協定（前三世紀末？）

幸運に。アイトリア人の連邦《コイノン》はトリッカ人の都市国家《ポリス》に対して、市民権、免税特権《アテレイア》、アシュリ

ア、さらに本人ならびに財貨に関して、陸海、戦時平時を問わない、保護特権《アスファレイア》を与えた。トリッカ人もまた、アイトリア人に同じ条件に従って〔諸特権を〕与えた。フリコス、メノイタス、ドルキナス、スコルピオン、コイセアス、アルケダモスがブラルコス役、パウシアスが書記のとき。

――『ギリシア碑文集成』九巻一（第二版）一、一三六

結論

古代ギリシアの人々は、都市という枠組みの中で自分たちの経済活動をどのように理解し、どのように組織していたのか。本書はこうした点について、限られた紙幅の中で提示しようと努めてきた。部門ごとに種々の特徴を記述しながら、それと同時に生産と交易の発展についてもできる限りの素描をしてみた。後者はとりわけ政治的な変化や激動と結びついていたようである。本書で示してきた概観からいくつかの結論を導き出すことができる。

第一の結論は、実際のところ、長期的な状況から得られる全般的な印象である。すなわち、生産と交易は、数世紀のうちに都市の世界の中で拡大していったように思われる。たしかにこの進歩は概して緩やかで、一定ではなく、上り坂の時期もあれば下り坂の時期もあり、地域や社会層によって状況は常に異なっていた。その拡大してゆく様子は、数値にして示すことこそできないものの、とりわけ人口の増大、硬貨製造の拡散、多様化する生業、都市化の進展、輸送力や安全性の改善、識字率や科学的知識の向上などに現れ、さらに世界がより大きな政治的枠組みに開かれてゆき、最終的には「ローマの平和（パクス・ロマナ）」のおかげで、ある種の黄金期が到来したことなどから窺い知ることができる。だからこそ研究者の中には、現代の経済成長の指標（あるいは少なくともその一部）を、とりわけローマ帝政前期に適用しようとする者もいる。逆に、成長の限界を強調する者もおり、さらに古代全般を経済的な失敗と結論づける者さえいる。これは何より、政治体としての都市が、ヘレニズム時代の君主やローマ帝国の皇帝たちと同様に、世界が秘めている物質的な可能性に関心を寄せることなく、その可能性を高めて全体の利益拡大に資するよう成長させる役目をおろそかにしたためだというのである。

たしかにいずれの議論にも理がないわけではない。しかし成長という概念自体が問題を孕んでおり、地域や時代を限定するとしても、古代経済に対してまともに適用することはできない。そもそも最も基本的なデータすらほとんど全く欠如しているのである。例えば、国内総生産や個人の生活水準などはいかにして、どのような枠組みで評価すべきだろうか。さらに何より現代の新しい概念に頼るのは時代錯誤であり、また、意図してか否か、基本的なところで「形式主義者」から影響を受けていることになる。実際のところ、たとえギリシア人が個人であれ、集団であれ、自分たちや周囲の人々の需要を満たしたり、道具を改善したり、裕福になったりするためのノウハウを知っていて、創造性を発揮していたとしても、哲学者であれ、あるいは集団の決定に責任をもつ市民たちであれ、経済的な活動全体を、成長や全体の幸福を目指して編成された一つのまとまりとして認識することは決してなかったのである。

第二の結論ははるかに明白なもので、古代ギリシアの経済は大きな多様性、そして相矛盾する性質を特徴としていたということである。これは地域ごと、都市ごとに異なるということだけではなく、経済構造自体がそうした性質を孕んでいるということを意味する。まず一方で（評言の是非はさておき）「アルカイックな」または「プリミティヴ（未開）な」と形容できてしまうような永続性が確認できる。農業が優勢であること、自然環境に由来する足枷、技術水準、戦争や暴力、移動や輸送に時間がかかること、予期せぬ出来事や予測不能な事態に対して脆弱で生産や交易に支障が出やすいこと、思考や制度の保守的な性格、とりわけ哲学者の思想や集団として意思決定をする際の市民たちの保守的な態度、市民・外国人、男・女、自由人・非自由人の間の権利や社会的条件の不平等、奴隷や隷属的な労働力の搾取……。多くの「都市」は何世紀ものあいだ、自らの殻に閉じ籠もり、伝統的な生き方を墨守する農民たちの村といった状況から変わることはなかった。こうした都市についてはほとんど何も知られていないが、おそらくこれが大多数の都市の状況を表しているのだろう。他方、古典期のアテナイやロドスのような都市の場合には、私人の自発性と公的な介入の相互作用によりダイナミックな効果が生み出され、経済の多くの部門が交易志向の度合いを強めてゆき、そこからさかのぼって農業生産や手工業生産を刺戟することにもなった。環境によっては、前五世紀後半以降、新たな精神も登場した。それは管理運営をより厳密にしようとする気構え、利益と生産性を追求する姿勢、そして真の利益追求主義 affairisme が生じて、社会の最も富裕な層に段々と浸透していった。

それでは、しばしばいわれるように、アテナイのような都市では前四世紀に、あるいはことによると前五世紀の後半に、市場経済が少なくとも萌芽的な形態であれ登場していたという結論を三番目に提示することはできるだろうか。しかし、これもまた現代的な概念であり、古代経済に適用すべきか否かは自明ではない。基本的なところで、ギリシア世界が市場というものを知っていたことは明らかである。中央広場《アゴラ》や交易所《エンポリオン》といった物理的なものだけではなく、抽象的な意味においても「市場」というものを理解していた。実際、農業や手工業のいくつかの部門は生産物を市場に出すべく活動していた。そればかりか需要と供給の原理も価格決定に影響を与えていた。またたしかに経済は、実際に都市の発展や打刻貨幣の拡散、そして貸付・融資の利用と結びついて発展していた。こうしてギリシア世界は西洋の歴史の中で初めて、比較的均質で、生産および交易の自由を特徴とする、巨大な経済圏を創り出した。しかしながら市場経済とは、現代的な意味、すなわち経済学の用語としては、市場が経済全体の駆動機関および制御機関として機能するシステムを指す（たとえ周辺的なところで影響が及ばないところがあるにせよ）。しかし古代世界では生産に関するかなりの部門が、いつでも都市のレベルで、すなわち地元市場のレベルで自給自足が実現するように機能しており、おそらくそのような部門が最も多かったと考えられる。また常に需要と供給の原則に左右され、本当の意味で競争が生まれることはなかった。打刻貨幣が拡散する一方で、公私いずれに関しても貨幣の蓄蔵がいつまでも消えることはなかった。古代世界では、あるいは地中海世界においてすら、同じ生産物におよそ均一価格が設定され、その価格が連動して変動するような一つの巨大市場が成立することはなかった。古代ギリシアに形成されていたのは、個別のネットワーク、個別の価格設定を持った近隣地域レベルの市場であった。富裕者や有力者の起業家精神ですら資本主義の前身と評価することはできない。それだけの条件が揃っていなかったし、また当時の人々は一般に金利生活者のような精神を維持しており、不動産や余暇《スコレ》、政治といったものに、変わることなく価値を置き続けた。さらにまた状況が許せば、主に公的事業によって労働市場が形成されることもままあったが、ギリシア世界が全体としてそのような現実を経験することはなかった。

古代経済の特徴を一言で表すのに、しばしば「資本主義以前」、「産業化以前」と評価されることがある。たしかに近代、あるいは産業革命以前の西洋世界に見られる伝統的な経済との共通要素は、数多く確認できる。しかしながら、こうした見方は比較によって、しかも要素の欠如に着目して作られたものであり、こうしたものによって理解が深まることはあまりない。古代全体と中世を一緒くたにしているばかりでなく、両義的でもある。すなわち、現代の経済とは異なる経済という意味にもなるが（これは正しい）、しかし同様に資本主義や産業社会の前駆的段階という意味にもなり、これは間違いである。実際のところ、ギリシア都市の経済を一つの定型句やモデルに落とし込もうとしてもうまくいかない。それはギリシア都市の経済が非常に多様であり、矛盾を孕んでいることにもよるが、一千年を超えて長く発展してきたことにも由来する。本書で示そうとしたように、状況はきわめて複雑だったのである。総じて、ギリシア世界は混合的な経済を経験していたといえよう。すなわち、フェルナン・ブローデルが近代世界に認めていた三つの層のうち、二つを同時に経験していたのである。すなわち、地に根差したレベルでは、田園部にあるいくつもの耕作地や数多くの工房で、いつも変わらず、基本的な物資が（部分的にせよ）自給自足できるように生産されていた。要するに「生活の糧」である。他方、上の層では、交易を強く志向した活動が行われていた。これは定型句が好みならば、市場経済ということもできる。

訳者解説

序 章

古代ギリシア世界というと多くの人は、政治（とりわけ民主政）や戦争（特にペルシア戦争やペロポネソス戦争、アレクサンドロス大王の東方遠征）、美術（白い大理石の彫刻や土器に描かれた赤や黒の絵図）、あるいは神々や英雄たちの物語、生き方や世界のありようを語る哲学といったものをイメージするだろうか。古代ギリシアの「経済」というとあまりピンとこないかもしれない。しかし、もちろん何かしら経済的な活動も当然行われていたはず。とするとそれは一体、どのようなものだったのだろう。

一つ、単純な問いを立ててみよう。古代と現代の経済は似ているのだろうか、違うのだろうか。もう少し堅い表現でいえば、古代ギリシアの経済は、現代の「市場経済」に似たようなものだったのだろうか。それとも素朴で未発達な「自給自足」的なものだったのだろうか。およそ専門の研究者たちも、ごく大雑把にいえば、この点について長く議論を重ねてきた（もちろん、実際の研究はもっと詳細で繊細なのだけれども）。「近代派（モダニスト）」と「未開派（プリミティヴィスト）」、「形式主義者（フォーマリスト）」と「実体主義者（サブスタンティヴィスト）」と呼ばれる人々がそれぞれの立場で喧しく議論を交わした。そこから二〇世紀後半になると、古代ギリシア経済は近代的な枠組みを当てはめるのではなく、古代世界自体の制度的枠組みの中で研究すべきという考えが主流になり、古代の経済は当該社会のネットワークや足枷の中に埋め込まれていたと主張する「新未開派（ネオプリミティヴィスト）」が、古代ギリシア経済研究の正統派と見られるようになってきた。しかし、この考えも今や多くの批判に晒されている。本書はそれらを踏まえ、原著者が原典史料に即しながら、現在の学術状況に照らして、きわめて慎重に描き出した古代ギリシア経済の姿である。

本書では、アテナイやスパルタなど個別の都市に限定することなく、ギリシア都市の世界全体を中心に据え、時代としては前古典期（およそ前八〇〇～前五〇〇年）、古典期（およそ前五〇〇～前三二五年）、ヘレニズム時代（およそ前三二五～前三〇年）、さらにローマ帝政前期（およそ前三〇年から後二世紀の終わりまで）を扱う。このように一千年にわたる長い期間を扱うのは、「ポリス」と称される古代ギリシア都市が、変化を被りながらも、この間、ギリシア世界の人々に基本的な生活の枠組みを提供し続けていたためである。

序章後半では、本書の、そして研究全体の基盤となる史料の性格について紹介する。古代ギリシア人が記した文献、彼らが石や金属板に刻んだ文書といった文字史料は、大変重要であるものの、それぞれの性格を踏まえて注意して扱わなければならない。同時に、経済活動の痕跡をさまざまな形で伝える考古学、そして古銭学の史料は、近年その重要性をいっそう増してきている。新たな発掘が続くばかりではなく、新しい分析手法が古代ギリシア都市経済に新たな光を投げかけ続けている（もちろん、それらとて扱いにかなりの注意が必要なのだが）。

第一章

本章は、古代ギリシア都市の経済の全体像、基本的な枠組みを提示している。三つの観点から、およそ時系列に沿った変化も加味して分析を行っている。

最初に扱われるのは、古代ギリシア人が経済活動を行った「環境」の問題である。ギリシアといえば、まっさきに思い浮かべるのは、やはり真っ青なエーゲ海だろうか。しかし人々が暮らす陸地の方は、島々も含め、たいていは険しい山々に覆われ、利用可能な土地は決して広くなく、育成できる動植物、利用できる資源には制約があった。いうまでもなく、電気や機械など近代的技術が期待できない中、衛生環境や防犯体制なども現代とはだいぶ異なっていた。地域や時代による相違もかなりあったはずだが、そうした中で彼らはいかにして暮らしていたのだろう。どのように工夫を凝らし、技術を高めて、生活を改善していった（あるいはできなかった）のだろうか。

第二に扱われるのは、「経済」という考え方の問題である。そもそも「経済」というものが体系的に思考され、包括的な概念として形をなしてきたのは近代以降のこととされる。たしかに「経済」に相当する「エコノミー」の語源は古代ギリシア語の「オイノコミア」にまでさかのぼるが、古代ギリシア人にとってこの言葉はもっぱら「家（オイコス）を切り盛りすること」を意味し、現代の「経済」と比べればずっと狭い範囲しか指さなかった。それでは当時の人々（主に知識人）は、経済的な活動をどのように見ていたのか。結論からいえば、彼らは土地所有や農業についてはなすべき生業として認める一方、それ以外の「労働」には概して格別大きな意義を与えなかった。原著者によれば、これは当時、手工業や大規模事業が発達してゆく中、保守派がその状況に強い反感を示した結果であるという。古代ギリシアの知識人たちも国家の財政など、経済に関わる知見を書き残してはいるが、政治学ほどに重視することはなかったらしい。

第三に扱われるのは、「都市国家」が経済活動に与えた主要な「枠組み」である。古代ギリシア都市には種々の特性があり、それらが経済活動にどのような影響を与えていたのかという点が検討されている。景観からいえば都市国家は、基本的に市壁で守られた「中心市」とその外側に広がる「田園部（領域）」を備えていた。それぞれの地理区分は、経済活動の点でどのような意味を持ったのだろうか。またギリシアの都市国家は多くの場合、法的にはおよそ「市民」（男性）のほか、女性や子ども、長期にわたって滞在する「在留外国人」（メトイコス）、一時的に滞在する「外国人」（クセノス）、そして「奴隷」から構成されていた。都市によっては「隷属共同体」を抱える場合もあった。こうした社会層はそれぞれ経済的にどのような役割を担ったのだろうか。またこの法的な社会層を横断するような社会経済的格差は、どのような意味を持ち、どのような変化をもたらしたのだろうか。さらに経済活動を考える際、古代ギリシアでは活動の主体を（一）「都市国家」およびその下位区分（区など）、（二）「神殿」（または聖域）、（三）「私的個人」の三つに分けて考えることができる。それぞれはどのような役割を果たしていたのだろうか。また三区分のうちでも都市国家は特別な方法で経済に影響を与えていた。とりわけ「課税」と「貨幣発行」、その他の経済政策（経済活動への「国家介入」）は、古代経済全体の特性を考える際にも重要な要素と思われる。これらはどのような性格を帯び、どのような変化を被ったのだろうか。現代国家の経済政策とはいかに違うのだろうか。

第二章

地中海世界というとワインとオリーヴオイルをはじめとする、地中海式の食事などを思い浮かべる人も少なくないだろう。本章で論じられるのは、こうした食品などを生産する農業の問題である。改めて指摘するまでもなく、この時代のギリシア人は大部分が農耕牧畜に従事していた。養蜂や漁労など関連分野を加えると経済的に最も厚みのある分野ということになるだろう。原著者はこの農業部門を経済的側面からとらえるために、四つの視点を提示している。

最初に提示されるのは、もちろん「生産物」である。ワインのもととなるブドウ、オイルのもととなるオリーヴ、そして主食となるムギ。そのほかにも野菜や果物など、ギリシア人はさまざまな作物を生産していた。無論、畜産もさかんに行われていた。特に古代ギリシアではヒツジやヤギの飼育がさかんだった。それぞれは時代の変化もあるが、とりわけ地域の特性に応じて、技術的な限界、季節や地理的環境による制限を受けながら作業が行われていた。

生産されたものはどのように「加工」されて食品になったのか。誰もが関心を持つこの点が、第二に提示される。先に「主食となるムギ」と書いたが、具体的にはどうやって食べていたのだろう。パンなのか。パスタなのか。それとも? ワインやオリーヴオイルも完成品についてはおよそイメージできるかもしれない。しかし作り方、使い方などはどうなっていたのだろうか。

三番目の論点となるのが「土地利用」のあり方である。まず誰がどのように土地を農業に利用していたのかについて、「所有者」と「耕作者（労働力）」に分けて整理してみると、次のようになるらしい。（一）私的個人が自分で自分の土地を耕す。（二）私的個人が大土地を所有して誰かほかの人に耕作させる。（三）都市が隷属共同体に土地を委ねて耕作させる。（四）都市や聖域が土地を所有し、貸し出しなどをして経営する。それぞれは具体的にどのように経営されていたのだろうか。

さらにまた、第一章冒頭で見たように山がちだというギリシア世界で、こうした土地利用には時代を通じて何かしら変化はあったのだろうか。原著者は特に前二〇〇年ごろ、後期へレニズム時代から大きな変化があったように説明している。それは具体的にはどのようなものだったのだろうか。

最後に論じられるのは、再び原初的な「自給自足経済」だったのか、近代的な「市場経済」だったのかという問いである。答えはもちろん単純ではない。原初的な「自給自足」といったところで、必要なものを全て自分で過不足なく生産できるような農業経営を、本当に個人が実現できるのだろうか。実際のところ、それはとても難しいことだったのではないだろうか。どうやら古代ギリシア都市は、少なくとも都市レベルで自給自足に近い状態になることを理想としていたらしい。他方で古典期にはすでに都市を超えた、近隣そして遠隔の市場を意識した経営も行われていた。その結果、地域ごとに多様な「特産品」も知られるようになった。原著者によれば、市場向けの経営は、時代と共に、政治や社会の変化と共に拡大を見せていったという。

第三章

本章は、手工業と関連する事業を対象とする。第二章の「農業」、第四章の「交易（商業）」のあいだにあるのだから、広く「工業」といっても良いかもしれない。とはいえ、日本語で「工業」というと、どちらかといえば機械を動かす近代的な工場での生産活動をイメージするかもしれない。原著者に倣って、陶器を作ったり、小刀を作ったり、ベッドを作ったりする場合には「手工業」と表現し、「手工業」とはいいがたい、より大規模な軍船の建造や神殿や公共建築の造営といった活動については「（大規模）事業」と表現してみると、なるほど、実態をイメージする方策としては悪くないかもしれない。

本章は経営主体の側面から「私的個人」による経営と「都市国家と神殿」による経営に分けて分析が行われる。事業主、経営主体が異なるということは、もちろん扱う事業の内容にも違いが出てくる。「私的個人」による手工業経営は、家族内の生産、そして比較的小規模なものが多かったが、ある程度の規模を備え、市場を意識した経営も行われていた。業種は多様であり、原始的、未開などとはとても言えず、そこで作られていた製品の質も決して低レベルのものではなかった。もちろん、需要に応じた生産は、経営規模の拡大などに慎重な態度を取らせたことだろう。

「都市国家と神殿」を主体とする事業、すなわち「公的な事業」は一般に規模が大きく、鉱業や林業、建設業などの事業が行われた。都市国家などが出資して実施されるこれらの事業は、比較的史料に残りやすく、本書でも具体的な事例をやや掘り下げて紹介している。これらの公的事業は、実際にはどのような人に経営が委ねられていたのだろうか。また、どのような、どれほどの労働力が用いられたのだろうか。労働市場のようなものは形成されていたのだろうか。そして都市国家がこうした事業に乗り出した意図は、どの辺りにあったのだろうか。

第四章

「市場経済か否か」。この問い（もしくはここから派生したような問い）は、すでに序論で見たように、経済の歴史を考える多くの研究者が、まず初めに念頭に浮かべるものなのかも知れない。すなわち、

「市場」、別の言い方をすれば、生産物や製品を「売買」する局面、すなわち「商業」活動に関する成熟度が、経済の発展を理解するのに一つの重要な鍵とされてきた。本章では「商業」あるいは「交易」の実情を、大きく「交易の条件」「交易レベル」「商人の世界」「公的介入」の四項目に分けて分析することで、古代ギリシア経済の現実と成熟度について理解を深めてゆく（鍵となるだけに分析する項目も広く、農業、手工業＋事業に比べて多くのページが割かれている）。

はじめに商業活動の前提となる「交易の条件」として「輸送」「貨幣」「銀行」の実情が紹介される。隣人との物々交換を超えて商業を行うとしよう。そうすると、まず一定以上の距離を移動する必要がある。すなわち商業を多様なレベル（近距離、中距離、長距離交易）で行うには、「輸送」に関する条件（輸送能力、安全面）がある程度は整っていなければならない。この点について古代ギリシアはどのような状況にあり、いかに変化していったのだろうか。また商業には「貨幣」が付き物である（ように思われる）。すでに紹介されているように、古代ギリシアでは前古典期に硬貨が導入されたのち、数多くの都市で次々に使用され、製造されるようになっていった。いったいどのような種類の貨幣が、どれだけ流通していたのだろうか。また各都市がそれぞれ硬貨を発行していたとすれば、交易の際に非効率だったのではないだろうか。実際、貨幣のバラバラ具合はどのくらいで、いかに変化（あるいは「均一化」）していったのだろうか。さらにもしも商業を長期的に、あるいは大規模に、あるいは長距離間で行うことを想定すると、硬貨の交換はもちろん、大量の硬貨の保管

（貯金）、そして融資（借金）などの問題が気になってくるだろう。本章ではこうした業務に携わった「銀行（トラペザ）」の発展状況についても概略を示してくれる。

続いて「交易レベル」について、「地元」での交易から「長距離」交易まで多様であったことが提示される。日常的に最もさかんに、最も多くの取引が行われていたと想像されるのは、やはり「地元」レベルの取引となる（輸送コストや腐りやすさなどをイメージすれば納得できるだろう）。特殊な交易環境としては、都市や聖域で行われる「祭典」があり、このときには期間限定で大規模な市が開催された。「長距離」交易は、地元レベルでの交易に比べれば、扱う量は大きくなかっただろうが、何より高価な商品を扱うことが多く、しかも古代ギリシア都市の場合、穀物のような生活必需品さえ長距離交易にある程度依存するところもあった。そうすると、遠隔地をつなぐ巨大な経済圏のようなものも想像できてしまうが、その辺りは、実際どのように考えるべきなのだろうか。

第三に提示されるのが、「商取引の世界」である。一口に商人といっても、商業への関わり方は多様である。古代ギリシアでは、中央広場（アゴラ）などに店舗を構え、消費者に商品を売買する「小売商（カペロス。複数形カペロイ）」と、長距離の交易などに従事してあちこちの産品を扱う「交易商（エンポロス。複数形エンポロイ）」があった。後者は主に交易品の買い入れに出資するケースが多く、実際の航海事業を担当するのは「船主（ナウクレロス）」であることが少なくなかった（ただし、「船主」が交易品の売買まで行うこともあった）。こうした職業にはどのような社会層の人々が従事していたのだろうか。世間からどのように見られていたのだろうか。さらに本節では、古代ギリシアの商人たちが金儲けの観念、「利益追求主義」をどれだけ発展させていたのかについて検討が行われる。利益追求主義ということは、自給自足で満足することなく、利益を追求する経営がどれだけ発達していたかを検討することになる。原著者は、現代の資本主義とは異なれど、ある種の経済的合理性を兼ね備えていたと主張する。具体的にはどのような形で利益追求主義が実現されていたのだろうか。

最後に検討するのは、都市国家による「公的介入」の問題である。商業は基本的に私人が自由に活動するものであったが、多様な利害が交錯するため、交易を効率よく、魅力的なものとすべく、各都市国家はさまざまに介入し、障害を克服しようと努めた。ここではさまざまな具体例が紹介されてゆく（地名や固有名詞に惑わされずに、まずはポイントを押さえておきたい）。例えば、都市国家はアゴラノモス（市場監督役）をはじめとする「公職者」を設置し、状況に応じて「価格統制」を行うなどして、公正な商業活動が行われるよう「規制」を整備していった。あるいは、交易を担う外国人に免税特権（アテレイア）を付与するなど、何らかの「保護措置」を取り、商業活動の円滑化を図っていた。また、商業活動の円滑化につながるような（あるいは、そうした結果をもたらすことになる）「国際合意」を、ほかの都市国家（あるいはヘレニズム王など）と締結することもあった。さらに都市国家はときに穀物などの重要物資を「公的購入」により確保することもあった。こうした措置は、具体的にどのように行われていたのだろうか。本節では豊富な事例を紹介しながら、その性格、そして限界などについても考えてゆくことになる。

日本語版読者のための読書案内

以下の一覧は、原著者の承諾の下、日本語版の読者のために訳者がリストアップしたものである。利用者の便宜を考え、原書第二版ならびに英訳のリストを参考に最新の英語（一部仏語）文献と邦語文献を加えた。本書の扱うテーマが広範に及ぶため二次文献リストが長めになるが、入門書（とりわけCompanion, Handbookの類）を手掛かりにすると見通しが立てやすいかもしれない。邦語文献は専門論文も含め広く掲載した。

史　料

Austin, M. M., and P. Vidal-Naquet. Part 2 in *Economic and Social History of Ancient Greece: An Introduction*. Trans. from the French by M.M. Austin. London, 1977.

Burstein, S. M. *The Hellenistic Age from the Battle of Ipsos to the Death of Kleopatra VII*. Cambridge, 1985.

Migeotte, L. *L'emprunt public dans les cités grecques*. Quebec and Paris, 1984.

Pleket, H.W. *Epigraphica*. Vol. I. *Texts on the Economic History of the Greek World*. Leiden, 1964.

Osborne, R., and P. J. Rhodes. *Greek Historical Inscriptions 478-404 B.C.* Oxford, 2017.

Rhodes, P. J., and R. Osborne. *Greek Historical Inscriptions 404-323 B.C.* Oxford, 2003.

このうち冒頭に掲げられている Austin & Vidal-Naquet 1977 は、古代ギリシア経済史料集として古くから親しまれているテキストで、史料の現代語訳（フランス語、英語）と解説が付されている。解説などいささか古いところもあるが、今なお参考になる。本書でも随所で同書の番号が示されており、同書の解説を参照できるようになっている（史料番号がフランス語版、英語版で一部異なっており、本書では後者の番号を採用している）。

邦訳史料については、西洋古典叢書（京都大学学術出版会）から解説の付されたものが数多く出版されているほか、『アリストテレス全集』（岩波書店）のような著者別の翻訳集も出版されている。

また、古山正人他編『西洋古代史史料集』（第二版、東京大学出版会、二〇〇二年）や歴史学研究会編『世界史史料集　第一巻　古代のオリエントと地中海世界』（岩波書店、二〇一二年）などにも、テーマごとの史料翻訳が収録されている。残念ながら、現在のところ、日本語の碑文史料集はなく、入門者には上記の書物やウェブサイト Greek Economic Inscriptions（https://geionline.sns.it）などに掲載されている英訳および解説が参考になる。

なお、碑文のうち入手しにくい Migeotte 1984 および Pleket 1964 に収録されたものなどについては、参考のために主要な碑文集『ギリシア碑文集成 *Inscriptiones Graecae*』、『ギリシア碑文補遺 *Supplementum*

Epigraphicum Graecum』または Dittenberger, W., et al. eds. *Sylloge Inscriptionum Graecarum*, 3rd edn.(Leipzig 1915-1924) の番号を付記した。

二次文献

Acton, P. Poiesis: *Manufacturing in Classical Athens*. Oxford, 2014.

Akrigg, B. *Population and Economy in Classical Athens*. Cambridge, 2019.

Alcock, S. E. *Graecia Capta: The Landscapes of Roman Greece*. Cambridge, 1993.

Amouretti, M.-C. "L'agriculture de la Grèce antique: bilan des recherches de la dernière décennie." *Topoi Orient-Occident* 4 (1994): 69-94.

——— and G. Comet. *Hommes et techniques de l'Antiquité à la Renaissance*. Paris, 1993.

Andreau, J., and R. Descat. *The Slave in Greece and Rome*. Trans. from the French by M. Leopold, Madison, 2011.

Angelis, F. D. *Archaic and Classical Greek Sicily: A Social and Economic History*. Oxford, 2015.

Aperghis, G. G. "A Reassessment of the Laurion Mines Lease Records." *Bulletin of the Institute of Classical Studies* 42 (1997-98): 1-20.

Archibald, Z. H. *Ancient Economies of the Northern Aegean: Fifth to First Centuries BC*. Oxford, 2014.

Archibald, Z. H., J. K. Davies, V. Gabrielsen, and G. J. Oliver, eds. *Hellenistic Economies*. London and New York,

2001.

——— , *Making, Moving and Managing: The New World of Ancient Economies, 323-31 B.C.* Oxford, 2005.

——— , *The Economies of Hellenistic Societies, Third to First Centuries BC.* Cambridge, 2011.

Austin, M. M. "Society and Economy." In *The Cambridge Ancient History*, vol. VI, *The Fourth Century B.C.*, 2nd ed., ed. by D. M. Lewis, J. Boardman, S. Hornblower, and M. Ostwald, 527-64. Cambridge, 1994.

——— and P. Vidal-Naquet. Part I in *Economic and Social History of Ancient Greece: An Introduction.* Trans. from the French by M. M. Austin. London, 1977.

Balansard, A., ed. *Le travail et la pensée technique dans l'antiquité classique, Lecture et relectures d'une analyse de psychologie historique de Jean-Pierre Vernant*. Ramonville and Saint-Agne, 2003.

Bissa, E. M. A. *Governmental Intervention in Foreign Trade in Archaic and Classical Greece*. Leiden, 2009.

Bintliff, J. "Mobility and Proto-Capitalism in the Hellenistic and Early Roman Mediterranean." In *Mobilität in den Kulturen der antiken Mittelmeerwelt*, ed. by E. Olshusen and V. Sauer, 49-53. Stuttgart, 2014.

Blonde, F., and A. Muller. "L'artisanat en Grèce ancienne: les artisans, les ateliers." *Topoi Orient-Occident* (1998): 541-845.

Bogaert, *B. Banques et banquiers dans les cités grecques*. Leiden, 1968.

Bourriot, F. *Banausos: Banausia et la situation des artisans en Grèce classique*. Hildesheim, 2015.

Braudel, F. *The Mediterranean and the Mediterranean World in the Age of Philip II.* Vol. 2. Trans. by S. Reynolds. Berkeley and Los Angeles, 1995. [フェルナン・ブローデル（浜名優美訳）『地中海』普及版（全五分冊）、藤原書店、二〇〇四年]

Bresson, A. *The Making of the Ancient Greek Economy: Institutions, Markets, and Growth in the City-States*. Princeton, 2016.

———, *La cité marchande*. Bordeaux and Paris, 2000.

———, "Merchants and Politics in Ancient Greece: Social and Economic Aspects." In *Mercanti e politica nel mondo antico*, ed. by C. Zaccagnini, 139-63. Rome, 2003.

———, "Ecology and Beyond: The Mediterranean Paradigm." In *Rethinking the Mediterranean*, ed. by W. V. Harris, 94-114. Oxford, 2005.

———, "Coinage and Money Supply in the Hellenistic Age." In *Making, Moving and Managing: The New World of Ancient Economies, 323-31 B.C.*, ed. by Z. H. Archibald, J. K. Davies, V. Gabrielsen, and G. J. Oliver, 44-72. Oxford, 2005.

——— and P. Rouillard, eds. *L'emporion*. Bordeaux and Paris, 1993.

Broughton, T. R. S. "Roman Asia Minor." In *An Economic Survey of Ancient Rome*, vol. IV, ed. by T. Frank, 499-918. Baltimore, 1938.

Bruhns, H. "La cité antique de Max Weber." *Opus* 6-8 (1987-89): 29-42.

——— and J. Andreau, eds. *Sociologie économique et économie de l'Antiquité. A propos de Max Weber. Cahiers du Centre de Recherches Historiques* 34 (October 2004).

Brunet, M., ed. *Actes de la table ronde internationale organisée par l'École Française d'Athènes 31 oct.-3 nov. 1991*. Athens and Paris, 1999.

Burford, A. *The Greek Temple Builders at Epidauros*. Liverpool, 1969.

——— , *Craftsmen in Greek and Roman Society*. London, 1972.

——— , *Land and Labour in the Greek World*. Baltimore and London, 1993.

Burke, E. M., "Finances and the Operation of the Athenian Democracy in the 'Lycurgan Era'." *The American Journal of Philology* 131 (2010): 393-423.

Carrara, A. "Tax and Trade in Ancient Greece: About the Ellimenion and the Harbour Duties." *Revue des Études Anciennes* 116 (2014): 441–64.

Casson, L. *Ancient Trade and Society*. Detroit, 1984.

Chankowski, V., and P. Karvonis, eds. *Tout vendre, tout acheter. Structures et équipements des marchés antiques*. Bordeaux, 2012.

Chapman, A. "Karl Polanyi (1886-1964) for the Student." In *Autour de Polanyi. Vocabulaires, théories et modalités des échanges. Nanterre, 12-14 juin 2004*. ed. by P. Clancier, F. Joannes, P. Rouillard, and A. Tenu, 17-32. Paris, 2005.

Christesen, P. "Economic Rationalism in Fourth-Century BCE Athens." *Greece and Rome* 50 (2003): 31-56.

Cohen, E. E. *Athenian Economy and Society: A Banking Perspective*. Princeton, 1992.

——— , "Commercial Law." In *The Cambridge Companion to Ancient Greek Law*, ed. by M. Gagarin and D. Cohen, 290-302. Cambridge, 2005.

——— , "Juridical Implications of Athenian Slaves' Commercial Activity." In *Symposion 2011: Vorträge zur griechischen und hellenistischen Rechtsgeschichte*, ed. by G. Thür and L. Bernard, 213-224. Wien, 2012.

——— , "Maritime Profiteering in Fourth-century Athens." In *Axōn: Studies in Honor of Ronald S. Stroud*, ed. by A. P. Matthaiou and N. Papazarkadas, 393-409. Athens, 2015.

Collar, A., and T. M. Kristensen, eds. *Pilgrimage and Economy in the Ancient Mediterranean*. Leiden 2020.

Corbier, M. "City, Territory and Taxation." In *City and Country in the Ancient World*, ed. by J. Rich and A. Wallace-Hadrill, 211-39. London and New York, 1991.

Cuomo, S. *Technology and Culture in Greek and Roman Antiquity*. Cambridge, 2007.

Crawford, M., ed. *Sources for Ancient History*. Cambridge, 1983.

Dalton, G., ed. *Primitive, Archaic and Modern Economies: Essays of K. Polanyi*. New York, 1968.

Davies, J. K. "Cultural, Social and Economic Features of the Hellenistic World." In *The Cambridge Ancient History,* vol. VII. i, *The Hellenistic World*, 2nd ed., ed. by F. W. Walbank, A. E. Astin, M. W. Frederiksen, and R. M. Ogilvie, 257-320. Cambridge, 1984.

———, "Society and Economy." In *The Cambridge Ancient History*, vol. V, *The Fifth Century B.C.*, ed. by D. M. Lewis, J. Boardman, J. K. Davies, and M. Ostwald, 287-305. Cambridge, 1992.

———, "Ancient Economies: Models and Muddles." In *Trade, Traders and the Ancient City*, ed. by H. Parkins and C. Smith, 225-56. London and New York, 1998.

———, "Hellenistic Economies." In *The Cambridge Companion to the Hellenistic World*, ed. by G. R. Bugh, 73-92. Cambridge, 2006.

de Callatay, F. "A Quantitative Survey of Hellenistic Coinages: Recent Achievements." In *Making, Moving and Managing: The New World of Ancient Economies, 323-31 B.C.*, ed. by Z.H. Archibald, J.K. Davies, and V. Gabrielsen, 73-91. Oxford, 2005.

Demetriou, D. *Negotiating Identity in the Ancient Mediterranean: The Archaic and Classical Greek Multiethnic Emporia.* Cambridge, 2012.

Economou, E. M. L., and N. C. Kyriazis. "The Evolution of Property Rights in Hellenistic Greece and the Ptolemaic Kingdom of Egypt." *Journal of Institutional Economics* 15-5 (2019): 827-843.

Engen, D. T. *Honor and Profit: Athenian Trade Policy and the Economy and Society of Greece, 415-307 B.C.E.* Ann

Arbor, 2010.

Esposito, A. and G.M. Sanidas, eds. « *Quartiers* » *artisanaux en Grèce ancienne. Une perspective Méditerranéenne.* Villeneuve d'Ascq, 2012.

Etienne, R., C. Muller, and F. Prost. *Archéologie historique de la Grèce antique*. Paris, 2000.

Fawcett, P. "'When I Squeeze You with *Eisphorai*.' Taxes and Tax Policy in Classical Athens." *Hesperia* 85 (2016): 153-99.

Finley, M. I., ed. *Problèmes de la terre en Grèce ancienne*. Paris and The Hague, 1973.

——— , *Economy and Society in Ancient Greece*. London, 1981.

——— , *Ancient History: Evidence and Models*. London, 1985.

——— , *The Ancient Economy*. Berkeley and Los Angeles, 1973. [New ed. 1999, with a foreword by I. Morris and the Further Thoughts of M. I. Finley.]

Foxhall, L. *Olive Cultivation in Ancient Greece: Seeking the Ancient Economy*. Oxford, 2007.

Fuks, A. *Social Conflict in Ancient Greece*. Jerusalem and Leiden, 1984.

Gabrielsen, V. *Financing the Athenian Fleet: Public Taxation and Social Relations*. Baltimore and London, 1994.

——— , "Economic Activity, Maritime Trade and Piracy in the Hellenistic Aegean." *Revue des Études Anciennes* 103 (2001): 219-40.

———, “Banking and Credit Operations in Hellenistic Times.” In *Making, Moving and Managing: The New World of Ancient Economics, 323-31 B.C.*, ed. by Z. H. Archibald, J. K. Davies, V. Gabrielsen, and G. J. Oliver, 136-64. Oxford, 2005.

———, “Warfare and the State.” In *The Cambridge History of Greek and Roman Warfare.* Vol. 1. *Greece, The Hellenistic World and the Rise of Rome*, ed. by P. Sabin, H. van Wees, and M. Whitby, 248-72. Cambridge, 2007.

———, “Warfare, Statehood and Piracy in the Greek World.” In *Seeraub im Mittelmeerraum. Piraterie, Korsarentum und maritime Gewalt von der Antike bis zur Neuzeit*, ed. by N. Jaspert, N., and S. Kolditz, 133-53. Paderborn, 2013.

———, “Finance and Taxes.” In *A Companion to Ancient Greek Government,* ed. by H. Beck, 322-48. Chichester, 2013.

Gallant, T. W. *Risk and Survival in Ancient Greece: Reconstructing the Rural Domestic Economy*. Cambridge, 1991.

Garlan, Y. *War in the Ancient World: A Social History*. Trans. by J. Lloyd. New York, 1975.

———, *Slavery in Ancient Greece*. Trans. by J. Lloyd. Ithaca, 1988.

Garnsey, P., ed. *Non-Slave Labour in the Greco-Roman World*. Cambridge, 1980.

———, *Famine and Food Supply: Responses to Risk and Crisis*. Cambridge, 1988. ［ピーター・ガーンジィ（松本宣郎、阪本浩訳）『古代ギリシア・ローマの飢饉と食糧供給』白水社、一九九八年］

——— , *Food and Society in Classical Antiquity*. Cambridge, 1988.

——— , K. Hopkins, and C. R. Whittaker, eds. *Trade in the Ancient Economy*. London, 1983.

——— , and C. R. Whittaker, eds. *Trade and Famine in Classical Antiquity*. Cambridge, 1983.

Gauthier, P. "De Lysias à Aristote (*Ath. pol.*, 51, 4): Le Commerce du grain à Athènes et les fonctions des sitophylaques." *Revue Historique de Droit Français et Étranger* 59 (1981): 5-28.

——— , "Les saisies licites aux dépens des étrangers dans les cités grecques." *Revue Historique de Droit Français et Étranger* 60 (1982): 553-76.

——— , "Grandes et petites cités: hégémonie et autarcie." *Opus* 6-8 (1987-89): 187-97.

Greene, K. "Technological Innovation and Economic Progress in the Ancient World: M. I. Finley Reconsidered." *Economic History Review* 53 (2000): 29-59.

Halstead, P. *Two Oxen Ahead: Pre-Mechanized Farming in the Mediterranean*. Chichester, 2014.

Hansen, M. H. "The Hellenic Polis." In *A Comparative Study of Thirty City-State Cultures: An Investigation Conducted by the Copenhagen Polis Centre*, ed. by M.H. Hansen, 141-87. Copenhagen, 2000.

——— , *Polis: An Introduction to the Ancient Greek City-State*. Oxford, 2006.

——— , *The Shotgun Method: The Demography of the Ancient Greek City-State Culture*. Columbia, Missouri, and London, 2006.

Hanson, V. D. *The Other Greeks: The Family Farm and the Agrarian Roots of Western Civilization*. New York, 1995.

———, *Warfare and Agriculture in Classical Greece*. 2nd ed. Berkeley and Los Angeles, 1998.

Harlow, M., R. Laurence, and J. Stobart, eds. *A Cultural History of Shopping in Antiquity*. London and N.Y. 2021.

Harris, E. M. "Workshop, Marketplace and Household: The Nature of Technical Specialization in Classical Athens and Its Influence on Economy and Society." In *Money, Labour and Land: Approaches to the Economies of Ancient Greece*, ed. by P. Cartledge, E. E. Cohen, and L. Foxhall, 67-99. London and New York, 2002.

———, D. M. Lewis, and M. Woolmer, eds. *The Ancient Greek Economy: Markets, Households and City-States*. Cambridge, 2015.

Harris, W. V. ed. *The Monetary Systems of the Greeks and Romans*. Oxford, 2008.

Hodkinson, S. "Animal Husbandry in the Greek Polis." In *Pastoral Economies in Classical Antiquity*, ed. by C. R. Whittaker, 35-74. Cambridge, 1988.

——— and C. Gallou, eds. *Luxury and Wealth in Sparta and the Peloponnese*. Swansea, 2021.

Hollander, D. and T. Howe, eds. *A Companion to Ancient Agriculture*. Malden, MA; Oxford; Chichester, 2015.

Hopkins, K. "Economic Growth and Towns in Classical Antiquity." In *Towns in Societies: Essays in Economic History and Historical Sociology*, ed. by P. Abrams and E.A. Wrigley, 35-77. Cambridge, 1978.

———, "Introduction." In *Trade in the Ancient Economy*, ed. by P. Garnsey, K. Hopkins, and C. R. Whittaker, ix-

xxxv. London, 1983.

Hopper, R. J. *Trade and Industry in Classical Greece*. London, 1976.

Horden, P., and N. Purcell. *The Corrupting Sea: A Study of Mediterranean History*. Oxford, 2000.

Howgego, C. "Why Did Ancient States Strike Coins?" *Numismatic Chronicle* 1990: 1-25.

——— , *Ancient History from Coins*. London and New York, 1995.

Howe, T. *Pastoral Politics: Animals, Agriculture and Society in Ancient Greece*. Claremont, 2008.

——— , ed. *Traders in the Ancient Mediterranean: Publications of the Association of Ancient Historians 11*. Chicago, 2015.

Humphreys, S. C. "History, Economics and Anthropology: The Work of Karl Polanyi." *History and Theory* 8 (1969): 165-212. [Reprint with Additional Note in *Anthropology and the Greeks*, 31-75. London, 1978]

Isager, S., and J. E. Skydsgaard. *Ancient Greek Agriculture: An Introduction.* London and New York, 1992.

Jew, D., R. Osborne, and M. Scott, eds. *M. I. Finley: An Ancient Historian and his Impact*. Cambridge, 2016.

Johnstone, S. *A History of Trust in Ancient Greece*. Chicago and London, 2011.

Kim, H.S. "Small Change and the Moneyed Economy." In *Money, Labor and Land: Approaches to the Economies of Ancient Greece*, ed. by P. Cartledge, E.E. Cohen, and L. Foxhall, 44-51. London and New York, 2002.

Kehoe, D., D. M. Ratzan, and U. Yiftach, eds. *Law and Transaction Costs in the Ancient Economy (Law and Society in the Ancient World)*. Ann Arbor, 2015.

Krmnicek, S., ed. *A Cultural History of Money in Antiquity*. London and N.Y. 2019.

Labarre, G., and M.-T. Le Dinahet. "Les métiers du textile en Asie Mineure de l'époque hellénistique à l'époque impériale." *Aspects de l'artisanat du textile dans le monde méditerranéen (Égypte, Grèce, monde romain)*, 49-118. Lyon and Paris, 1996.

Langridge-Noti, E. M. "'To Market, To Market': Pottery, the Individual, and Trade in Athens." In *Cities Called Athens: Studies Honoring John McK. Camp II*, ed. by K. F. Daly and L. A. Riccardi, 165-195. Lewisburg, 2015.

Larsen, J. A. O. "Roman Greece." In *An Economic Survey of Ancient Rome*, vol. 4, ed. by T. Frank, 259-498. Baltimore, 1938.

Lawall, M. L. "Amphoras and Hellenistic Economies: Addressing the (Over)emphasis on Stamped Amphora Handles." In *Making, Moving and Managing: The New World of Ancient Economies, 323-31 B.C.*, ed. by Z.H. Archibald, J. K. Davies, V. Gabrielsen, and G. J. Oliver, 188-232. Oxford, 2005.

Le Rider, G. *La naissance de la monnaie. Pratiques monétaires de l'Orient ancien*. Paris, 2001.

Leese, M. *Making Money in Ancient Athens*. Ann Arbor, 2021.

Leveau, P. "La ville antique, «ville de consommation» ?" *Études Rurales* Jan.-Sept. 1983, 275-89.

Lewis, D. *Greek Slave Systems in their Eastern Mediterranean Context, c. 800-146 BC*. Oxford, 2018.

——— , "Piracy and Slave Trading in Action in Classical and Hellenistic Greece." *Mare Nostrum* 10-2 (2019): 79-108.

Lis, C. and H. Soly. "Attitudes to Work and Workers in Ancient Greece." In *Worthy Efforts: Attitudes Towards Work and Workers in Pre-industrial Europe*, ed. by C. Lis and H. Soly, 13-53. Leiden and Boston, 2012.

Lo Cascio, E., A. Bresson, and F. Velde eds. *The Oxford Handbook of Economies in the Classical World*. Oxford, forthcoming.

Lowry, S. T. *The Archeology of Economic Ideas: The Classical Greek Tradition*. Durham, 1987.

Lytle, E., ed. *A Cultural History of Work in Antiquity*. London and N.Y. 2019.

Lyttkens, C. H. *Economic Analysis of Institutional Change in Ancient Greece: Politics, Taxation and Rational Behaviour*. London and New York, 2013.

Mackil, E. *Creating a Common Polity: Religion, Economy, and Politics in the Making of the Greek Koinon*. Berkeley, 2013.

——— , "Property Security and its Limits in Classical Greece." In *Ancient Greek History and Contemporary Social Science, Edinburgh Leventis Studies*, ed. by M. Canevaro, A. Erskine, B. Gray, and J. Ober, 315-343. Edinburgh, 2018.

Manning, J. G. *The Open Sea: The Economic Life of the Ancient Mediterranean World from the Iron Age to the Rise of Rome*. Princeton, 2018.

——— and I. Morris, eds. *The Ancient Economy: Evidence and Models*. Stanford, 2005.

Meadows, A., and K. Shipton. *Money and Its Uses in the Ancient Greek World*. Oxford, 2001.

Meiggs, R. *Trees and Timber in the Ancient Mediterranean World*. Oxford, 1982.

Meikle, S. *Aristotle's Economic Thought*. Oxford, 1995.

Migeotte, L. "Démocratie et entretien du peuple à Rhodes d'après Strabon, XIV, 2, 5", *Revue des études grecques* 102 (1989) : 515-528. [reprinted in L. Migeotte 2010, 181-194]

——— , "Le pain quotidien dans les cités hellénistiques. À propos des fonds permanents pour l'approvisionnement en grain." *Cahiers du Centre G. Glotz* 2 (1991): 19-41. [reprinted in L. Migeotte 2010, 305-329]

——— , "Les finances publiques des cités grecques. Bilan et perspectives de recherche." *Topoi. Orient-Occident* 5 (1995): 7-3. [reprinted in L. Migeotte 2010, 455-476]

——— , "Finances et constructions publiques." In *Stadtbild und Bürgerbild im Hellenismus,* ed. by M. Wörrle and P. Zanker, 79-86. Munich, 1995. [reprinted in L. Migeotte 2010, 233-245]

——— , "Les finances des cités grecques au-delà du primitivisme et du modernisme" In *EATRGEIA: Studies on Ancient History and Epigraphy Presented to H. W. Pleket,* ed. by J. H. M. Strubbe, R. A. Tybout, and H. S. Versnel, 79-96. Amsterdam, 1996. [reprinted in L. Migeotte 2010, 477-491]

——— , "Le contrôle des prix dans les cités grecques." In *Entretiens d'archéologie et d'histoire. Économie antique. Prix et formation des prix dans les économies antiques,* ed. by J. Andreau, P. Briant, and R. Descat, 33-52. St.-Bertrand -de-

Comminges, 1997. [reprinted in L. Migeotte 2010, 419-438]

——— , "La mobilité des étrangers en temps de paix en Grèce ancienne." In *La mobilité des personnes en Méditerranée de l'Antiquité à l'époque moderne. Procédures de contrôle et documents d'identification. La mobilité négociée*, ed. by C. Moatti, 615-648. Rome, 2004. [reprinted in L. Migeotte 2015, 383-402]

——— , "La gestion des biens sacrés dans les cités grecques" In *Symposion 2003. Vorträge zur griechischen und hellenistischen Rechtsgeschichte (Marburg 30 September - 4 Oktober 2003)*, ed. by G. Thür and H. A. Rupprecht, 235-48. Vienna, 2006. [reprinted in L. Migeotte 2015, 103-115]

——— , "Les cités grecques : une économie à plusieurs niveaux." In *L'économie antique, une économie de marché? Actes des deux tables rondes tenues à Lyon les 4 février et 30 novembre 2004*, ed. by Y. Roman and J. Dalaison, 69-86. Paris, 2008. [reprinted in L. Migeotte 2015, 413-424]

——— , *Économie et finances publiques des cités grecques: Choix d'articles publiés de 1976 à 2001*, vol. 1. Lyon, 2010.

——— , *Les finances des cités grecques aux périodes classique et hellénistique*. Paris, 2014.

——— , *Économie et finances publiques des cités grecques: Choix d'articles publiés de 2002 à 2014*, vol. 2. Lyon, 2015.

Millett, P. *Lending and Borrowing in Ancient Athens*. Cambridge, 1991.

——— , "Productive to Some Purpose? The Problem of Ancient Economic Growth." In *Economies Beyond Agriculture in the Classical World,* ed. by D. J. Mattingly and J. Salmon, 17-48. London and New York, 2001.

Mitchell, S., and C. Katsari, eds. *Patterns in the Economy of Roman Asia Minor.* Swansea, 2005.

Moreno, A. *Feeding the Democracy: The Athenian Chain Supply in the Fifth and Fourth Centuries B.C.* Oxford, 2007.

Moreno, N. *Trade in Classical Antiquity*. Cambridge, 2007.

Morris, I. "The Athenian Economy Twenty Years after The Ancient Economy." *Classical Philology* 89 (1994): 351-66.

———, ed. *Classical Greece: Ancient Histories and Modern Archaeology*. Cambridge, 1994.

———, "Archaeology and Archaic Greek History." In *Archaic Greece: New Approaches and New Evidence*, ed. by N. Fisher and H. van Wees, 1-91. London, 1998.

———, "Economic Growth in Ancient Greece." *Journal of Institutional and Theoretical Economics* 160-4 (2004): 709-742.

———, "The Greater Athenian State." In *The Dynamics of Ancient Empires*, ed. by I. Morris and W. Scheidel, 99-177. Oxford, 2009.

———, *The Measure of Civilization: How Social Development Decides the Fate of Nations*. Princeton, 2013.

Murray, O., and S. Price, eds. *The Greek City from Homer to Alexander*. Oxford, 1990.

Nafissi, M. *Ancient Athens & Modern Ideology: Value, Theory & Evidence in Historical Sciences. Max Weber, Karl Polanyi & Moses Finley*. London, 2005.

Ober, J. "Wealthy Hellas." *Transactions of the American Philological Association* 140 (2010): 241-86.

——— , "Greek Economic Performance, 800-300 BCE: A Comparison Case." In *Quantifying the Graeco-Roman Economy and Beyond*, ed. by F. de Callataÿ, 103-22. Bari, 2014.

——— , *The Rise and Fall of Classical Greece*. Princeton, 2015.

O'Connor, S. "Private Traders and the Food Supply of Classical Greek Armies." *Journal of Ancient History* 3 (2015): 173-219.

Oliver, G. J. *War, Food, and Politics in Early Hellenistic Athens*. Oxford, 2007.

Osborne, R. *Classical Landscape with Figures: The Ancient Greek City and Its Countryside*. London, 1987.

——— , "Social and Economic Implications of the Leasing of Land and Property in Classical and Hellenistic Greece." *Chiron* 18 (1988): 279-329.

——— , "Greek Archaeology: A Survey of Recent Work." *American Journal of Archaeology* 108 (2004): 87-102.

Papazarkadas, N. *Sacred and Public Land in Ancient Athens*. Oxford, 2011.

Pernin, I. *Les baux ruraux en Grèce ancienne. Corpus épigraphique et étude*. Lyon, 2014.

Pleket, H. W. "Urban Elites and the Economy in the Greek Cities of the Roman Empire." *Münstersche Beiträge zur antiken Handelsgeschichte* 3 (1984): 3-36.

——— , "Greek Epigraphy and Comparative Ancient History: Two Case Studies." *Epigraphica Anatolica* 12 (1988): 25-37.

———, "The Roman State and the Economy: The Case of Ephesus." In *Entretiens d'archéologie et d'histoire,* 1: *Les échanges dans l'Antiquité: le rôle de l'État*, ed. by J. Andreau, P. Briant, and R. Descat, 115-26. St.-Bertrand-de-Comminges, 1994.

———, "Economy and Urbanization: Was There an Impact of Empire in Asia Minor?" In *Asia Minor Studien,* 50: *Stadt and Stadtentwicklung in Kleinasien*, ed. by E. Schwertheim and E. Winter, 85-95. Bonn, 2003.

Polanyi, K., C. Arensberg, and H. W. Pearson. *Trade and Market in the Early Empires: Economies in History and Theory.* Glencoe, 1957.

Porter, J. D. "Slavery and Athens' Economic Efflorescence: Mill Slavery as a Case Study." *Mare Nostrum* 10-2 (2019): 25-50.

Price, S., and L. Nixon. "Ancient Greek Agricultural Terraces: Evidence from Texts and Archaeological Survey." *American Journal of Archaeology* 109 (2005): 665-694.

Pritchard, D. M. *Public Spending and Democracy in Classical Athens*. Austin, 2015.

Psoma, S. E. "Athenian Owls and the Royal Macedonian Monopoly on Timber." *Mediterranean Historical Review* 30-1 (2015): 1-18.

Reger, G. *Regionalism and Change in the Economy of Independent Delos, 314-167 B.C.* Berkeley and Los Angeles, 1994.

———, "Aspects of the Role of Merchants in the Political Life of the Hellenistic World." In *Mercanti e politica nel mondo antico*, ed. by C. Zaccagnini, 165-97. Rome, 2003.

———, "The Economy." In *A Companion to the Hellenistic World*, ed. by A. Erskine, 331-53. Oxford, 2003.

Robinson, D. M., and A. I. Wilson, eds. *Maritime Archaeology and Ancient Trade in the Mediterranean*. Oxford, 2011.

Rostovtseff, M. *The Social and Economic History of the Hellenistic World*. Oxford, 1941.

———, *The Social and Economic History of the Roman Empire*. Oxford, 1957. [M・ロストフツェフ（坂口明訳）『ローマ帝国社会経済史』上・下、東洋経済新報社、二〇〇一年]

Rousset, D. "La cité et son territoire dans la province d'Achaïe et la notion de «Grèce romaine»." *Annales HSS* 59 (2004): 363-83.

Rutishauser, B. *Athens and the Cyclades: Economic Strategies 540-314 BC*. Oxford, 2012

Saller, R. P. "The Young Moses Finley and the Discipline of Economics." In *Moses Finley and Politics*, ed. by William V. Harris, 49-60. Leiden and Boston, 2013.

Salmon, J. "The Economic Role of the Greek City." *Greece and Rome* 46 (1999): 147-67.

Sanidas, G. M. *La production artisanale en Grèce*. Paris, 2013.

Schaps, D. M. *The Invention of Coinage and the Monetization of Ancient Greece*. Ann Arbor, 2004.

Scheidel, W. "The Greek Demographic Expansion: Models and Comparisons." *Journal of Hellenic Studies* 123 (2003): 120-40.

——— and S. von Reden, eds. *The Ancient Economy*. Edinburgh, 2002.

———, I. Morris, and R. Saller (eds.). *The Cambridge Economic History of the Greco-Roman World*, parts I-IV. Cambridge, 2007.

——— and A. Monson, eds. *Fiscal Regimes and the Political Economy of Premodern States*, Cambridge, 2015. (esp. Ch. 5. A. Monson, "Hellenistic Empires", Ch. 7. W. Scheidel, "The Early Roman Monarchy", Ch. 15. E. Mackil, "The Greek *Polis* and *Koinon*", and Ch. 16. J. Ober "Classical Athens.")

Schiavone, A. *The End of the Past: Ancient Rome and the Modern West*. Trans. by M. Schneider. Cambridge, Mass., 2000.

Shipley, D. G. J., and M.-H. Hansen. "T*he Polis and Federalism." In The Cambridge Companion to the Hellenistic World*, ed. by G. R. Bugh, 52-72. Cambridge, 2006.

Shipley, G. "Hidden Landscapes: Greek Field Survey Data and Hellenistic History." In *The Hellenistic World*: *New Perspectives*, ed. by D. Ogden, 177-198. London, 2002.

Shipton, K. *Leasing and Lending*: *The Cash Economy in Fourth -Century Athens*. London, 2000.

Shipton, K. M. W., "Bankers as Money Lenders: The Banks of Classical Athens." In *Pistoi dia tèn technèn*: *Bankers, Loans and Archives in the Ancient World*: *Studies in Honour of Raymond Bogaert*, ed. by K. Verboven, K. Vandorpe, and V. Chankowski, 93-114. Leuven, 2008.

Snodgrass, A. *Archaic Greece: The Age of Experiment*. London, 1980.

———, *An Archaeology of Greece: The Present State and Future Scope of a Discipline*. Berkeley and Los Angeles, 1987.

Sorg, T. "Agyrrhios beyond Attica: Tax-Farming and Imperial Recovery in the Second Athenian League," *Historia* 64 (2015): 49-76.

Stanfield, J.R. *The Economic Thought of Karl Polanyi: Lives and Livelihood*. New York, 1986.

Starr, C. G. "Economic and Social Conditions in *the Greek World." In The Cambridge Ancient History, vol. III.3, The Expansion of the Greek World, Eighth to Sixth Centuries B.C.*, 2nd ed., ed. by J. Boardman and N.G.L. Hammond, 417-41. Cambridge, 1982.

Strubbe, J. H. M. "The *Sitonia* in the Cities of Asia Minor under the Principate." *Epigraphica Anatolica* 10 (1987): 45-81; and 13 (1989): 99-121.

Stewart, E., E. Harris, and D. Lewis eds. *Skilled Labour and Professionalism in Ancient Greece and Rome*. Cambridge, 2020.

Sundahl, M. "*Dikai emporikai*: Response to Alberto Maffi." In *Symposion 2015*: *Vorträge zur griechischen und hellenistischen Rechtsgeschichte*, ed. by G. Thür and D. Leao, 209-212. Wien, 2017.

Temin, P. "A Market Economy in the Early Roman Empire." *Journal of Roman Studies* 91 (2001): 169-81.

———, "The Labor Market of the Early Roman Empire." *Journal of Interdisciplinary History* 34 (2004): 513-38.

Thompson, W. E. "The Athenian Entrepreneur." *L'Antiquité Classique* 51 (1982): 53-85.

van Berkel, T. *The Economics of Friendship: Conceptions of Reciprocity in Ancient Greece*. Leiden, 2020.

van Wees, H. *Ships and Silver, Taxes and Tribute: A Fiscal History of Archaic Athens*. London, 2013.

Veyne, P. *Bread and Circuses: Historical Sociology and Political Pluralism*. Trans. by B. Pearce. London, 1990.［ポール・ヴェーヌ（鎌田博夫訳）『パンと競技場――ギリシア・ローマ時代の政治と都市の社会学的歴史（新装版）』法政大学出版局、二〇一五年］

von Reden, S. "Money in the Ancient Economy: A Survey of Recent Research." *Klio* 84 (2002): 141-74.

———, *Money in Classical Antiquity*. Cambridge, 2010.

——— and D. Rathbone. "Mediterranean Grain Prices in Classical Antiquity." In *A History of Market Performance: From Ancient Babylonia to the Modern World*, ed. by R. J. van der Spek, J. Luiten, J. L. van Zanden, and B. van Leeuwen, 148-234. London and New York, 2014.

———, ed. *The Cambridge Companion to the Ancient Greek Economy*. Cambridge, 2022.

Walsh, J. St. P., *Consumerism in the Ancient World. Imports and Identity Construction*. London, 2014.

Weber, M. *The Agrarian Sociology of Ancient Civilizations*. Trans. by R. I. Frank. London, 1976.［マックス・ウェーバー（弓削達・渡辺金一訳）『古代社会経済史――古代農業事情』東洋経済新報社、一九五九年］

Wells, B., ed. *Agriculture in Ancient Greece: Proceedings of the Seventh International Symposium at the Swedish Institute at*

Athens, 16-17 May, 1990. Stockholm, 1992.

White, K.D. *Greek and Roman Technology*. London, 1984.

Whittaker, C.R. "Do Theories of the Ancient City Matter?" In *Urban Society in Roman Italy*, ed. by T. J. Cornell and H.K. Lomas, 1-20. London, 1993. [Reprinted as chapter 9 in *Land, City and Trade in the Roman Empire*. Aldershot, 1993]

Wikander, Ö. *Handbook of Ancient Water Technology*. Leiden and Boston, Mass., 2000.

Wilkins, J. M., and S. Hill. *Food in the Ancient World*. Oxford, 2006.

Wilkins, J. M., and R. Nadeau, eds. *A Companion to Food in the Ancient World*. Chichester 2015.

Wilson, J.-P. "The 'Illiterate Trader'?" *Bulletin of the Institute of Classical Studies* 42 (1997-98): 29-56.

Woolmer, M., *Athenian Mercantile Community: A Reappraisal of the Social, Political and Legal Status of Inter-regional Merchants during the Fourth Century*, PhD diss., Cardiff University, 2008.

Wright, G. R. H. *Ancient Building Technology*. Leiden and Boston, Mass, 2000.

日本語文献

雨宮健「（講演）古典期アテネの経済思想（高田保馬記念講演会――経済思想の源流をさぐる――）」『経済論叢』一七五巻五／六号、二〇〇五年、四二六～四五〇頁。

――「古代ギリシャと古代中国の貨幣経済と経済思想」『金融研究』三一号、二〇一二年、一～五一頁。

伊藤貞夫『古典期のポリス社会』岩波書店、一九八一年。

――「マックス・ウェーバーと古典古代史研究」『思想』九一〇号、二〇〇〇年、一一三～一三九頁。

――「古代ギリシア史研究と奴隷制」『法制史研究』五五号、二〇〇六年、一一一～一五四頁。

――「史料研究と学説史――古代経済史の場合」『日本學士院紀要』六四巻二号、二〇一〇年、一〇九～一四〇頁。

伊藤正『ギリシア古代の土地事情』多賀出版、一九九二年。

――『ゲオーポニカ　古代ギリシアの農業事情』刀水書房、二〇一九年。

伊東七美男「前四世紀のアテナイ海軍における公的負債の回収とその歴史的背景――IG II^2 1604-1632の検討を中心に」『史學雜誌』一〇〇編八号、一九九一年、一三五五～一三九五頁。

岩片磯雄『古代ギリシアの農業と経済』大明堂、一九八八年。

岩田拓郎「Demosthenes, XXXVI. 3. の解釈をめぐる二・三の問題――古代ギリシア「銀行」史の一断面」『北海道大學文學部紀要』二二巻一号、一九七四年、一～一一九頁。

――「Dipoliastai（ディーポリアスタイ）について――古代アッティカの牧牛者集団」上・中・下

『北海道大學文學部紀要』三九巻三号、一九九一年、三九～八四頁・四一巻三号、一九九三年、一～八一頁・四二巻三号、一九九四年、一～八一頁。

岡田泰介「古代ギリシア国家の兵站システムと地域市場への影響」『西洋史学』二〇四号、二〇〇一年、二六七～二八五頁。

――「古代ギリシアにおける戦争と貨幣」『古代文化』五四巻一号、二〇〇二年、一～一四頁。

――「古典期ギリシアにおける貴金属の流通と戦争」『歴史學研究』七六一号、二〇〇二年、一九～三三、六一頁。

――「古典期アルカディアにおける家畜取引――テゲア出土碑文 *IG.V.2.3* の分析を中心に」『西洋古典学研究』五一号、二〇〇三年、六九～七七頁。

――「ヘレニズム期クレタにおける大規模牧畜の発達――クレタ東部ヒエラピュトゥナを中心に」『西洋史研究』三六号、二〇〇七年、一～二〇頁。

小田洋「古代ギリシアの移動牧畜」『人文地理』三五巻四号、一九八三年、五七～六八頁。

河底尚吾「古代ギリシアの私役奴隷――アリストパネェスの奴隷たち――」『横浜経営研究』三巻一号、一九八二年、一五～二九頁。

――「古代ギリシアの私役奴隷――アリストパネェスの奴隷たち――II」『横浜経営研究』四巻一号、一九八三年、一～一九頁。

――「古代ギリシアの職人奴隷――アリストパネェスの奴隷たち――」『横浜経営研究』一一巻一号、一九九〇年、一～八頁。

桜井万里子「Ⅱ　女性　第五章　女性の地位と財産権」同『古代ギリシア社会史研究――宗教・女性・他者――』岩波書店、一九九六年、二三五～二七六頁。

佐藤昇「ペロポンネーソス戦争期における農地への意識」『クリオ』一二号、一九九八年、一～一五頁。

――「古代ギリシアのポリス」大黒俊二・林佳世子編『岩波講座世界歴史　第二巻　古代西アジアとギリシア』岩波書店、二〇二三年、一二一～一四三頁。

杉本陽奈子『古代ギリシアと商業ネットワーク』京都大学学術出版会、二〇二三年。

――「古典期からヘレニズム初期の経済的ネットワークと共同体」『古代文化』七五巻一号、二〇二三年、八六～九三頁。

周藤芳幸「デーモスの集落と孤立農場――古典期アテネにおける居住空間の復元に向けて――」藤本強編『住の考古学』同成社、一九九七年、二五八～二七八頁。

――「孤立農場論の射程――もうひとつのポリスと市民像をもとめて――」本村凌二他『岩波講座世界歴史４　地中海世界古典文明』岩波書店、一九九八年、一六七～一八九頁。

――『ナイル世界のヘレニズム　エジプトとギリシアの遭遇』名古屋大学出版会、二〇一四年。

――「ヘレニズム時代東地中海のワイン交易――エジプトからの視点――」『西アジア考古学』一七巻、二〇一六年、五九～六六頁。

豊田和二「ペルシア王宮造営と東方ギリシア人――資料からみたギリシア人職人の存在とその状況」『西洋史学』一二二号、一九八一年、三六～五〇頁。

――「前古典期ギリシアにおける手工業者の地位と機能」『西洋史論叢』六号、一九八四年、一～一五頁。

――「アゴラの発掘にみる工人の生活」『史観』一一六号、一九八七年、一六～三三頁。

――「古代ギリシア人の技術観――その進歩と停滞への心性」『社会科学討究』三三巻二号、一九八七年、七一九～七四八頁。

――「古代ギリシア人にみる技術と社会の「進歩観」」『社会科学討究』三四巻二号、一九八八年、三〇三～三三〇頁。

――「科学史入門――ギリシア技術の諸問題」『科学史研究』第Ⅱ期、三〇号、一九九一年、一八四～一八七頁。

根本泰充「前四世紀ギリシアの海上貿易における κοινωνός」『白山史学』四八号、二〇一二年、一二三～一四七頁。

橋本資久「アテナイにおける他者認識――古典期における「地政学的遠隔地」出身者への顕彰を

めぐって――」桜井万里子、師尾晶子編『古代地中海世界のダイナミズム――空間・ネットワーク・文化の交錯――』山川出版社、二〇一〇年、一〇九～一三五頁。

古川堅治「前四世紀アテナイにおけるエイスフォラ――その徴収機構・原理を中心に」『西洋史学』一〇七号、一九七七年、一八六～二〇三頁。

――「アテナイにおけるエイスフォラの社会的意義」『西洋史学』一一六号、一九八〇年、二四六～二六四頁。

――「"diadikasia"碑文とエイスフォラ徴収機構の変遷」『獨協大学教養諸学研究』一九号、一九八四年、二三～五五頁。

――「八オボロス碑文とエイスフォラ――ギリシアの財産税」『獨協大学教養諸学研究』二四号、一九八九年、七八～一〇〇頁。

――「アテナイ国家財政と公共建築事業――前五世紀を中心に」『西洋史研究』三一号、二〇〇二年、一六九～一七九頁。

――「古典期アテナイのエイスフォラ徴収システム再考」『マテシス・ウニウェルサリス』九巻二号、二〇〇八年、二一～五六頁。

古山正人「古代ギリシアのポリスと商手工業」『國學院雜誌』一〇九巻一一号、二〇〇八年、一八四～二〇三頁。

――「スパルタにおける商業・手工業活動――スパルティアタイとペリオイコイの関与をめぐって」『國学院大學紀要』五〇号、二〇一二年、一二九～一五三頁。

古山夕城「タソスのアンフォラ・スタンプとブドウ酒取引――Y.Garlanの近業を参考にして――」『駿台史学』一一四号、二〇〇二年、一～三二頁。

――「タソスの対岸地殖民とトラキア人社会――貴金属地下資源をめぐる相互関係――」『駿台史学』一三六号、二〇〇九年、一～三〇頁。

前沢伸行「紀元前五・四世紀のアテナイにおける海上貿易とἔκδοσις」『西洋古典学研究』二五号、一九七七年、四三～五三頁。

――「紀元前四世紀のアテナイの海上貿易海上貸付の分析を中心に」弓削達・伊藤貞夫編『古典古代の社会と国家』東京大学出版会、一九七七年、一〇七～一四六頁。

――「古典期アテナイの奴隷」弓削達・伊藤貞夫編『ギリシアとローマ古典古代の比較史的考察』河出書房、一九八八年、三六一～三八四頁。

――「経済（古代ギリシア）」伊藤貞夫・本村凌二編『西洋古代史研究入門』東京大学出版会、一九九七年、四六～五八頁。

――「紀元前四世紀のアテナイの穀物取引」『西洋古典学研究』四一号、一九九三年、四八～五八頁。

――『ポリス社会に生きる（世界史リブレット）』、山川出版社、一九九八年。

――「古代ギリシャの商業と国家」『岩波講座世界歴史 15巻』、岩波書店、一九九九年、一五七～一七九頁。

吉田道子「古典期アテナイの海上取引――人的結合からみた特徴」『北大史学』一九号、一九七九年、一～一九頁。

《著者紹介》

レオポル・ミジョット（Léopold Migeotte）

ギリシア碑文学の碩学ルイ・ロベールに師事し，1978年，リヨン第2大学で博士号を取得。1997年までラヴァル大学（カナダ，ケベック）で古代史教授を務めたのち，現在，同大学名誉教授。カナダ芸術・文学・人文科学アカデミー会員（2001年），カナダ古典学協会名誉会長（2007年）なども歴任。2011年，カナダ古典学協会特別功労賞受賞。古代ギリシアの経済，財政を中心として数多くの研究を精力的に発表してきた。著書には本書の原著のほか，*L'emprunt public dans les cités grecques : recueil de documents et analyse critique*, Québec-Paris, 1984, *Les souscriptions publiques dans les cités grecques*, Québec-Genève, 1992, *Les finances des cités grecques aux périodes classique et hellénistique*, Paris, 2014 などがある

《訳者紹介》

佐藤 昇（さとう のぼる）

1973年生まれ。文学博士（2006年，東京大学）。現在，神戸大学人文学研究科教授。主著に『民主政アテナイの賄賂言説』（山川出版社，2008年），ロビン・オズボン『ギリシアの古代：歴史はどのように創られるか？』（翻訳，刀水書房，2011年），ヒュー・ボーデン『アレクサンドロス大王』（翻訳，刀水書房，2019年），A. Markantonatos, et al. eds. *Witnesses and Evidence in Ancient Greek Literature*, Berlin 2022（共著）などがある

索　引

I．人名

ア　行

カ　行～ナ　行

ハ　行・ラ　行

II. 地名

ア 行

カ 行

サ　行

タ　行・ナ　行

ハ　行

マ 行・ラ 行

Ⅲ. 事項

ア 行

カ 行

サ　行

タ 行・ナ 行

ハ 行

マ　行

ヤ　行・ワ　行

N
オルビア
キンメリアのボスポロス
パンティカパイオン
テオドシア
イストロス
ドナウ川
黒　海
シノペ
ポントス
トラキア
ビュザンティオン
ヘラクレイア
セリュンブリア
ニコメデイア
ビテュニア
マケドニア
ガラティア
エペイロス
テッサリア
トロアス
ミュシア
小アジア（アナトリア）
カッパドキア
アルメニア
ティグリス川
イオニア海
リュディア
フリュギア
イオニア
メソポタミア
カリア
テルメッソス
ファセリス
キリキア
アンティオケイア
ユーフラテス川
ペロポネソス
キュクラデス諸島
リュキア
ロドス
シリア
キプロス
クレタ
フェニキア
アラビア
キュレネ
キュレナイカ
アレクサンドリア
ナウクラティス
エジプト
0 100 200mi
0 100 200 300km

地図２　東地中海と黒海

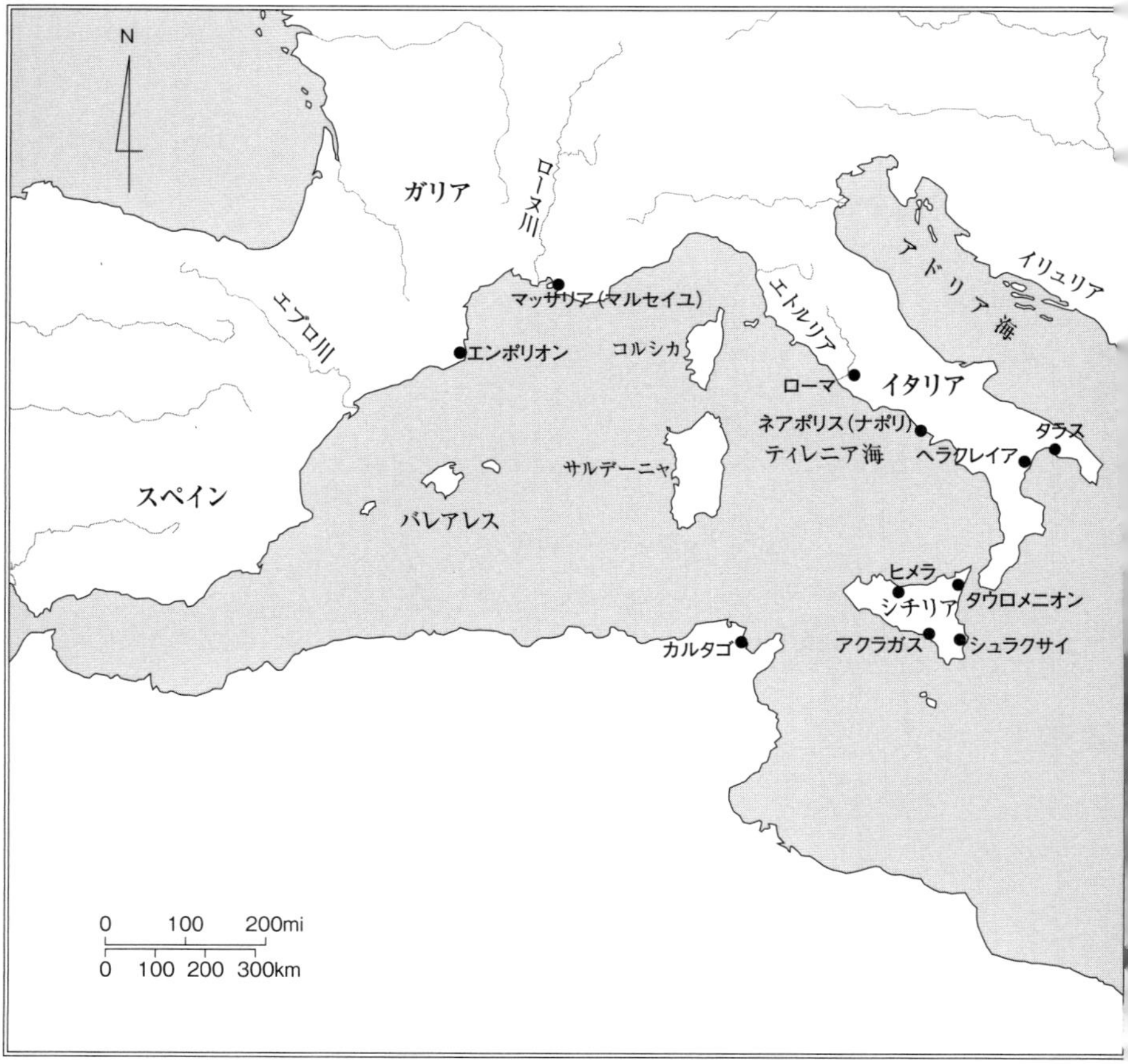
N
ガリア
ローヌ川
エブロ川
マッサリア（マルセイユ）
エンポリオン
コルシカ
エトルリア
アドリア海
イリュリア
ローマ
イタリア
ネアポリス（ナポリ）
タラス
ティレニア海
ヘラクレイア
サルデーニャ
スペイン
バレアレス
ヒメラ
シチリア
タウロメニオン
カルタゴ
アクラガス
シュラクサイ
0 100 200mi
0 100 200 300km

地図３　西地中海

刀水歴史全書—歴史・民族・文明—

四六上製　平均300頁　随時刊　（価格は税別　書名末尾の☆は「電子ブックあり」のマーク）

樺山紘一
1 **カタロニアへの眼**（新装版）☆
歴史・社会・文化
1979, 2005(新装版)　000-X　四六上製　289頁＋口絵12頁　￥2300
西洋の辺境，文明の十字路カタロニアはいかに内戦を闘い，なぜピカソら美の巨人を輩出したか。カタロニア語を習い，バルセロナに住んで調査研究した歴史家によるカタロニア文明論

R. C. リチャードソン／今井　宏訳
2 **イギリス革命論争史**
1979　001-8　四六上製　353頁　￥2200
市民革命とは何であったか？　同時代人の主張から左翼の論客，現代の冷静な視線まで，革命研究はそれぞれの時代，立場を反映する。論者の心情をも汲んで著された類書のない学説史

山崎元一
3 **インド社会と新仏教**☆
アンベードカルの人と思想〔付〕カースト制度と不可触民制
1979　＊002-7　四六上製　275頁　￥2200
ガンディーに対立してヒンドゥーの差別と闘い，インドに仏教を復興した不可触民出身の政治家の生涯。日本のアンベードカル研究の原典であり，インドの差別研究のほとんど最初の一冊

G. バラクロウ編／木村尚三郎解説・宮島直機訳
4 **新しいヨーロッパ像の試み**［品切］
中世における東欧と西欧
1979　003-4　四六上製　258頁　￥2330
最新の中世史・東欧史の研究成果を背景に，ヨーロッパの直面する文明的危機に警鐘を鳴らした文明史家の広ヨーロッパ論。現代のヨーロッパの統一的傾向を最も早く洞察した名著。図版127点

W. ルイス，村上直次郎編／富田虎男訳訂
5 **マクドナルド「日本回想記」**☆
［再訂版］　インディアンの見た幕末の日本
1979　＊005-8　四六上製　313頁　￥2200
日本をインディアンの母国と信じて密航した青年の日本観察記。混血青年を優しくあたたかく遇した幕末の日本と日本人の美質を評価。また幕末最初の英語教師として評価されて，高校英語教科書にものっている

J. スペイン／勝藤　猛・中川　弘訳
6 **シルクロードの謎の民**
パターン民族誌
1980　006-9　四六上製　306頁　￥2200
文明を拒否して部族の掟に生き，中央アジア国境地帯を自由に往来するアフガン・ゲリラの主体パターン人，かつてはイギリスを，近くはロシアを退けた反文明の遊牧民。その唯一のドキュメンタルな記録

B. A. トゥゴルコフ／加藤九祚解説・斎藤晨二訳
7 **トナカイに乗った狩人たち**
北方ツングース民族誌
1981　024-7　四六上製　253頁　￥2233
広大なシベリアのタイガを漂泊するエベンキ族の生態。衣食住，狩猟・遊牧生活から家族，氏族，原始文字，暦，シャーマン，宇宙観まで。ロシア少数民族の運命

G. サルガードー／松村　赳訳
8 **エリザベス朝の裏社会**
1985　060-3　四六上製　338頁　￥2500
シェイクスピアの戯曲や当時のパンフレット“イカサマ読物”“浮浪者文学”による華麗な宮廷文化の時代の裏面。スリ・盗賊・ペテン師などの活躍する新興の大都会の猥雑な現実

P. F. シュガー, I. J. レデラー 編／東欧史研究会訳

9 **東欧のナショナリズム**

歴史と現在

1981　025-5　四六上製　578頁　￥4800

東欧諸民族と諸国家の成立と現在を，19世紀の反トルコ・反ドイツ・反ロシアの具体的な史実と意識のうえに捉え，東欧紛争の現在の根源と今後の世界のナショナリズム研究に指針を与える大著

R. H. C. デーヴィス／柴田忠作訳

10 **ノルマン人**　［品切］

その文明学的考察

1981　027-1　四六上製　199頁　￥2233

ヨーロッパ中世に大きな足跡をのこしたヴァイキングの実像を文明史的に再評価し，ヨーロッパの新しい中世史を構築する第一人者の論究。ノルマン人史の概説として最適。図版70余点

中村寛一

11 **村の生活の記録**　（下）［品切］

(上)上伊那の江戸時代 (下)上伊那の明治・大正・昭和

1981　028-X　029-8　四六上製　195頁, 310頁　￥1845　￥1800

村の中から村を描く。柳田・折口体験をへて有賀喜左衛門らとともに，民俗・歴史・社会学を総合した地域史をめざした信州伊那谷の先覚者の業績。中央に追従することなく，地域史として独立し得た数少ない例の一つ

岩本由輝

12 きき書き**六万石の職人衆**

相馬の社会史

1980　010-7　四六上製　252頁　￥1800

相馬に生き残った100種の職人の聞き書き。歴史家と職人の心の交流から生れた明治・大正・昭和の社会史。旅職人から産婆，ほとんど他に見られない諸職が特に貴重

13 （欠番）

田中圭一

14 **天領佐渡**　（1）［品切］

(1)(2)村の江戸時代史　上・下(3)島の幕末

1985　061-1, 062-X, 063-8　四六上製　(1)275頁 (2) 277頁 (3)　280頁　(1)(2) ￥2000 (3)￥2330

戦国末～維新のムラと村ビトを一次史料で具体的に追求し, 天領の政治と村の構造に迫り, 江戸～明治の村社会と日本を発展的にとらえる。民衆の活躍する江戸時代史として評価され，新しい歴史学の方向を示す

岩本由輝

15 **もう一つの遠野物語**［追補版］☆

（付）柳田國男南洋委任統治資料六点

1994　＊130-7　四六上製　275頁　￥2200

水野葉舟・佐々木喜善によって書かれたもう一つの「遠野物語」の発見。柳田をめぐる人間関係,「遠野物語」執筆前後の事情から山人～常民の柳田学の変容を探る。その後の柳田学批判の先端として功績は大きい

森田安一

16 **スイス**［三補版］☆

歴史から現代へ

1980, 1995（三補版）　159-6　四六上製　304頁　￥2200

13世紀スイス盟約者団の成立から流血の歴史をたどり，理想の平和郷スイスの現実を分析して新しい歴史学の先駆と評価され，中世史家の現代史として，中世から現代スイスまでを一望のもとにとらえる

樺山紘一・賀集セリーナ・富永茂樹・鳴海邦碩

17 **アンデス高地都市**　［品切］

ラ・パスの肖像

1981　020-4　四六上製　図版多数　257頁　￥2800

ボリビアの首都ラ・パスに展開するスペイン，インディオ両文明の相克。歴史・建築・文化人類・社会学者の学際協力による報告。図版多数。若く多才な学者たちの協力の成功例の一つといわれる

A.ノーヴ/和田春樹・中井和夫訳 [品切]

18 **スターリンからブレジネフまで**

ソヴェト現代史

1983 043-3 四六上製 315頁 ¥2427

スターリン主義はいかに出現し，いかなる性格のものだったか？ 冷静で大胆な大局観をもつ第一人者による現代ソ連研究の基礎文献。ソ連崩壊よりはるか前に書かれていた先覚者の業績

19 (欠番)

増井經夫

20 **中国の歴史書**

中国史学史

1984 052-2 四六上製 298頁 ¥2500

内藤湖南以後誰も書かなかった中国史学史。尚書・左伝から梁啓超，清朝野史大観まで，古典と現代史学の蘊蓄を傾けて，中国の歴史意識に迫る。自由で闊達な理解で中国学の世界に新風を吹きこむ。ようやく評価が高い

G.P.ローウィック/西川 進訳

21 **日没から夜明けまで**

アメリカ黒人奴隷制の社会史

1986 064-6 四六上製 299頁 ¥2400

アメリカの黒人奴隷は，夜の秘密集会を持ち，祈り，歌い，逃亡を助け，人間の誇りを失わなかった。奴隷と奴隷制の常識をくつがえす新しい社会史。人間としての彼らを再評価するとともに，社会の構造自体を見なおすべき衝撃の書

山本 新著/神川正彦・吉澤五郎編

22 **周辺文明論**

欧化と土着

1985 066-2 四六上製 305頁 ¥2200

文明の伝播における様式論・価値論を根底に，ロシア・日本・インド・トルコなど非西洋の近代化=欧化と反西洋=土着の相克から現代の文明情況まで。日本文明学の先駆者の業績として忘れ得ない名著

小林多加士

23 **中国の文明と革命**

現代化の構造

1985 067-0 四六上製 274頁 ¥2200

万元戸，多国籍企業に象徴される中国現代の意味を文化大革命をへた中国の歴史意識の変革とマルキシズムの新展開に求める新中国史論

R.タカキ/富田虎男・白井洋子訳

24 **パウ・ハナ**

ハワイ移民の社会史

1986 071-9 四六上製 293頁 ¥2400

ハワイ王朝末期に，全世界から集められたプランテーション労働者が，人種差別を克服して，ハワイ文化形成にいたる道程。著者は日系3世で，少数民族・多文化主義研究の歴史家として評価が高い

原田淑人

25 **古代人の化粧と装身具**

1987 076-X 四六上製 図版180余点 227頁 ¥2200

東洋考古学の創始者，中国服飾史の開拓者による古代人の人間美の集成。エジプト・地中海，インド，中央アジアから中国・日本まで，正倉院御物に及ぶ美の伝播，唯一の概説書

E.ル・ロワ・ラデュリ/井上幸治・渡邊昌美・波木居純一訳

26 **モンタイユー** (上)(下［新装版］)

ピレネーの村 1294〜1324

(上)1990 (下)2021 ＊086-7 ＊471-1 四六上製 367頁 425頁 ¥2800 ¥3300

アナール派第3世代の代表作！ 法王庁に秘蔵された異端審問記録から中世南仏の農村生活を人類学的手法で描き，フランス文学最高のゴンクール賞を受賞した。1975年本書刊行以来フランスで社会史ブームを巻き起こした

ダヴ・ローネン／浦野起央・信夫隆司訳

27 **自決とは何か**　［品切］
ナショナリズムからエスニック紛争へ
1988　095-6　四六上製　318頁　¥2800

自殺ではない。みずからを決定する自決。革命・反植民地・エスニック紛争など，近現代の激動を“自決 Self-determination への希求”で解く新たなる視角。人文・社会科学者の必読書

メアリ・プライア編著／三好洋子編訳

28 **結婚・受胎・労働**　［品切］
イギリス女性史1500～1800
1989　099-9　四六上製　270頁　¥2500

イギリス女性史の画期的成果。結婚・再婚・出産・授乳，職業生活・日常生活，日記・著作。実証的な掘り起こし作業によって現れる普通の女性たちの生活の歴史

M. I. フィンレイ／柴田平三郎訳

29 **民主主義―古代と現代**　［品切］
1991　118-9　四六上製　199頁　¥2816

古代ギリシア史の専門家が思想史として対比考察した古代・現代の民主主義。現代の形骸化した制度への正統なアカデミズムからの警鐘であり，民主主義の本質に迫る一書

木崎良平

30 **光太夫とラクスマン**
幕末日露交渉史の一側面
1992　134-0　四六上製　266頁　¥2524

ひろく史料を探索して見出した光太夫とラクスマンの実像。「鎖国三百年史観」をうち破る新しい事実の発見が，日本の夜明けを告げる。実証史学によってはじめて可能な歴史の本当の姿の発見

青木　豊

31 **和鏡の文化史**　［品切］
水鑑から魔鏡まで
1992　139-1　四六上製　図版300余点　305頁　¥2500

水に顔を映す鏡の始まりから，その発達・変遷，鏡にまつわる信仰・民俗，十数年の蓄積による和鏡に関する知識体系化の試み。鏡に寄せた信仰と美の追求に人間の実像が現れる

Y. イチオカ／富田虎男・条井輝子・篠田左多江訳

32 **一　　世**
黎明期アメリカ移民の物語り
1992　141-3　四六上製　283頁　¥3301

人種差別と排日運動の嵐の中で，日本人留学生，労働者，売春婦はいかに生きたか。日系アメリカ人一世に関する初の本格的研究の始まり，その差別と苦悩と忍耐を見よ（著者は日系二世）

鄧　搏鵬／後藤均平訳

33 **越南義烈史**☆
抗仏独立運動の死の記録
1993　143-X　四六上製　230頁　¥3301

19世紀後半，抗仏独立闘争に殉じたベトナムの志士たちの略伝・追悼文集。反植民地・民族独立思想の原点（1918年上海で秘密出版）。東遊運動で日本に渡った留学生200人は，やがて日本を追われ，各地で母国の独立運動を展開して敗れ，つぎつぎと斃れるその記録

D.ジョルジェヴィチ, S.フィシャー・ガラティ／佐原徹哉訳

34 **バルカン近代史**
ナショナリズムと革命
1994　153-7　四六上製　262頁　¥2800

かつて世界の火薬庫といわれ，現在もエスニック紛争に明け暮れるバルカンを，異民族支配への抵抗と失敗する農民蜂起の連続ととらえる。現代は，過去の紛争の延長としてあり，一朝にして解決するようなものではない

C. メクゼーパー, E. シュラウト共編／瀬原義生監訳, 赤阪俊一・佐藤専次共訳

35 **ドイツ中世の日常生活**　［品切］
騎士・農民・都市民
1995　＊179-6　四六上製　205頁　¥2800

ドイツ中世史家たちのたしかな目が多くの史料から読みとる新しい日常史。普通の“中世人”の日常と心性を描くが，おのずと重厚なドイツ史学の学風を見せて興味深い

神山四郎　［比較文明学叢書 1］

36 **比較文明と歴史哲学**

1995　182-0　四六上製　257頁　¥2800

歴史哲学者による比較文明案内。歴史をタテに発展とみる旧来の見方に対し，ヨコに比較する多系文明の立場を推奨。ボシュエ，ヴィコ，イブン・ハルドゥーン，トインビーと文明学の流れを簡明に

神川正彦　［比較文明学叢書 2］

37 **比較文明の方法**

新しい知のパラダイムを求めて

1995　184-7　四六上製　275頁　¥2800

地球規模の歴史的大変動の中で，トインビー以降ようやく高まる歴史と現代へのパースペクティヴ，新しい知の枠組み，学の体系化の試み。ニーチェ，ヴェーバー，シュペングラーを超えてトインビー，山本新にいたり，原理と方法を論じる

B. A. トゥゴルコフ／斎藤晨二訳

38 **オーロラの民**

ユカギール民族誌

1995　183-9　四六上製　220頁　¥2800

北東シベリアの少数民族人口1000人のユカギール人の歴史と文化。多数の資料と現地調査が明らかにするトナカイと犬ぞりの生活・信仰・言語。巻末に調査報告「ユカギール人の現在」

D. W. ローマックス／林　邦夫訳

39 **レコンキスタ**

中世スペインの国土回復運動

1996　180-4　四六上製　314頁　¥3300

克明に史実を追って，800年間にわたるイスラム教徒の支配からのイベリア半島奪還とばかりはいいきれない，レコンキスタの本格的通史。ユダヤ教徒をふくめ，三者の対立あるいは協力，複雑な800年の情勢に迫る

A. R. マイヤーズ／宮島直機訳

40 **中世ヨーロッパの身分制議会**［品切］

新しいヨーロッパ像の試み（2）

1996　186-3　四六上製　214頁　¥2800

各国の総合的・比較史的研究に基づき，身分制議会をカトリック圏固有のシステムととらえ，近代の人権思想もここから導かれるとする文化史的な画期的発見，その影響に注目が集まる。図写79点

M. ローランソン，J. E. シーヴァー／白井洋子訳

41 **インディアンに囚われた白人女性の物語**

1996　195-2　四六上製　274頁　¥2800

植民地時代アメリカの実話。捕虜となり生き残った2女性の見たインディアンの心と生活。牧師夫人の手記とインディアンの養女となった少女の生涯。しばしば不幸であった両者の関係を見なおすために

木崎良平

42 **仙台漂民とレザノフ**

幕末日露交渉史の一側面No. 2

1997　198-7　四六上製　261頁　¥2800

日本人最初の世界一周と日露交渉。『環海異聞』などに現れる若宮丸の遭難と漂民16人の数奇な運命。彼らを伴って通商を迫ったロシア使節レザノフ。幕末日本の実相を歴史家が初めて追求した

U. イム・ホーフ／森田安一監訳，岩井隆夫・米原小百合・佐藤るみ子・黒澤隆文・踊共二共訳

43 **スイスの歴史**

1997　207-X　四六上製　308頁　¥2800

日本初の本格的スイス通史。ドイツ語圏でベストセラーを続ける好著の完訳。独・仏・伊のことばの壁をこえてバランスよくスイス社会と文化を追求，現在の政治情況に及ぶ

E. フリート／柴嵜雅子訳

44 **ナチスの陰の子ども時代**

あるユダヤ系ドイツ詩人の回想

1998　203-7　四六上製　215頁　¥2800

ナチスの迫害を逃れ，17歳の少年が単身ウィーンからロンドンに亡命する前後の数奇な体験を中心にした回想録。著者は戦後のドイツで著名なユダヤ系詩人で，本書が本邦初訳

今谷明・大濱徹也・尾形勇・樺山紘一・木畑洋一編

45 20世紀の歴史家たち

(1)日本編(上) (2)日本編(下) (5)日本編(続) (3)世界編(上) (4)世界編(下)

1997～2006　四六上製　平均300頁　各￥2800

歴史家は20世紀をどう生きたか，歴史学はいかに展開したか。科学としての歴史学と人間としての歴史家，その生と知とを生々しく見つめようとする。書かれる歴史家と書く歴史家，それを読む読者と三者の生きた時代

日本編(上)　1997 211-8

1 徳富 蘇峰（大濱徹也）
2 白鳥 庫吉（窪添慶文）
3 鳥居 龍蔵（中薗英助）
4 原 勝郎（樺山紘一）
5 喜田 貞吉（今谷 明）
6 三浦 周行（今谷 明）
7 幸田 成友（西垣晴次）
8 柳田 國男（西垣晴次）
9 伊波 普猷（高良倉吉）
10 今井登志喜（樺山紘一）
11 本庄栄治郎（今谷 明）
12 高群 逸枝（栗原 弘）
13 平泉 澄（今谷 明）
14 上原 専祿（三木 亘）
15 野呂栄太郎（神田文人）
16 宮崎 市定（礪波 護）
17 仁井田 陞（尾形 勇）
18 大塚 久雄（近藤和彦）
19 高橋幸八郎（遅塚忠躬）
20 石母田 正（今谷 明）

日本編(下)　1999 212-6

1 久米 邦武（田中 彰）
2 内藤 湖南（礪波 護）
3 山路 愛山（大濱徹也）
4 津田左右吉（大室幹雄）
5 朝河 貫一（甚野尚志）
6 黒板 勝美（石井 進）
7 福田 徳三（今谷 明）
8 辻 善之助（圭室文雄）
9 池内 宏（武田幸男）
10 羽田 亨（羽田 正）
11 村岡 典嗣（玉懸博之）
12 田村栄太郎（芳賀 登）
13 山田盛太郎（伊藤 晃）
14 大久保利謙（由井正臣）
15 濱口 重國（菊池英夫）
16 村川堅太郎（長谷川博隆）
17 宮本 常一（西垣晴次）
18 丸山 眞男（坂本多加雄）
19 和歌森太郎（宮田 登）
20 井上 光貞（笹山晴生）

日本編(続)　2006 232-0

1 狩野 直喜（戸川芳郎）
2 桑原 隲蔵（礪波 護）
3 矢野 仁一（挾間直樹）
4 加藤 繁（尾形 勇）
5 中村 孝也（中田易直）
6 宮地 直一（西垣晴次）
7 和辻 哲郎（樺山紘一）
8 一志 茂樹（古川貞雄）
9 田中惣五郎（本間恂一）
10 西岡虎之助（西垣晴次）
11 岡 正雄（大林太良）
12 羽仁 五郎（斉藤 孝）
13 服部 之總（大濱徹也）
14 坂本 太郎（笹山晴生）
15 前嶋 信次（窪寺紘一）
16 中村 吉治（岩本由輝）
17 竹内 理三（樋口州男）
18 清水 三男（網野善彦）
19 江口 朴郎（木畑洋一）
20 林屋辰三郎（今谷 明）

世界編(上)　1999 213-4

1 ピレンヌ（河原 温）
2 マイネッケ（坂井榮八郎）
3 ゾンバルト（金森誠也）
4 メネンデス・ピダール（小林一宏）
5 梁 啓超（佐藤慎一）
6 トーニー（越智武臣）
7 アレクセーエフ（加藤九祚）
8 マスペロ（池田 温）
9 トインビー（芝井敬司）
10 ウィーラー（小西正捷）
11 カー（木畑洋一）
12 ウィットフォーゲル（鶴間和幸）
13 エリアス（木村靖二）
14 侯 外盧（多田狷介）
15 ブローデル（浜名優美）
16 エーバーハルト（大林太良）
17 ウィリアムズ（川北 稔）
18 アリエス（杉山光信）
19 楊 寛（高木智見）
20 クラーク（ドン・ベイカー 藤川隆男訳）
21 ホブズボーム（水田 洋）
22 マクニール（高橋 均）
23 ジャンセン（三谷 博）
24 ダニーロフ（奥田 央）
25 フーコー（福井憲彦）
26 デイヴィス（近藤和彦）
27 サイード（杉田英明）
28 タカキ，R.（富田虎男）

世界編(下)　2001 214-2

1 スタイン（池田 温）
2 ヴェーバー（伊藤貞夫）
3 バルトリド（小松久男）
4 ホイジンガ（樺山紘一）
5 ルフェーヴル（松浦義弘）
6 フェーヴル（長谷川輝夫）
7 グラネ（桐本東太）
8 ブロック（二宮宏之）
9 陳 寅恪（尾形 勇）
10 顧 頡剛（小倉芳彦）
11 カントロヴィッチ（藤田朋久）
12 ギブ（湯川 武）
13 ゴイテイン（湯川 武）
14 ニーダム（草光俊雄）
15 コーサンビー（山崎利男）
16 フェアバンク（平野健一郎）
17 モミリアーノ（本村凌二）
18 ライシャワー（W.スティール）
19 陳 夢家（松丸道雄）
20 フィンリー（桜井万里子）
21 イナルジク（永田雄三）
22 トムスン（近藤和彦）
23 グレーヴィチ（石井規衛）
24 ル・ロワ・ラデュリ（阿河雄二郎）
25 ヴェーラー（木村靖二）
26 イレート（池端雪浦）

戸上 一

46 **千　利　休**

ヒト・モノ・カネ

1998 ＊210-6 四六上製 212頁 ¥2000

高価な茶道具にまつわる美と醜の世界を視野に入れぬ従来の利休論にあきたらぬ筆者が，書き下ろした利休の実像。モノの美とそれにまつわるカネの醜に対決する筆者の気迫に注目

大濱徹也

47 **日本人と戦争**☆

歴史としての戦争体験

2002 220-7 四六上製 280頁 ¥2400

幕末，尊皇攘夷以来，日本は10年ごとの戦争で大国への道をひた走った。やがて敗戦。大東亜戦争は正義か不正義かは鏡の表と裏にすぎないかもしれない。日本人の“戦争体験”が民族共有の記憶に到達するのはいつか？

K.B.ウルフ／林 邦夫訳

48 **コルドバの殉教者たち**

イスラム・スペインのキリスト教徒

1998 226-6 四六上製 214頁 ¥2800

9世紀，イスラム時代のコルドバで，49人のキリスト教徒がイスラム教を批難して首をはねられた。かれらは極刑となって殉教者となることを企図したのである。三つの宗教の混在するスペインの不思議な事件である

U.ブレーカー／阪口修平・鈴木直志訳

49 **スイス傭兵ブレーカーの自伝**

2000 240-1 四六上製 263頁 ¥2800

18世紀スイス傭兵の自伝。貧農に生まれ，20歳で騙されてプロイセン軍に売られ，軍隊生活の後，七年戦争中に逃亡。彼の生涯で最も劇的なこの時期の記述は，近代以前の軍隊生活を知る類例のない史料として注目

田中圭一

50 **日本の江戸時代**☆

舞台に上がった百姓たち

1999 ＊233-5 四六上製 259頁 ¥2400

日本の古い体質のシンボルである江戸時代封建論に真向から挑戦する江戸近代論。「検地は百姓の土地私有の確認である」ことを実証し，一揆は幕府の約束違反に対するムラの抗議だとして，日本史全体像の変革を迫る

平松幸三編　2001年度 沖縄タイムス出版文化賞受賞

51 **沖縄の反戦ばあちゃん**

松田カメ口述生活史

2001 242-8 四六上製 199頁 ¥2000

沖縄に生まれ，内地で女工，結婚後サイパンへ出稼いで，戦争に巻込まれる。帰郷して米軍から返却された土地は騒音下。嘉手納基地爆音訴訟など反戦平和運動の先頭に立ったカメさんの原動力は理屈ではなく，生活体験だ

---

52 （欠番）

原田勝正

53 **日　本　鉄　道　史**

技術と人間

2001 275-4 四六上製 488頁 ¥3300

幕末維新から現代まで，日本の鉄道130年の発展を，技術の進歩がもつ意味を社会との関わりの中に確かめながら，改めて見直したユニークな技術文化史

J.キーガン／井上堯裕訳

54 **戦争と人間の歴史**

人間はなぜ戦争をするのか？

2000 264-9 四六上製 205頁 ¥2000

人間はなぜ戦争をするのか？　人間本性にその起源を探り，国家や個人と戦争の関わりを考え，現実を見つめながら「戦争はなくなる」と結論づける。原本は豊かな内容で知られるＢＢＣ放送の連続講演（1998年）

M.シェーファー／大津留厚監訳・永島とも子訳

55 **エリザベート—栄光と悲劇**

2000 ＊265-6 四六上製 183頁 ￥2000

ハプスブルク朝の皇后“シシー”の生涯を内面から描く。美貌で頭が良く，自信にあふれ，決断力を持ちながらも孤独に苦しんでいた。従来の映画や小説では得られない“変革の時代”に生きた高貴な人間像

地中海学会編

56 **地中海の暦と祭り**

2002 230-4 四六上製 285頁 ￥2500

季節の巡行や人生・社会の成長・転変に対応する祭は暦や時間と深く連関する。その暦と祭を地中海世界の歴史と地域の広がりの中でとらえ，かつ現在の祭慣行や暦制度をも描いた，歴史から現代までの「地中海世界案内」

堀　敏一

57 **曹　　操**

三国志の真の主人公

2001 ＊283-0 四六上製 220頁 ￥2800

諸葛孔明や劉備の活躍する『三国志演義』はおもしろいが，小説であって事実ではない。中国史の第一人者が慎重に選んだ“事実は小説よりも奇”で，人間曹操と三国時代が描かれる

P.ブラウン／宮島直機訳

58 **古代末期の世界** ［改訂新版］

ローマ帝国はなぜキリスト教化したか

2002 ＊354-7 四六上製 233頁 ￥2800

古代末期を中世への移行期とするのではなく独自の文化的世界と見なす画期的な書。鬼才P.ブラウンによる「この数十年の間で最も影響力をもつ歴史書！」（書評から）

宮脇淳子

59 **モンゴルの歴史** ［増補新版］

遊牧民の誕生からモンゴル国まで

2002, 2018［増補新版］ ＊446-9 四六上製 320頁 ￥2800

紀元前1000年に中央ユーラシア草原に遊牧騎馬民が誕生してから，現在21世紀のモンゴル系民族の最新情報までを1冊におさめた，世界初の通史。2017年には，モンゴルでも訳書完成

永井三明

60 **ヴェネツィアの歴史**

共和国の残照

2004 285-1 四六上製 270頁 ￥2800

1797年「唐突に」姿を消した共和国。ヴェネツィアの1000年を越える歴史を草創期より説き起こす。貴族から貧困層まで，人々の心の襞までわけ入り描き出される日々の生活，etc. ヴェネツィア史の第一人者による書き下ろし

H.バイアス／内山秀夫・増田修代訳

61 **敵　国　日　本**

太平洋戦争時，アメリカは日本をどう見たか？

2001 286-X 四六上製 215頁 ￥2000

パールハーバーからたった70日で執筆・出版され，アメリカで大ベストセラーとなったニューヨークタイムズ記者の日本論。天皇制・政治経済・軍隊から日本人の心理まで，アメリカは日本人以上に日本を知っていた……

伊東俊太郎　［比較文明学叢書 3］

62 **文明と自然**

対立から統合へ

2002 293-2 四六上製 256頁 ￥2400

かつて西洋の近代科学は，文明が利用する対象として自然を破壊し，自然は利用すべき資源でしかなかった。いま「自から然る」自然が，生々発展して新しい地球文明が成る。自然と文明の統合の時代である

P.V.グロブ／荒川明久・牧野正憲訳

63 **甦る古代人**

デンマークの湿地埋葬

2002 298-3 四六上製 191頁 ￥2500

デンマーク，北ドイツなど北欧の寒冷な湿地帯から出土した，生々しい古代人の遺体（約700例）をめぐる“謎”の解明。原著の写真全77点を収録した，北欧先史・古代史研究の基本図書

大濱徹也
64 **庶民のみた日清・日露戦争**
帝国への歩み
2003　316-5　四六上製　265頁　¥2200
明治維新以後10年ごとの戦争に明けくれた日本人の戦争観・時代観を根底に，著者は日本の現代を描こうとする。庶民の皮膚感覚に支えられた生々しい日本の現代史像に注目が集まる。『明治の墓標』改題

喜安　朗
65 **天皇の影をめぐるある少年の物語**
戦中戦後私史
2003　312-2　四六上製　251頁　¥2200
第二次大戦の前後を少年から青年へ成長した多くの日本人の誰もが見た敗戦から復興の光景を，今あらためて注視する少年の感性と歴史家の視線。変転する社会状況をくぐりぬけて今現われた日本論

スーザン·W.ハル／佐藤清隆・滝口晴生・菅原秀二訳
66 **女は男に従うもの？**
近世イギリス女性の日常生活
2003　315-7　四六上製　285頁　¥2800
16～17世紀，女性向けに出版されていた多くの結婚生活の手引書や宗教書など（著者は男性）を材料に，あらゆる面で制約の下に生きていた女性達の日常を描く（図版多数集録）

G.スピーニ／森田義之・松本典昭訳
67 **ミケランジェロと政治**
メディチに抵抗した《市民＝芸術家》
2003　318-1　四六上製　181頁　¥2500
フィレンツェの政治的激動期，この天才芸術家が否応なく権力交替劇に巻き込まれながらも，いかに生き抜いたか？　ルネサンス美術史研究における社会史的分析の先駆的議論。ミケランジェロとその時代の理解のために

金七紀男
68 **エンリケ航海王子**　［品切］
大航海時代の先駆者とその時代
2004　322-X　四六上製　232頁　¥2500
初期大航海時代を導いたポルトガルの王子エンリケは，死後理想化されて「エンリケ伝説」が生れる。本書は，生身で等身大の王子とその時代を描く。付録に「エンリケ伝説の創出」「エンリケの肖像画をめぐる謎」の2論文も

H.バイアス／内山秀夫・増田修代訳
69 **昭和帝国の暗殺政治**
テロとクーデタの時代
2004　314-9　四六上製　341頁　¥2500
戦前，『ニューヨーク・タイムズ』の日本特派員による，日本のテロリズムとクーデタ論。記者の遭遇した5.15事件や2.26事件を，日本人独特の前近代的心象と見て，独自の日本論を展開する。『敵国日本』の姉妹篇

E.L.ミューラー／飯野正子監訳
70 **祖国のために死ぬ自由**
徴兵拒否の日系アメリカ人たち
2004　331-9　四六上製　343頁　¥3000
第二次大戦中，強制収容所に囚われた日系2世は，市民権と自由を奪われながら徴兵された。その中に，法廷で闘って自由を回復しアメリカ人として戦う道を選んだ人々がいた。60年も知られなかった日系人の闘いの記録

松浦高嶺・速水敏彦・高橋　秀
71 **学　生　反　乱**
—1969—　立教大学文学部
2005　335-1　四六上製　281頁　¥2800
1960年代末，世界中を巻きこんだ大学紛争。学生たちの要求に真摯に向合い，かつ果敢に闘った立教大学文学部の教師たち。35年後の今，闘いの歴史はいかに継承されているか？

神川正彦　［比較文明学叢書　5］
72 **比較文明文化への道**
日本文明の多元性
2005　343-2　四六上製　311頁　¥2800
日本文明は中国のみならずアイヌや琉球を含め，多くの文化的要素を吸収して成立している。その文化的要素を重視して“文明文化”を一語として日本を考える新しい視角

藤川隆男編

73 **白人とは何か？**

ホワイトネス・スタディーズ入門

2005 ＊346-2 四六上製 257頁 ¥2200

近年欧米で急速に拡大している「白人性研究」を日本で初めて本格的に紹介。差別の根源「白人」を人類学者が未開の民族を見るように研究の俎上に載せ，社会的・歴史的な存在である事を解明する多分野17人が協力

W. フライシャー／内山秀夫訳

74 **太平洋戦争にいたる道**

あるアメリカ人記者の見た日本

2006 349-1 四六上製 273頁 ¥2800

昭和初・中期の日本が世界の動乱に巻込まれていくさまを，アメリカ人記者の眼で冷静に見つめる。世界の動きを背景に，日本政府の情勢分析の幼稚とテロリズムを描いて，小社既刊『敵国日本』と対をなす必読日本論

白井洋子

75 **ベトナム戦争のアメリカ**

もう一つのアメリカ史

2006 352-1 四六上製 258頁 ¥2500

「インディアン虐殺」の延長線上にベトナム戦争を位置づけ，さらに，ベトナム戦没者記念碑「黒い壁」とそれを訪れる人々の姿の中にアメリカの歴史の新しい可能性を見る。「植民地時代の先住民研究」専門の著者だからこその視点

L. カッソン／新海邦治訳

76 **図書館の誕生**

古代オリエントからローマへ

2007 ＊356-1 四六上製 222頁 ¥2300

古代の図書館についての最初の包括的研究。紀元前３千年紀の古代オリエントの図書館の誕生から，図書館史の流れを根本的に変えた初期ビザンツ時代まで。碑文，遺跡の中の図書館の遺構，墓碑銘など多様な資料は語る

英国王立国際問題研究所／坂井達朗訳

77 **敗北しつつある大日本帝国**［品切］

日本敗戦７ヵ月前の英国王立研究所報告

2007 ＊361-5 四六上製 253頁 ¥2700

対日戦略の一環として準備された日本分析。極東の後進国日本が世界経済・政治の中に進出，ファシズムの波にのって戦争を遂行する様を冷静に判断。日本文化社会の理解は，戦中にも拘わらず的確で大英帝国の底力を見る

史学会編

78 **歴 史 の 風**

2007 ＊369-1 四六上製 295頁 ¥2800

『史学雑誌』連載の歴史研究者によるエッセー「コラム 歴史の風」を１巻に編集。1996年の第１回「歴史学雑誌に未来から風が吹く」（樺山紘一）から昨2006年末の「日本の歴史学はどこに向かうのか」（三谷 博）まで11年間55篇を収載

青木 健→99巻『新ゾロアスター教史』

79 **ゾロアスター教史** ［絶版］

古代アーリア・中世ペルシア・現代インド

2008 ＊374-5 四六上製 308頁 ¥2800

本邦初の書下ろし。謎の多い古代アーリア人の宗教，サーサーン朝国教としての全盛期，ムスリム支配後のインドで復活，現代まで。世界諸宗教への影響，ペルシア語文献の解読，ソグドや中国の最新研究成果が注目される

城戸 毅

80 **百 年 戦 争**

中世末期の英仏関係

2010 ＊379-0 四六上製 373頁 ¥3000

今まで我が国にまとまった研究もなく，欧米における理解からずれていたこのテーマ。英仏関係及びフランスの領邦君主諸侯間の関係を通して,戦争の前史から結末までを描いた,本邦初の本格的百年戦争の全体像

R. オズボン／佐藤 昇訳

81 **ギリシアの古代**

歴史はどのように創られるか？

2011 ＊396-7 四六上製 261頁 ¥2800

最新の研究成果から古代ギリシア史研究の重要トピックに新しい光を当て,歴史学的な思考の方法,「歴史の創り方」を入門的に,そして刺戟的に紹介する。まずは「おなじみ」のスポーツ競技，円盤投げの一場面への疑問から始める

藤川隆男
82 **人種差別の世界史**
白人性とは何か？
2011　＊398-1　四六上製　274頁　¥2300
差別と平等が同居する近代世界の特徴を，身近な問題（ファッション他）を取り上げながら，前近代との比較を通じて検討。人種主義と啓蒙主義の問題，白人性とジェンダーや階級の問題などを，世界史的な枠組で解明かす

Ch. ビュヒ／片山淳子訳
83 **もう一つのスイス史**
独語圏・仏語圏の間の深い溝
2012　＊395-0　四六上製　246頁　¥2500
スイスは，なぜそしていかに，多民族国家・多言語国家・多文化国家になったのか，そのため生じた問題にいかに対処してきたか等々。独仏両言語圏の間の隔たりから語る，今までに無い「いわば言語から覗くスイスの歴史」

坂井榮八郎
84 **ドイツの歴史百話**
2012　＊407-0　四六上製　330頁　¥3000
「ドイツ史の語り部」を自任する著者が，半世紀を超える歴史家人生で出会った人，出会った事，出会った本，そして様ざまな歴史のエピソードなどを，百のエッセイに紡いで時代順に語ったユニークなドイツ史

田中圭一
85 **良寛の実像**
歴史家からのメッセージ
2013　＊411-7　四六上製　239頁　¥2400
捏造された「家譜」・「自筆過去帳」や無責任な小説や教訓の類いが，いかに良寛像を過らせたか！　良寛を愛し，良寛の眞実を求め，人間良寛の苦悩を追って，その実像に到達した，唯一，歴史としての良寛伝が本書である

A. ジョティシュキー／森田安一訳
86 **十字軍の歴史**
2013　＊388-2　四六上製　480頁　¥3800
カトリック対ギリシア東方正教対イスラームの抗争という，従来の東方十字軍の視点だけではなく，レコンキスタ・アルビショワ十字軍・ヴェンデ十字軍なども叙述，中世社会を壮大な絵巻として描いた十字軍の全体史

W. ベーリンガー／長谷川直子訳
87 **魔女と魔女狩り**
2014　＊413-1　四六上製　480頁　¥3500
ヨーロッパ魔女狩りの時代の総合的な概説から，現代の魔女狩りに関する最新の情報まで，初めての魔女の世界史。魔女狩りの歴史の考察から現代世界を照射する問題提起が鋭い。110頁を超える索引・文献・年表も好評

J.＝C. シュミット／小池寿子訳
88 **中世の聖なるイメージと身体**
キリスト教における信仰と実践
2015　＊380-6　四六上製　430頁　¥3800
中世キリスト教文明の中心テーマ！　目に見えない「神性」にどのように「身体」が与えられたか，豊富な具体例で解き明かす。民衆の心性を見つめて歴史人類学という新しい地平を開拓したシュミットの，更なる到達点

W. D. エアハート／白井洋子訳
89 **ある反戦ベトナム帰還兵の回想**
2015　＊420-9　四六上製　480頁　¥3500
詩人で元米国海兵隊員の著者が，ベトナム戦争の従軍体験と，帰還後に反戦平和を訴える闘士となるまでを綴った自伝的回想の記録三部作第二作目 *Passing Time* の全訳。「小説ではないがそのようにも読める」(著者まえがき)

岩崎　賢
90 **アステカ王国の生贄の祭祀**
血・花・笑・戦
2015　＊423-0　四六上製　202頁　¥2200
古代メキシコに偉大な文明を打ち立てたアステカ人の宗教的伝統の中心＝生贄の祭りのリアリティに，古代語文献，考古学・人類学史料及び厳選した図像史料を駆使して肉迫する。本邦ではほとんど他に例のない大胆な挑戦

藤川隆男

91 **妖獣バニヤップの歴史**

オーストラリア先住民と白人侵略者のあいだで

2016 ＊431-5 四六上製 300頁＋カラー口絵８頁 ￥2300

バニヤップはオーストラリア先住民に伝わる水陸両生の幻の生き物。イギリスの侵略が進むなか，白人入植者の民話としても取り入れられ，著名な童話のキャラクターとなる。この動物の記録を通して語るオーストラリア史

ジョー・グルディ＆D.アーミテイジ／平田雅博・細川道久訳

92 **これが歴史だ！**

21世紀の歴史学宣言

2017 ＊429-2 四六上製 250頁 ￥2500

気候変動を始め現代の難問を長期的に捉えるのが歴史家本来の仕事。短期の視点が台頭する今，長期の視点の重要性の再認識を主張。歴史学研究の流れから，膨大な史料データ対応の最新デジタル歴史学の成果までを本書に

杉山博久

93 **直良信夫の世界**

20世紀最後の博物学者

2016 ＊430-8 四六上製 300頁 ￥2500

考古学，古人類学，古生物学，現生動物学，先史地理学，古代農業……。最後の博物学者と評されたその研究領域を可能な限り辿り，没後30年に顕彰。「明石原人」に関わる諸見解も紹介し，今後の再評価が期待される

永田陽一 野球文化學會学会賞受賞

94 **日系人戦時収容所のベースボール**

ハーブ栗間の輝いた日々

2018 ＊439-1 四六上製 210頁 ￥2000

「やる者も見る者もベースボールが本気だった」カリフォルニアから強制立ち退きでアメリカ南部の収容所に送られた若者たち。屈辱の鉄条網のなかで生き延びるための野球に熱中，数千の観衆を前に強豪チームを迎え撃つ

三佐川亮宏

95 **紀元千年の皇帝**

オットー三世とその時代

2018 ＊437-7 四六上製 430頁＋カラー口絵２頁 ￥3700

その並外れた教養と知性の故に，「世界の奇跡」と呼ばれた若き皇帝。彼の孤高にして大胆な冒険に満ちた儚い生涯と，「紀元千年」の終末論の高揚する中世ローマ帝国の世界に，今日のヨーロッパ統合の原点を探る旅

山﨑耕一

96 **フランス革命**

「共和国」の誕生

2018 ＊443-8 四六上製 370頁 ￥3000

「革命前夜のフランスの状況」から説かれる本書。１冊で，「革命」とは何か，複雑なフランス革命の諸々の動きと人々の生き方，共和国の成立からナポレオンの登場，帝政の開始までの，すべてを理解できる革命史が完成

ヒュー・ボーデン／佐藤昇訳

97 **アレクサンドロス大王**

2019 ＊442-1 四六上製 234頁 ￥2300

歴史の中に浮び上る真の姿。「西アジアで発見の重要文書から，アレクサンドロスは基本的に「西洋的な人物」であると考えなくなる」と，著者。最新の研究成果を踏まえ旧来のアレクサンドロス像に異議を唱えた入門書

トーマス・W. アルフォード／中田佳昭・村田信行訳

98 **インディアンの「文明化」**

ショーニー族の物語

2018 ＊438-4 四六上製 300頁 ￥3000

小さな部族のエリートが「白人的価値」と「インディアンの価値」の中で苦悩し翻弄されながら，両者の懸け橋を目指して懸命に生きた姿。アメリカ白人社会への強制的同化を受け入れ生き残る ⇒ 現代社会への問いかけ？

青木 健

99 **新ゾロアスター教史**

古代中央アジアのアーリア人・中世ペルシアの神聖帝国・現代インドの神官財閥

2019 ＊450-6 四六上製 370頁 ￥3000

10年前の本邦初の書下ろし（本全書79巻）が既に品切れて，全面改稿！ 最新の研究成果と巻末に詳細な日本におけるゾロアスター教研究の現状を記録。旧版の良さを生かしながら，本来の諸言語の音を取り入れる

森田安一

100 **スイスの歴史百話☆**

2021　＊462-9　四六上製　310頁　￥2700

ヨーロッパの中央に位置するスイスの歴史は，周囲の大国との関係を無視して語ることはできない。あえて，いやむしろスイスから語った百遍の歴史エピソードから，連綿と続くヨーロッパの物語を浮かび上がらせた

永田雄三

101 **トルコの歴史（上）（下）☆**

2023　〈上〉＊479-7〈下〉＊480-3　四六上製　上下共300頁　￥2700

世界でも傑士のトルコ史研究者渾身の通史。匈奴，突厥などモンゴル高原から中央ユーラシアへ展開した騎馬遊牧民の一部トルコ系民族が，西へ移動。民族性を保持しつつ移住先文化と融合，洋の東西に展開した壮大な歴史

S. パツォルト／甚野尚志訳

102 **封建制の多面鏡☆**

「封」と「家臣制」の結合

2023　＊475-9　四六上製　200頁　￥2700

わが国ではまだ十分に知られていない欧米最新の封建制概念を理解する入門書。中世ヨーロッパ各地で多様な形で出現し，「多面鏡に映るがごとくに」異なる像を形成してきた近代に至るまでの「封建制」概念に迫る

桜井万里子　（2025年３月刊行予定）

103 **古代ギリシア人の歴史**

2025　＊445-2　四六上製　400頁予定　￥3500

古代ギリシア人が生きて活動した世界を研究し続けてきた著者が，ミケーネ時代を始めとして，アテナイ，スパルタなどポリスが成立，地中海世界全体へ広がり，やがて次の世界へ移るまでを語りきる

L. ミジョット／佐藤 昇訳

104 **古代ギリシアのいとなみ☆**

都市国家の経済と暮らし

2025　＊477-3　四六上製　280頁　￥3200

都市国家（ポリス）は古代ギリシアにおける生活の中核的な枠組みであり，その経済と暮らしを鮮やかに解き明かした入門書。モノやサービスの生産・交換・消費に関わる古代世界の人びとのいとなみを現代読者に届ける

〈歴史・民族・文明〉

刀水歴史全書104
古代ギリシアのいとなみ　都市国家の経済と暮らし

2025年１月23日　初版１刷発行

著　者　レオポル・ミジョット
訳　者　佐藤　昇
発行者　中村文江
発行所　株式会社　刀水書房
〒101-0065　東京都千代田区西神田2-4-1　東方学会本館
TEL 03-3261-6190　FAX 03-3261-2234　振替00110-9-75805
組版　マタタビシャ
印刷　亜細亜印刷株式会社
カバー印刷　三成印刷株式会社
製本　株式会社ブロケード

ISBN978-4-88708-477-3　C1322